ACHIM SCHLANG

GRAND PRIX 1995

ACHIM SCHLANG

GRAND PRIX 1995

Die Rennen zur Formel 1-Weltmeisterschaft

MOTORBUCH VERLAG STUTTGART

Titelbild: Peter Nygaard

Fotos im Innenteil:

Benetton-Werksfoto: 1
ICN: 13
Manfred Giet: 31
Lukas Gorys: 101
Willi Kluth: 1
Thomas Melzer: 7
Erich Müllender: 8
Peter Nygaard: 10
PS-Sport: 10
Christoph Stolle: 1
Sutton Photographic: 13

Unterstützung bei der Zusammenstellung der technischen Daten: Ing. Enrico Benzing

Redaktion und Statistik: Doris Schlang

ISBN 3-613-01703-2

1. Auflage 1995

Ein Unternehmen der Paul Pietsch Verlage GmbH + Co.

Satz. Vaihinger Satz + Druck, 71665 Vaihingen/Enz.
Druck: Maisch + Queck, 70839 Gerlingen.
Bindung: Karl Dieringer, 70839 Gerlingen.
Printed in Germany.

Inhalt

Weltmeister 1950–1995

1950	Dr. Giuseppe Farina	Alfa Romeo
1951	Juan Manuel Fangio	Alfa Romeo
1952	Alberto Ascari	Ferrari
1953	Alberto Ascari	Ferrari
1954	Juan Manuel Fangio	Mercedes/Maserati
1955	Juan Manuel Fangio	Mercedes
1956	Juan Manuel Fangio	Ferrari
1957	Juan Manuel Fangio	Maserati
1958	Mike Hawthorn	Ferrari
1959	Jack Brabham	Cooper Coventry-Climax
1960	Jack Brabham	Cooper Coventry-Climax
1961	Phil Hill	Ferrari
1962	Graham Hill	BRM
1963	Jim Clark	Lotus Coventry-Climax
1964	John Surtees	Ferrari
1965	Jim Clark	Lotus Coventry-Climax
1966	Jack Brabham	Brabham Repco
1967	Denis Hulme	Brabham Repco
1968	Graham Hill	Lotus Ford-Cosworth
1969	Jackie Stewart	Matra Ford-Cosworth
1970	Jochen Rindt	Lotus Ford-Cosworth
1971	Jackie Stewart	Tyrrell Ford-Cosworth
1972	Emerson Fittipaldi	Lotus Ford-Cosworth
1973	Jackie Stewart	Tyrrell Ford-Cosworth
1974	Emerson Fittipaldi	McLaren Ford-Cosworth
1975	Niki Lauda	Ferrari
1976	James Hunt	McLaren Ford-Cosworth
1977	Niki Lauda	Ferrari
1978	Mario Andretti	Lotus Ford-Cosworth
1979	Jody Scheckter	Ferrari
1980	Alan Jones	Williams Ford-Cosworth
1981	Nelson Piquet	Brabham Ford-Cosworth
1982	Keke Rosberg	Williams Ford-Cosworth
1983	Nelson Piquet	Brabham BMW
1984	Niki Lauda	McLaren TAG-Porsche
1985	Alain Prost	McLaren TAG-Porsche
1986	Alain Prost	McLaren TAG-Porsche
1987	Nelson Piquet	Williams-Honda
1988	Ayrton Senna	McLaren-Honda
1989	Alain Prost	McLaren-Honda
1990	Ayrton Senna	McLaren-Honda
1991	Ayrton Senna	McLaren-Honda
1992	Nigel Mansell	Williams-Renault
1993	Alain Prost	Williams-Renault
1994	Michael Schumacher	Benetton-Ford
1995	Michael Schumacher	Benetton-Renault

Formel 1

Auszug aus dem technischen Reglement

Gültigkeit: Bis 31. Dezember 1995

Zugelassene Fahrzeuge: Einsitzige Rennwagen mit Viertakt-Hubkolbenmotoren mit max. 3000 ccm Zylinderinhalt; max. 4 Räder; max. 12 (runde) Zylinder; Vierradantrieb ist verboten.

Gewicht: 590 kg Mindestgewicht (plus 5 kg für Kamera bzw. entsprechenden Ballast) inkl. Fahrer, das bei jeder Kontrolle während des Qualifying und nach den Rennen erreicht werden muß.

Sicherheitsbestimmungen: Überlebenszelle (Monocoque nach FIA-Spezifikation); 2 Feuerlöscher (Löschdauer 10–40 Sek. für Cockpit, 30–80 Sek. für Motor/Getriebe), 2 Überrollbügel (einer max. 25 cm vor dem Lenkrad, der zweite min. 50 cm hinter dem ersten); der Fahrerhelm muß sich 5 cm unter der gedachten Verbindungslinie zwischen den zwei höchsten Punkten der Überrollbügel befinden; hinter dem Fahrerhelm muß ein min. 400 qcm großes Polster angebracht sein, das sich bei einer Krafteinwirkung von 85 kg um max. 5 cm verformt; zwei Stromkreisunterbrecher (einer im Cockpit, einer von außen zugänglich), Rückwärtsgang, Ölsammler (min. 3 l), Rückspiegel, Sicherheitsgurte, rote Rückleuchte; Crash-Tests für Wagenbug und -flanken in Höhe des Cockpits und des Tanks sind vorgeschrieben; aus der Perspektive des Fahrers müssen die Pedale – in nicht getretenem Zustand – vor der Vorderachse und min. 30 cm innerhalb der Überlebenszelle liegen.

Karosserie- und Fahrgestellabmessungen:

max. Breite zwischen Vorder- und Hinterachse	1400 mm
max. Bugüberhang	1200 mm (zentral auf max. 200 mm Breite, sonst 900 mm)
max. Hecküberhang	500 mm
max. Radbreite	381 mm
max. Raddurchmesser	660,4 mm
max. Gesamtbreite	2000 mm
max. Höhe (ohne Überrollbügel)	950 mm
Skidblock auf Stufe (5 cm) an Wagenunterseite	10 mm

Abmessungen der aerodynamischen Hilfsmittel:

max. Frontspoilerbreite	1400 mm
max. Heckspoilerbreite	1000 mm
max. Heckspoilerhöhe	800 mm

Zugelassener Kraftstoff: max. 102 RON, max. 3,7% Sauerstoff, max. 0,2% Stickstoff (Gewichtsprozent), max. 0,005 g Blei pro Liter; zugelassen ist:

1. Tankstellenbenzin aus Ländern, in denen min. 12 internationale Rennen ausgetragen werden;
2. Sprit-Kompositionen aus Tankstellenbenzin verschiedener solcher Herkunftsländer;
3. Experimental-Benzin, das sich prinzipiell für den Handel eignet und allen Gesundheits- und Sicherheitsbestimmungen der EU entspricht.

Das verwendete Benzin muß mit einer zuvor bei der FIA hinterlegten und von ihr freigegebenen Probe identisch sein.

Kraftstoffmenge: freigestellt; Tankgröße freigestellt; Nachtanken während des Rennens erlaubt.

Tanks: Gummi-Sicherheitstanks nach FIA/FT5-Spezifikation.

Cockpitöffnung: Mindestlänge 650 mm, über die halbe Länge min. 420 mm breit; ohne Demontage des Lenkrads muß der Fahrer das Cockpit in längstens 5 Sek. verlassen können.

Renndistanz: 305 km + 1 Runde (Grünlicht bis karierte Flagge).

Renndauer: max. 2 Stunden; die laufende Runde muß beendet werden.

Rennställe

	1994	1995
Arrows G.P. International Ltd.	Christian Fittipaldi, Gianni Morbidelli	Gianni Morbidelli, Taki Inoue, Max Papis
Benetton Formula Ltd.	Michael Schumacher, JJ Lehto, Jos Verstappen, (Johnny Herbert)	Michael Schumacher, Johnny Herbert
Equipe Ligier Sports	Eric Bernard, Olivier Panis, (Johnny Herbert), Franck Lagorce	Aguri Suzuki, Olivier Panis, Martin Brundle
Forti Corse S.r.l.	–	Pedro Diniz, Roberto Moreno
McLaren International Ltd.	Mika Häkkinen, Martin Brundle, (Philippe Alliot)	Mika Häkkinen, Mark Blundell, Nigel Mansell, (Jan Magnussen)
Minardi Scuderia Italia S.p.A.	Pierluigi Martini, Michele Alboreto	Pierluigi Martini, Luca Badoer, Pedro Lamy
Pacific Grand Prix	Paul Belmondo, Bertrand Gachot	Bertrand Gachot, Andrea Montermini, Giovanni Lavaggi, Jean-Denis Delétraz
PP Sauber AG	Karl Wendlinger, Heinz-Harald Frentzen, Andrea de Cesaris, J J Lehto	Karl Wendlinger, Heinz-Harald Frentzen, Jean-Christophe Boullion
Sefac Automobili Ferrari S.p.A.	Jean Alesi, Gerhard Berger, (Nicola Larini)	Jean Alesi, Gerhard Berger,
SMS Simtek Grand Prix Ltd.	David Brabham, Roland Ratzenberger, Jean-Marc Gounon, (Andrea Montermini, Domenico Schiattarella, Taki Inoue)	Jos Verstappen, Domenico Schiattarella
Team Jordan Formula One Ltd.	Eddie Irvine, Rubens Barrichello, (Aguri Suzuki, Andrea de Cesaris)	Eddie Irvine, Rubens Barrichello
Tyrrell Racing Organisation Ltd.	Ukyo Katayama, Mark Blundell	Ukyo Katayama, Mika Salo, (Gabriele Tarquini)
Williams GP Engineering Ltd.	Damon Hill, Ayrton Senna, (Nigel Mansell), David Coulthard	Damon Hill, David Coulthard

(–) gelegentlich eingesetzte Fahrer

Fahrer

(Piloten, die 1995 mindestens einen Grand Prix bestritten)

Jean Alesi, geb. 11. 6. 1964 in Avignon, Franzose, 102 GP seit 1989 auf Tyrrell und Ferrari, 1mal Trainingsschnellster, 1 Sieg

Luca Badoer, geb. 25. 1. 1971 in Montebelluna, Italiener, 27 GP seit 1993 auf Lola und Minardi

Rubens Barrichello, geb. 23. 5. 1972 in Sao Paulo, Brasilianer, 48 GP seit 1993 auf Jordan, 1mal Trainingsschnellster

Gerhard Berger, geb. 27. 8. 1959 in Wörgl, Österreicher, 180 GP seit 1984 auf ATS, Arrows, Benetton, McLaren und Ferrari, 11mal Trainingsschnellster, 9 Siege

Mark Blundell, geb. 8. 4. 1966 in Barnet, Engländer, 61 GP seit 1991 auf Brabham, Ligier, Tyrrell und McLaren

Jean-Christophe Boullion, geb. 27. 12. 1969 in Saint-Brieuc, Franzose, 11 GP seit 1995 auf Sauber

Martin Brundle, geb. 1. 6. 1959 in Kings Lynn, Engländer, 142 GP seit 1984 auf Tyrrell, Zakspeed, Williams, Brabham, Benetton, McLaren und Ligier

David Coulthard, geb. 20. 3. 1971 in Twynholm, Schotte, 25 GP seit 1994 auf Williams, 5mal Trainingsschnellster, 1 Sieg

Jean-Denis Delétraz, geb. 1. 10. 1963 in Genf, Schweizer, 3 GP seit 1994 auf Larrousse und Pacific

Pedro Diniz, geb. 22. 5. 1970 in Sao Paulo, Brasilianer, 17 GP seit 1995 auf Forti

Heinz-Harald Frentzen, geb. 18. 5. 1967 in Mönchengladbach, Deutscher, 32 GP seit 1994 auf Sauber

Bertrand Gachot, geb. 23. 12. 1962 in Luxembourg, Belgier, 47 GP seit 1989 auf Onyx, Rial, Coloni, Jordan, Lola/Venturi und Pacific

Mika Häkkinen, geb. 28. 9. 1968 in Helsinki, Finne, 63 GP seit 1991 auf Lotus und McLaren

Johnny Herbert, geb. 27. 6. 1964 in Romford, Engländer, 80 GP seit 1989 auf Tyrrell, Lotus, Ligier und Benetton, 2 Siege

Damon Hill, geb. 17. 9. 1960 in London, Engländer, 51 GP seit 1992 auf Brabham und Williams, 11mal Trainingsschnellster, 13 Siege

Taki Inoue, geb. 5. 9. 1963 in Kobe, Japaner, 18 GP seit 1994 auf Simtek und Arrows

Eddie Irvine, geb. 10. 11. 1965 in Newtownards, Ire, 32 GP seit 1993 auf Jordan

Ukyo Katayama, geb. 29. 5. 1963 in Tokio, Japaner, 61 GP seit 1992 auf Venturi und Tyrrell

Pedro Lamy, geb. 20. 3. 1972 in Aldeia Galega, Portugiese, 15 GP seit 1993 auf Lotus und Minardi

Giovanni Lavaggi, geb. 18. 2. 1958 in Augusto, Italiener, 4 GP seit 1995 auf Pacific

Jan Magnussen, geb. 4. 7. 1973 in Roskilde, Däne, 1 GP seit 1995 auf McLaren

Nigel Mansell, geb. 8. 8. 1953 in Upton-on-Seven, Engländer, 187 GP seit 1980 auf Lotus, Ferrari, Williams und McLaren, 32mal Trainingsschnellster, 31 Siege, Weltmeister 1992 auf Williams

Pierluigi Martini, geb. 23. 4. 1961 in Logo di Romagna, Italiener, 119 GP seit 1985 auf Dallara und Minardi

Andrea Montermini, geb. 30. 5. 1964 in Sassuolo, Italiener, 15 GP seit 1995 auf Pacific

Gianni Morbidelli, geb. 31. 1. 1968 in Pesaro, Italiener, 60 GP seit 1990 auf Dallara, Ferrari, Minardi und Arrows

Roberto Moreno, geb. 11. 2. 1959 in Rio de Janeiro, Brasilianer, 41 GP seit 1987 auf AGS, Coloni, EuroBrun, Benetton, Jordan, Minardi, Andrea Moda und Forti

Olivier Panis, geb. 2. 9. 1966 in Lyon, Franzose, 33 GP seit 1994 auf Ligier

Max Papis, geb. 3. 10. 1969 in Como, Italiener, 6 GP seit 1995 auf Arrows

Mika Salo, geb. 30. 11. 1966 in Helsinki, Finne, 19 GP seit 1994 auf Lotus und Tyrrell

Domenico Schiattarella, geb. 17. 11. 1967 in Mailand, Italiener, 6 GP seit 1994 auf Simtek

Michael Schumacher, geb. 3. 1. 1969 in Hermühlheim, Deutscher, 69 GP seit 1991 auf Jordan und Benetton, 10mal Trainingsschnellster, 19 Siege, Weltmeister 1994 und 1995 auf Benetton

Aguri Suzuki, geb. 8. 9. 1960 in Tokio, Japaner, 64 GP seit 1989 auf Zakspeed, Lola, Footwork, Jordan und Ligier

Gabriele Tarquini, geb. 2. 3. 1962 in Giulianova (Lido), Italiener, 38 GP seit 1987 auf Osella/Fondmetal, Coloni, AGS und Tyrrell

Jos Verstappen, geb. 4. 3. 1972 in Montfort, Niederländer, 15 GP seit 1994 auf Benetton und Simtek

Karl Wendlinger, geb. 20. 12. 1968 in Kufstein, Österreicher, 41 GP seit 1991 auf Leyton House/March und Sauber

Gesamtzahl der gefahrenen Grand Prix, inkl. nachträglicher Disqualifikationen

Benetton

Das Team des Weltmeisters überzeugte erneut auf ganzer Linie. Was dem Benetton-Renault B195 in bezug auf die Chassis-Qualität fehlte, das machten Schumachers Fahrkunst und die taktischen Überlegungen der Männer um Ross Brawn scheinbar spielerisch wett. Außerdem, das wurde längst zur Gewohnheit, baute Benetton erneut unglaublich zuverlässige Boliden.
Noch im Vorjahr stand der Rennstall immer wieder im Mittelpunkt diverser Skandale. Das änderte sich radikal. Im September sorgte dann allerdings kurzfristig ein anonymer Brief, den die FIA erhielt, für Furore. Inhalt des Schreibens waren zahlreiche Vorwürfe gegen das Briatore-Team. 1994, so stand geschrieben, habe Flavio Briatore in Adelaide persönlich per Funk den »Abschußbefehl« an Schumacher gegeben. Der Deutsche solle Hill von der Piste rempeln. Außerdem werde nach wie vor mit der längst verbotenen Traktions-Kontrolle gefahren. Unterschrieben war der Brief mit den Worten »ein besorgter Benetton-Mechaniker«.
Nachforschungen der FIA ergaben, daß es sich zweifelsfrei um den schlechten Scherz eines Außenstehenden handelte. Tatsache ist aber, daß unverändert auf die Vorteile der Traction-Control gesetzt wurde. Gegen die Paragraphen wurde dabei nicht verstoßen! Es war lediglich erforderlich, mittels eines elektronischen Memory während des Trainings die kritischen wheel-spin-Phasen aufzuzeichnen. Die Beschleunigung des Motors in diesen Bereichen entsprechend anzupassen, ist nicht verboten... Nicht nur Benetton unterlief mit diesem legalen Trick den Geist der FIA-Statuten.
Das Duell, das sich Benetton 1995 auf Konstrukteurs-Ebene mit Williams lieferte, zählt auf diesem Sektor zu den erbittertsten Auseinandersetzungen im F1-Sport der letzten Jahre. Autos, die der Konkurrenz ohnehin längst überlegen waren, wurden immer wieder modifiziert. Selbst als Michael Schumacher den Titel bereits in der Tasche hatte, trat an der Design-Front noch keine Ruhe ein.
In der Vor-Schumacher-Ära gelangen dem Team Benetton, das 1986 aus dem Rennstall Toleman hervorging, nur fünf Siege. Daß die Truppe nach der Kündigung des Deutschen wieder in der Versenkung verschwindet, ist unwahrscheinlich. Die Erwartungen des Chefs, dank Berger und Alesi 1996 noch häufiger als im zurückliegenden Rennjahr zu siegen, scheinen jedoch übertrieben optimistisch.

Benetton-Renault B195

Michael Schumacher

Johnny Herbert

Fahrgestell: Kohlefaser-Composite-Monocoque; Radstand: 2888 mm; Spurweite vorn/hinten: 1690/1618 mm; Tankvolumen: ca. 120 Liter; Gewicht: 503 kg*; pushrod-Aufhängung vorn und hinten; halbautomatisches, elektrohydraulisches, transversales, sequentielles Benetton/XTrac-Sechsganggetriebe; Dreischeiben-Kohlefaser AP-Kupplung; Räder: BBS; Bremsen: Brembo und AP; Zubehör: Reifen Goodyear, Zündkerzen Champion, Benzin elf; Designer: Ross Brawn; andere Ingenieure: Rory Byrne, Pat Symonds, Tim Wright, Nick Wirth; sechs Chassis wurden gebaut.

Motor: Zehnzylinder-V-Motor im Winkel von 67 Grad; Aluminium-Block; Bohrung×Hub: ca. 94,00×43,20 mm; Verhältnis: 0,46; Hubraum: 2998,0 ccm; Kurbelwellenlager-Anzahl: sechs; Kröpfungswinkel: 144 Grad; vier pneumatisch gefederte Ventile pro Zylinder; vier durch Zahnräder gesteuerte obenliegende Nockenwellen; Verdichtung: 1:12,9; max. Kolbengeschwindigkeit: 37,0 m/sek.; Literleistung: 230,2 PS; Zündung: Magneti Marelli (statisch); Motormanagement: Magneti Marelli (elektronisch); Maße: 623×540×420 mm; Gewicht: 132 kg; kg pro PS: 0,191; Leistung: ca. 690 PS (Qual. ca. 710); Drehzahl: ca. 16000 U/min (Qual. ca. 16400).

Renault RS7C

*Alle Wagen-Gewichte ohne Fahrer + 20 Liter Benzin

Tyrrell

Der Aufwärtstrend, der sich 1994 in dem Top-Team vergangener Jahrzehnte abzeichnete, konnte nicht geradlinig fortgesetzt werden. Verantwortlich waren hierfür im wesentlichen zwei Faktoren. Die Reduzierung des Motorinhalts warf Yamaha im direkten Vergleich mit der Konkurrenz zurück. Das Interims-Aggregat, ein angepaßter Ex-3,5-Liter-Zehnzylinder, erfüllte die Erwartungen nicht. Der flammneue, eigens aufgrund der seit Saisonbeginn gültigen Reglement-Paragraphen entwickelte Nachfolger wurde erst mit großer Verspätung präsentiert, als es ohnehin nichts mehr zu retten gab, und kam nicht mehr zum Einsatz.
Verstärkt wurde die Misere durch eine riskante Strategie von Konstrukteur Dr. Harvey Postlethwaite. Der Engländer, der schon vor mehr als 20 Jahren durch ungewöhnliche Konstruktionen – wie den für James Hunt auf die Räder gestellten »Gummi-Puffer-gefederten« Hesketh-Ford – auffiel, schlug wieder einmal einen gewagten Kurs ein. Anstatt das bescheidene Budget in ein schnörkelloses Chassis zu stecken, verrannte sich der Erfinder der aktuellen Formel 1-Hochnasen-Konstruktionen in aerodynamische und elektronische Spielereien. So wurde viel Geld zum Fenster hinausgeworfen, denn die eingeschlagenen Wege erwiesen sich als Sackgassen.

Positives gab es hingegen auf der Fahrerseite. Mit Mika Salo, der in der Formel 1 Ende 1994 auf Lotus debütierte, wurde ein Mann mit Zukunft verpflichtet. Wie Heinz-Harald Frentzen oder Eddie Irvine kommt der Finne aus der »japanischen Schule«. Vier Jahre lang bestritt er das nationale F3000-Championat im Land der aufgehenden Sonne. Wer sich dort gegen die starke internationale Konkurrenz behaupten kann, der empfiehlt sich für höhere Aufgaben. Das gilt grundsätzlich auch für Ukyo Katayama, dem aber 1995 das Vertrauen in den 023 fehlte.
Dieser »zweite Bildungsweg« bringt allerdings auch Nachteile mit sich. Mika Salo betrat 1995 mit wenigen Ausnahmen im 14-Tage-Rhythmus Neuland. Zwar kennt er die japanischen Pisten wie seine Westentasche, aber in Europa gab es für ihn – von England abgesehen – viele weiße Flecken auf der Landkarte. In seiner Not war Salo einfallsreich: Wenige Wochen vor dem GP von Europa nahm er eine Einladung aus Stuttgart an und bestritt als Gastfahrer ein Porsche-Cup-Rennen auf der GP-Piste des Nürburgrings. So blickte er in puncto Pistenverlauf ausnahmsweise einmal halbwegs durch, als das Training begann. Zum Saison-Ende konnte das magere Punktekonto in Suzuka und Adelaide mit Glück aufpoliert werden.

Tyrrell-Yamaha 023

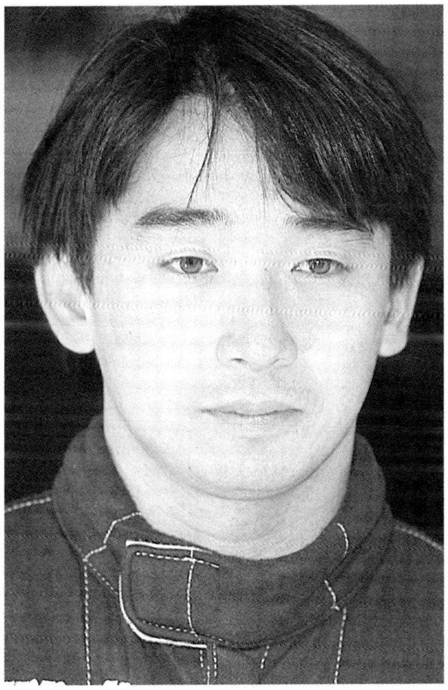

Ukyo Katayama

Mika Salo

Gabriele Tarquini

Fahrgestell: Kohlefaser-Honeycomb-Composite-Monocoque; Radstand: 2800 mm; Spurweite vorn/hinten: 1698/1610 mm; Tankvolumen: ca. 140 Liter; Gewicht: 515 kg; pushrod-Aufhängung vorn und hinten (vorn hydraulisch); halbautomatisches, elektropneumatisches, transversales, sequentielles Tyrrell/XTrac-Sechsganggetrie-be; Dreischeiben-Kohlefaser AP-Kupp- lung; Räder: Fondmetal; Bremsen: AP; Zubehör: Reifen Goodyear, Zündkerzen NGK, Benzin Agip; Designer: Dr. Harvey Postlethwaite; andere Ingenieure: Mike Gascoyne, Tim Densham, Jean-Claude Migeot; sechs Chassis wurden gebaut.

Motor: Zehnzylinder-V-Motor im Winkel von 72 Grad; Aluminium-Block; Bohrung×Hub: ca. 90,00×47,10 mm; Verhältnis: 0,52; Hubraum: 2996,4 ccm; Kurbelwellenlager-Anzahl: geheim; Kröpfungswinkel: 144 Grad; vier pneumatisch gefederte Ventile pro Zylinder; vier durch Zahnräder gesteuerte obenliegende Nockenwellen; Verdichtung: geheim; Kolbengeschwindigkeit: 37,9 m/sek.; Literleistung: 216,9 PS; Zündung: Zytek (statisch); Motormanagement: Zytek (elektronisch); Maße: 625×555×417 mm; Gewicht: 125 kg; kg pro PS: 0,192; Leistung: ca. 650 PS (Qual. ca. 655); Drehzahl: ca. 15000 U/min (Qual. ca. 15200).

Yamaha OX10C

Williams

Die Jahre 1992 und 1993 brachten für den Rennstall aus Didcot mit den Titelgewinnen von Nigel Mansell und Alain Prost die beiden letzten Erfolge in der Fahrer-WM. Seitdem ging nichts mehr, obwohl das Designer-Duo Patrick Head/Adrian Newey unverändert das beste Chassis baute und mit Renault der stärkste Motoren-Partner ins Team eingebunden blieb.
1994 gab es für die Niederlage im Titelkampf einen einleuchtenden Grund: Den Unfalltod des Brasilianers Ayrton Senna. In der zurückliegenden Saison allerdings war das Scheitern vorprogrammiert. Weder Damon Hill, noch David Coulthard gelang es, die technische Überlegenheit auszunutzen. Champion-Sohn Hill fehlt es immer noch an Nervenkraft und fahrerischer Klasse. Er ist zweifelsfrei ein sehr guter Pilot, aber sein Name darf sicherlich nicht in einem Atemzug mit denen der F1-Größen Fangio, Moss, Clark, Stewart, Lauda, Prost, Senna oder Schumacher genannt werden. Mit Blick auf den GP von Portugal 1995 sagte Michael Schumacher, daß er Hill, bei klügerer Linien-Wahl des Briten, niemals hätte überholen können. Rückblickend machte sich der Williams-Fahrer selbst entsprechende Vorwürfe...

Vielleicht hätte Coulthard das Williams-Potential zum Titelgewinn ausschöpfen können, wenn er nicht erst in der zweiten Saisonhälfte zur erwarteten Form aufgelaufen wäre. Eine chronische Mandelentzündung hatte ihm bis in den Juni hinein zu schaffen gemacht. Der Schotte mußte auf regelmäßiges Krafttraining verzichten und benötigte pro Tag bis zu 13 Stunden Schlaf. So mußte er sich unter Wert geschlagen geben und verlor entsprechend an Selbstvertrauen. Von heute auf morgen ließen sich nach der Operation weder die psychischen, noch die physischen Defizite wettmachen. Unterstützt durch seinen Landsmann Jackie Stewart, der ihm mit guten Ratschlägen zur Seite stand, erholte sich Coulthard allerdings bereits bis Ende August.
Hätte sich der Schotte die Mandeln rechtzeitig vor Saisonbeginn kappen lassen, wäre er möglicherweise Champion des Jahres 1995 geworden. Fahrerisch ist er noch (?) nicht auf einer Stufe mit dem überlegenen Michael Schumacher, aber vor einem Damon Hill braucht er sich wahrlich nicht zu verstecken.
Mit der Piloten-Paarung Hill/Villeneuve scheint Williams auch für 1996 interessant, aber nicht optimal gerüstet...

Williams-Renault FW17

Damon Hill

David Coulthard

Fahrgestell: Carbonaramide-Composite-Monocoque; Radstand: 2890 mm; Spurweite: vorn/hinten 1670/1600 mm; Tankvolumen: ca. 140 Liter; Gewicht: 505 kg; pushrod-Aufhängung vorn und hinten; halbautomatisches, elektrohydraulisches, sequentielles, transversales Williams/XTrac-Sechsganggetriebe; Dreischeiben-Kohlefaser AP-Kupplung; Räder: O.Z.; Bremsen: AP; Zubehör: Reifen Goodyear; Zündkerzen Champion; Benzin elf; Designer: Patrick Head; andere Ingenieure: Adrian Newey, David Brown, Jock Clair, John Russell; sechs Chassis wurden gebaut.

Renault RS7C

Motor: Zehnzylinder-V-Motor im Winkel von 67 Grad; Aluminium-Block; Bohrung×Hub: ca. 94,00×43,20 mm; Verhältnis: 0,46; Hubraum: 2998,0 ccm; Kurbelwellenlager-Anzahl: sechs; Kröpfungswinkel: 144 Grad; vier pneumatisch gefederte Ventile pro Zylinder; vier durch Zahnräder gesteuerte obenliegende Nockenwellen; Verdichtung: 1:12,9; max. Kolbengeschwindigkeit: 37,0 m/sek.; Literleistung: 230,2 PS; Zündung: Magneti Marelli (statisch); Motormanagement: Magneti Marelli (elektronisch); Maße: 623×540×420 mm; Gewicht: 132 kg; kg pro PS: 0,191; Leistung: ca. 690 PS (Qual. ca. 710); Drehzahl: ca. 16000 U/min (Qual. ca. 16400).

McLaren

Die Weichenstellung im Winter war wohlüberlegt. Für die vierte aufeinanderfolgende Saison einigte sich McLaren mit dem vierten Motoren-Partner! Die Briten erhofften sich durch den Wechsel von Peugeot zu Mercedes bessere und schnellere Entwicklungsarbeit. Umgekehrt entschieden sich die Schwaben – zumindest theoretisch – für eine Abkürzung auf dem Weg nach oben. An der Seite Saubers ungeduldig geworden, einigte man sich mit den Perfektionisten aus Woking in der Hoffnung, daß aus der »Elefanten-Hochzeit« Siege hervorgehen müssen!
Aus eigener Kraft wollte man von Beginn der zweiten Saisonhälfte an »siegfähig« sein. Auf dem Motorsektor wurde das selbstgesteckte Ziel erreicht. Mario Illien entwickelte den komplett neuen V10 mit unglaublich hohem Tempo weiter – was allerdings zuweilen zu verständlichen Mängeln im Bereich der Zuverlässigkeit führte. Wenn sich Mercedes rückblickend einen Vorwurf gefallen lassen muß, dann ist das lediglich das Drängen der Schwaben auf die Verpflichtung von Nigel Mansell. Die Stuttgarter hatten weder erkannt, daß der Brite 1994 in Adelaide ohne Glanz siegte, noch, daß es ihm an Motivation und Geduld fehlt, ein langfristiges Entwicklungsprogramm durchzuziehen.

Daß das Team während der zurückliegenden Saison auf keinen grünen Zweig kam, lag in erster Linie am mäßigen Chassis. Die Grund-Spezifikation war – nicht nur für den breiten Mansell – zu eng und zu langsam. Mika Häkkinen sprach schon vor Saisonbeginn von einem »verlorenen Jahr«. Die B-Version war breiter, aber nicht schneller, so wie auch die nachfolgende Variante mit dem Kürzel C.
Zwar wurden weder Mühen noch Kosten gescheut, den »Gordischen Knoten« durch permanente Modifikationen doch noch zu lösen, aber es gelang nicht. In der Not wurde der Ruf nach Ex-McLaren-Designer John Barnard laut, aber der signalisierte, vorläufig bei Ferrari bleiben zu wollen. Immerhin gelang es, Steve Nichols zurück nach Woking zu holen, um Neil Oatley bei der Suche nach Sekunden zu unterstützen. Immerhin folgte der »Lichtblick von Suzuka«.
Das bescheidene Abschneiden des Rennstalls ließ hinter den Kulissen das Betriebsklima auf Minustemperaturen fallen. »Erdrutschartige« personelle Veränderungen der Team-Führung konnten zum Saisonende nicht ausgeschlossen werden. Sogar der Status des 40-Prozent-Mitbesitzers Ron Dennis war nicht mehr sicher!

McLaren-Mercedes MP4/10B

Mark Blundell

Nigel Mansell

Mika Häkkinen

Jan Magnussen

Fahrgestell: Kohlefaser-Honeycomb-Composite-Monocoque; Radstand: ca. 2840 mm; Spurweite vorn/hinten: 1690/1615 mm; Tankvolumen: ca. 135 Liter; Gewicht: 504 kg; pushrod-Aufhängung vorn und hinten; halbautomatisches, elektrohydraulisches, sequentielles, transversales McLaren/XTrac-Sechsganggetriebe; Dreischeiben-Kohlefaser AP-Kupplung; Räder: Speedline und Enkey; Bremsen: AP; Zubehör: Reifen Goodyear, Zündkerzen NGK; Benzin Mobil; Designer: Neil Oatley; andere Ingenieure: Henri Durand, Steve Nichols, Matthew Jeffreys, Tim Goss; zehn Chassis wurden gebaut (3 A-, 7 B- und C-Versionen).

Motor: Zehnzylinder-V-Motor im Winkel von 75 Grad; Aluminium-Block; Bohrung×Hub: ca. 89,00×48,10 mm; Verhältnis: 0,54; Hubraum: 2992,4 ccm; Kurbelwellenlager-Anzahl: geheim; Kröpfungswinkel: 144 Grad; vier pneumatisch gefederte Ventile pro Zylinder; vier durch Zahnräder gesteuerte obenliegende Nockenwellen; Verdichtung: geheim; max. Kolbengeschwindigkeit: 39,2 m/sek.; Literleistung: 220,6 PS; Zündung: TAG Electronic System (statisch); Motormanagement: TAG Electronic System (elektronisch); Maße: 590×485×472 mm; Gewicht: 118 kg; kg pro PS: 0,179; Leistung: ca. 660 PS (Qual. ca. 675); Drehzahl: ca. 15200 U/min (Qual. ca. 15600).

Mercedes FO110

Arrows

Der Rennstall des Ex-F1-Piloten Jackie Oliver überstand eine weitere Saison – selbstverständlich ist das keineswegs. Die Überlebenskünstler aus Milton Keynes leiden unter chronischem Geldmangel. So sind ehrgeizige technische Vorhaben trotz der hochmodernen Werksanlage im Süden Silverstones nicht realisierbar. Um die Team-Kasse aufzufüllen, wurde 1995 sogar ein kurioses Angebot an die Adresse interessierter Fans gemacht: Diese Enthusiasten können sich für ein Jahr die Mitgliedschaft im Team Arrows kaufen. Im Preis eingeschlossen sind die Reisen zu allen Grand Prix einer Saison, Team-Kleidung und die Teilnahme an Testfahrten – nach intensiver Vorbereitung am Steuer kleinerer Monoposti – im Cockpit eines ausrangierten Footwork F1.
Rege Nachfrage löste die Offerte nicht aus – bei einem Preis von gut einer Million US-Dollar war das allerdings einkalkuliert.
Unter Berücksichtigung des eingeschränkten finanziellen Spielraums konnte eine der festen Größen des Rennstalls, das mittellose italienische Talent Gianni Morbidelli, nicht gehalten werden. Der Italiener Max Papis, im Vorjahr fünfter der Formel 3000-Meisterschaft und bei winterlichen F1-Testfahrten auf Ligier nicht so überzeugend wie der Deutsche Jörg Müller, brachte als Morbidelli-Ersatz zusätzliche Sponsoren-Gelder in die leeren Kassen. Papis machte seinen Job gut, kam aber natürlich nicht an Morbidellis Leistungen heran. Für die drei letzten GP wurde der Wechsel rückgängig gemacht, was sich in Adelaide positiv auszahlte...
Mit Taki Inoue, dem Japaner mit dem dramatisch starken Gefälle zwischen Intelligenz und Fahrkunst, war im Lehrjahr ohnehin kein Blumentopf zu gewinnen. Der Asiate freute sich auf der einen Seite über seinen schnell gewachsenen Bekanntheitsgrad, bedauerte aber andererseits, daß er ihn nicht aufgrund guter Resultate erzielte. Inoue kam in Monaco in die Schlagzeilen, weil das Safety-Car seinen Footwork torpedierte und in Mogyoród, nachdem ihn ein Wagen der Marshals auf den Kühler genommen hatte...
Die Zukunft des Teams ist alles andere als rosig, weil sich Konstrukteur Alan Jenkins, ein Ex-McLaren-Ingenieur und John Barnard-Schüler, zum Saisonende hin zunehmend für Stellenangebote der Konkurrenz zu interessieren begann. Sollte Jenkins tatsächlich abwandern, steht der 1978 gegründete F1-Rennstall – der von 1991 bis 1993 unter dem heutigen Chassis-Namen Footwork antrat – vor der größten Krise der Team-Geschichte.

Footwork-Hart FA16

Gianni Morbidelli

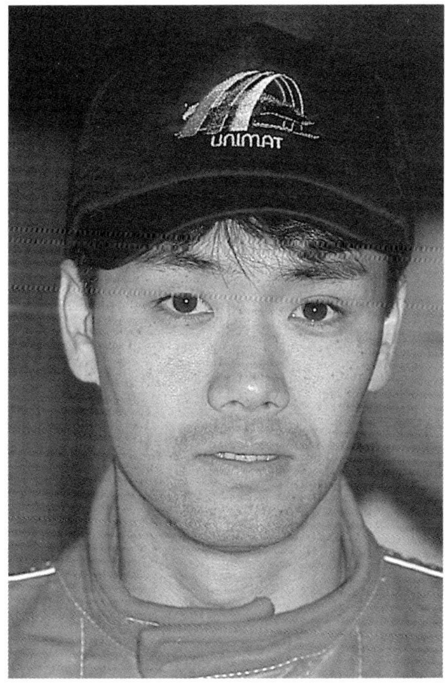
Taki Inoue

Max Papis

Fahrgestell: Kohlefaser-Composite-Monocoque; Radstand: 2921 mm; Spurweite vorn/hinten: 1676/1600 mm; Tankvolumen: ca. 115 Liter; Gewicht: 514 kg; pushrod-Aufhängung vorn und hinten; halbautomatisches, elektrohydraulisches, sequentielles, längsliegendes Footwork/XTrac-Sechsganggetriebe; Dreischeiben-Kohlefaser AP-Kupplung; Räder: Enkey; Bremsen: Brembo; Zubehör: Reifen Goodyear, Zündkerzen Champion; Benzin: Sasol; Designer: Alan Jenkins; andere Ingenieure: Paul Bowen, Allen McDonald; Andy Lee Fleming; fünf Chassis wurden gebaut.

Motor: Achtzylinder-V-Motor im Winkel von 72 Grad; Aluminium-Block; Bohrung×Hub: ca. 96,00×51,70 mm; Verhältnis: 0,54; Hubraum: 2993,7 ccm; Kurbelwellenlager-Anzahl: fünf; Kröpfungswinkel: 180 Grad; vier stahlgefederte Ventile pro Zylinder; vier durch Zahnräder gesteuerte obenliegende Nockenwellen; Verdichtung: 1:12,5; max. Kolbengeschwindigkeit: 37,7 m/sek.; Literleistung: 203,8 PS; Zündung: TAG Electronic System (statisch); Motormanagement: TAG Electronic System (elektronisch); Maße: 517×570×560 mm; Gewicht: 110 kg; kg pro PS: 0,180; Leistung: ca. 610 PS (Qual. ca. 615); Drehzahl: ca. 13600 U/min (Qual. ca. 13800).

Hart 830F1

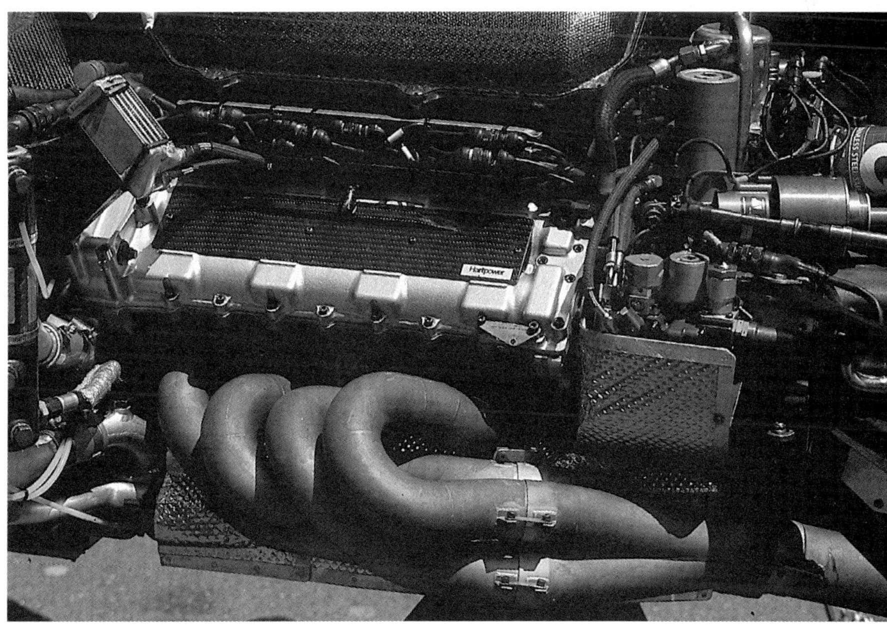

Simtek

Nick Wirth, der 29-jährige Team-Chef, ging mit viel Elan in seine zweite Formel 1-Saison. Nach den Anlaufschwierigkeiten 1994 und dem tragischen Todes-Sturz des österreichischen Simtek-Piloten Roland Ratzenberger in Imola sollte es steil aufwärts gehen.
Tatsächlich gelang dem Boß, der in Personalunion auch die Planstelle des Technischen Direktors besetzte, mit dem S951 eine gelungene Konstruktion. Unerwartet erhielt Wirth Unterstützung durch den Chef des Teams Benetton, Flavio Briatore. Der Mann, dem man nachsagt, seine Stärke sei eher das Nehmen als das Geben, überließ Simtek den niederländischen Fahrer Jos Verstappen, den er im Vorjahr viel zu früh in das »Stahlgewitter« Formel 1 geschickt hatte. Außerdem spendierte Briatore Benetton-Getriebe.
Zwar konnte Verstappen, der seinen Team-Kollegen Domenico Schiattarella klar in den Schatten stellte, anfangs – speziell in Buenos Aires – glänzen, aber chronischer Geldmangel verhinderte die Entwicklung des vielversprechenden Potentials. Simtek konnte sich praktisch keine Testfahrten leisten. Die Miteigner – Sir Jack Brabham und die deutsche Firma SMS – hatten das sinkende Schiff längst verlassen. Der australische Ex-Weltmeister flüchtete, ohne je einen Pfennig gezahlt zu haben...

Das Aus kam nach nur fünf Grand Prix. Im Anschluß an den monegassischen WM-Lauf berief Wirth eine Krisensitzung ein. Verstappens niederländische Geldgeber waren allerdings nicht bereit, weitere Gulden zu investieren. Sponsor Korean Air liebäugelte bereits mit Tyrrell, und die Mäzenin Barbara Behlau – ihr Vorname prangte beim Schwanengesang in Monte Carlo auf den Heckflügeln der Boliden – war auch längst an die Grenzen ihres Sparstrumpfs gelangt...
Wenige Tage später übernahm ein Konkurs-Verwalter die Regie. Bis zuletzt hoffte Wirth trotzdem, mit seinem Team in Montreal antreten zu können – vergeblich. Kurz darauf kam das gesamte bewegliche Material unter den Hammer. Der Erlös der Versteigerung floß den zahlreichen Gläubigern zu, die allerdings unterm Strich Minus machten.
Das Talent Nick Wirth aber blieb der Formel 1 erhalten. Benetton heuerte den Gerade-Noch-Twen an und betraute ihn mit aerodynamischen Projekten. Anfang September löste er dann Tim Wright auf dem Posten des Track-Engineers von Johnny Herbert ab und feierte zum Einstand einen Sieg seines Schützlings!

Simtek-Ford S951

Domenico Schiattarella

Jos Verstappen

Fahrgestell: Kohlefaser-Composite-Monocoque; Radstand: 2800 mm; Spurweite vorn/hinten: 1690/1600 mm; Tankvolumen: 140 Liter; Gewicht: 507 kg; pushrod-Aufhängung vorn und hinten; halbautomatisches, elektrohydraulisches, sequentielles, längsliegendes Benetton/XTrac-Sechsganggetriebe; Dreischeiben-Kohlefaser AP-Kupplung; Räder: Dymag; Bremsen: Brembo; Zubehör: Reifen Goodyear, Zündkerzen Champion; Benzin: elf; Designer: Nick Wirth; andere Ingenieure: Paul Crooks, Humphrey Corbett, Rod Nelson; zwei Chassis wurden gebaut.

Ford ED

Motor: Achtzylinder-V-Motor im Winkel von 75 Grad; Aluminium-Block; Bohrung×Hub: ca. 94,00×53,95 mm; Verhältnis: 0,57; Hubraum: 2995,2 ccm; Kurbelwellenlager-Anzahl: fünf; Kröpfungswinkel: 180 Grad; vier pneumatisch gefederte Ventile pro Zylinder; vier durch Zahnräder/Kette gesteuerte obenliegende Nockenwellen; Verdichtung: 1:12,3; max. Kolbengeschwindigkeit: 39,5 m/sek.; Literleistung: 193,6 PS; Zündung: Ford EED (statisch); Motormanagement: Ford EEC V (elektronisch), Bosch-Einspritzung; Maße: 595×592×541 mm; Gewicht: 129,5 kg; kg pro PS: 0,223; Leistung: ca. 580 PS (Qual. ca. 590); Drehzahl: ca. 13600 U/min (Qual. ca. 13800).

Jordan

Chef Eddie Jordan glaubt unverändert daran, daß er im Winter 1994/95 die Weichen für den Aufstieg in die GP-Spitzenklasse stellte. Von McLaren schmählich fallengelassen, schaute sich Peugeot nach einem neuen Partner um. Gern wären die Franzosen ins Sauber-Lager gewechselt. Dieser Deal ließ sich aus psychologisch-diplomatischen Gründen unmöglich verwirklichen: Die Verantwortlichen wollten verhindern, daß in der Öffentlichkeit der Eindruck entstehen könnte, für Peugeot seien die »Mercedes-Abfälle« gerade gut genug – als neuer McLaren-Partner zählte Mercedes natürlich zum feindlichen Lager...

An der Seite des Giganten Peugeot, der die F1-Szene mit dem einen Ziel betrat, eines Tages den Rivalen Renault zu schlagen, will Eddie Jordan Grand Prix gewinnen und den Titel holen. Den selbst abgesteckten Zeitplan hielt er aber bereits 1995 nicht ein: Schon in der zurückliegenden Saison sollten erste Siege heimgefahren werden, um 1996 um Platz Eins des Championats mitzukämpfen.

Tatsächlich verliefen die Tests vor Saisonbeginn ausgesprochen vielversprechend. Gemessen an den hohen Erwartungen blieben die Jordan-Piloten aber viel schuldig, als es ernst wurde. Konstrukteur Gary Anderson betrat überhastet Neuland: Wie so oft in dieser Branche, wurden Modifikationen vorgenommen, deren Funktionieren lediglich in der Theorie, nicht aber in der Praxis gewährleistet war.

Im Mai – so Eddie Jordan – zog man einen Schlußstrich und rüstete die Autos auf den ursprünglichen Zustand zurück. Zu diesem Zeitpunkt war die Konkurrenz längst entwicklungsmäßig enteilt. Trotzdem gab es zur Belohnung für den mühevollen Neubeginn ein Bonbon: Die glückliche »Erbschaft« von Montreal, wo beide Jordan-Piloten auf dem Siegerpodest standen.

Den größten Coup der Saison landete Jordan, der Mann mit dem ausgeprägten Riecher für Dollar, Mark und Yen, Monate später: Er verkaufte seinen schnellen Landsmann Eddie Irvine für fünf Millionen Dollar, zu jenem Zeitpunkt knapp 7,5 Millionen Mark, an Ferrari. Um weiterhin auf eine schlagkräftige Truppe setzen zu können, verpflichtete er nur wenige Stunden nach dem lukrativen Deal Martin Brundle. Der bewährte sich im Verlauf der letzten Jahre als »Notnagel« in verschiedenen Teams, wartet allerdings seit 1984 vergeblich auf seinen ersten Grand Prix-Sieg...

Jordan-Peugeot 195

Rubens Barrichello

Eddie Irvine

Fahrgestell: Kohlefaser-Composite-Monocoque; Radstand: 2950 mm; Spurweite vorn/hinten: 1698/1618 mm; Tankvolumen: 124 Liter; Gewicht: 505 kg; pushrod-Aufhängung vorn und hinten; halbautomatisches, elektrohydraulisches, sequentielles, längsliegendes Jordan/Hewland-Siebenganggetriebe; Zweischeiben-Kohlefaser Tilton-Kupplung; Räder: O.Z.; Bremsen: Brembo; Zubehör: Reifen Goodyear, Zündkerzen NGK; Benzin Total; Designer: Gary Anderson; andere Ingenieure: Darren Davis, Tim Holloway, Andrew Green; sechs Chassis wurden gebaut.

Peugeot A10E

Motor: Zehnzylinder-V-Motor im Winkel von 72 Grad; Aluminium-Block; Bohrung×Hub: ca. 94,00×43,20 mm; Verhältnis: 0,46; Hubraum: 2998,0 ccm; Kurbelwellenlager-Anzahl: sechs; Kröpfungswinkel: 144 Grad; vier pneumatisch gefederte Ventile pro Zylinder; vier durch Zahnräder gesteuerte obenliegende Nockenwellen; Verdichtung: 1:12,8; max. Kolbengeschwindigkeit: 36,6 m/sek.; Literleistung: 226,8 PS; Zündung: TAG Electronic System (statisch); Motormanagement: TAG Electronic System (elektronisch); Maße: 620×538×408 mm; Gewicht: 133 kg; kg pro PS: 0,196; Leistung: ca. 680 PS (Qual. ca. 695); Drehzahl: ca. 15800 U/min (Qual. ca. 16400).

Pacific

Formel 1-Fahrer Bertrand Gachot, neben Keith Wiggins einer der beiden Pacific-Chefs, schwärmte bereits Ende 1994 vom neuen Typ PR02. Nach dem Einstiegsjahr mußte es auf jeden Fall bei Pacific aufwärtsgehen, denn der als PR01 eingesetzte betagte »Ladenhüter« aus dem Hause Reynard war jeder denkbaren modernen Konstruktion zwangsläufig unterlegen.

Wie bei Simtek wurden recht ordentliche Boliden auf die Räder gestellt, und wie bei Simtek fehlte das Geld für Testfahrten. Vor der Abreise nach Südamerika reichte die Zeit gerade noch bei Dämmerlicht für einige Shake-Down-Runden in Silverstone – derart spät wurden die letzten Steckschrauben montiert!

Anschließend schaukelte sich das Team mehr schlecht als recht durch die Saison. Krisen blieben nicht aus: In Spa drohte der Sturz ins Bodenlose, als Motoren-Tuner Heini Mader Altschulden aus der Saison 1994 eintreiben wollte – damals hatte der Schweizer 93er-Ilmor-Aggregate vorbereitet und gewartet. Wiggins' Hinweis, den Zehnzylindern habe ohnehin Leistung und Zuverlässigkeit gefehlt, ließen die Juristen nicht gelten. Mader, der das Team nicht untergehen lassen wollte, einigte sich hinter den Kulissen mit dem Schuldner.

Zu diesem Zeitpunkt hatte Gachot bereits sein Cockpit geräumt, um es an finanzkräftige »Hobby-Piloten« zu vermieten. Das Überlebensrezept nach dem Muster »Rent a Pacific« verursachte unerwartet neuen Ärger. Jean-Denis Delétraz brachte den Sponsor Franck Muller mit, und dessen Produkte – Armbanduhren – konkurrieren mit den Erzeugnissen des langfristig gewonnenen Hauptsponsors Catamaran! In Estoril flogen die Fetzen. Später flog Delétraz.

Bertrand Gachot schaukelte die Situation zunächst mit Fingerspitzengefühl. Viel Staat war in Estoril mit Delétraz ohnehin nicht zu machen. Sehr früh warf der Makler aus der Westschweiz das Handtuch. Krämpfe im linken Arm setzten ihn außer Gefecht. Spötter witzelten, das permanente Vorbeiwinken schnellerer Kollegen habe die Extremität des Eidgenossen zu sehr beansprucht. Bis zum Europa-GP in der Eifel brachte sich der Amateur körperlich immerhin soweit auf Vordermann, daß er über die volle Distanz kam.

1996 sollen die Finanzen wider allen Erwartungen soweit geordnet sein, daß Gachot wieder selbst ins Cockpit zurückkehren kann – sein Fahrkönnen ist unbestritten. Spielt das Auto mit, dann ist der Belgier jederzeit für WM-Punkte gut.

Pacific-Ford PR02

Obere Reihe:
Bertrand Gachot
Andrea Montermini
Giovanni Lavaggi

2. Reihe:
Jean-Denis Delétraz

Fahrgestell: Kohlefaser-Composite-Monocoque; Radstand: 2880 mm; Spurweite vorn/hinten: 1696/1613 mm; Tankvolumen: ca. 110 Liter; Gewicht: 517 kg; pushrod-Aufhängung vorn und hinten; halbautomatisches, elektrohydraulisches, längsliegendes Pacific/ Hewland-Sechsganggetriebe; Dreischeiben-Kohlefaser AP-Kupplung; Räder: Dymag; Bremsen: AP; Zubehör: Reifen Goodyear, Zündkerzen Champion; Benzin elf; Designer: Frank Coppuck; andere Ingenieure: Dave Watson, Peter Weston, Peter Ellery; zwei Chassis wurden gebaut.

Ford ED

Motor: Achtzylinder-V-Motor im Winkel von 75 Grad; Aluminium-Block; Bohrung×Hub: ca. 94,00×53,95 mm; Verhältnis: 0,57; Hubraum: 2995,2 ccm; Kurbelwellenlager-Anzahl: fünf; Kröpfungswinkel: 180 Grad; vier pneumatisch gefederte Ventile pro Zylinder; vier durch Zahnräder/Kette gesteuerte obenliegende Nockenwellen; Verdichtung: 1:12,3; max. Kolbengeschwindigkeit: 39,5 m/sek.; Literleistung: 193,6 PS; Zündung: Ford EED (statisch); Motormanagement: Ford EEC V (elektronisch), Bosch-Einspritzung; Maße: 595×592×541 mm; Gewicht: 129,5 kg; kg pro PS: 0,223; Leistung: ca. 580 PS (Qual. ca. 590); Drehzahl: ca. 13600 U/min (Qual. ca. 13800).

Forti

Das jüngste aller Formel 1-Teams wurde Ende 1994 von Guido Forti und dessen Kompagnon Carlo Gancia gegründet. Die oft belächelten »Gelben« fuhren im ersten Jahr ihrer GP-Aktivitäten zwar hinterher, haben aber das Potential, sich mittelfristig Achtung zu verschaffen. Die wichtigste Voraussetzung für den Formanstieg ist erfüllt: Forti steht finanziell auf gesunden Füßen – zumindest, solange Pedro Diniz unter Vertrag steht. Der Vater des Brasilianers besitzt eine gigantische Supermarkt-Kette. So hat er Zulieferer der Lebensmittel-Branche, wie den Konzern Parmalat, als Sponsoren recht sicher im Griff. Vater Diniz könnte die Produkte für seine Märkte ja auch bei der Konkurrenz einkaufen...
Forti verfügt über Erfahrung als Teamchef. Seit 1975 engagiert er sich – zunächst in Nachwuchs-Formeln – in der PS-Branche. Gancia, der Teilhaber italo-brasilianischer Herkunft – ist mit Motorenlärm auch bereits seit langem vertraut. Er arbeitete mit seinen Landsleuten Emerson Fittipaldi, Carlos Pace und Nelson Piquet – allesamt Grand Prix-Sieger – zusammen.
Was der mit 40 Mann relativ kleinen Truppe fehlt, ist Formel 1-spezifische Erfahrung. Das 17-Millionen-Dollar-Budget – Jordan verfügte 1995 nicht über größere finanzielle Mittel – wurde im Verlauf der zurückliegenden Saison in zahlreiche Modifikationen gesteckt, die jedoch nicht den gewünschten Erfolg brachten. Dabei darf allerdings nicht vergessen werden, daß mit dem Ford-V8 vom Typ ED eine »Luftpumpe« für den Antrieb sorgte.
Die Entscheidung bei der Fahrerwahl, auf ein junges Talent mit vielversprechender Zukunft und einen Routinier zu setzen, war prinzipiell richtig. Ob die Planstelle des »alten Hasen« allerdings mit Roberto Moreno richtig besetzt war, darf bezweifelt werden. Der kleine Brasilianer saß zwar bereits in einem F1-Cockpit, als ein gewisser Michael Schumacher gerade erst 13 Lenze zählte, aber »Pupo« kam über die Jahre viel zu selten zum Einsatz, um einen reichen Erfahrungsschatz ansammeln zu können. Andrea de Cesaris z.B. hätte dem Team mehr helfen können. Ähnlich wie Ferrari, wo Niki Lauda unter Vertrag stand, heuerte auch Forti einen Ex-Piloten als Berater und Fahrer-Coach an: René Arnoux! Der lebenslustige Franzose nahm seinen Job zwar nicht besonders ernst, sorgte aber immer für gute Stimmung.

Forti-Ford FG01

Pedro Diniz

Roberto Moreno

Fahrgestell: Kohlefaser-Alu-Honeycomb-Monocoque; Radstand: 2931 mm; Spurweite vorn/hinten: 1690/1600 mm; Tankvolumen: 140 Liter; Gewicht: 511 kg; pushrod-Aufhängung vorn und hinten; manuelles, sequentielles, transversales Forti/Hewland-Sechsganggetriebe; Dreischeiben-Kohlefaser AP-Kupplung; Räder: Tecno Magnesio; Bremsen: AP; Zubehör: Reifen Goodyear, Zündkerzen Champion, Benzin elf; Designer: Giorgio Stirano; andere Ingenieure: Chris Radage, Paolo Guerci, Hans Fouche, Renato Moscati; vier Chassis wurden gebaut.

Ford ED

Motor: Achtzylinder-V-Motor im Winkel von 75 Grad; Aluminium-Block; Bohrung×Hub: ca. 94,00×53,95 mm; Verhältnis: 0,57; Hubraum: 2995,2 ccm; Kurbelwellenlager-Anzahl: fünf; Kröpfungswinkel: 180 Grad; vier pneumatisch gefederte Ventile pro Zylinder; vier durch Zahnräder/Kette gesteuerte obenliegende Nockenwellen; Verdichtung: 1:12,3; max. Kolbengeschwindigkeit: 39,5 m/sek.; Literleistung: 193,6 PS; Zündung: Ford EED (statisch); Motormanagement: Ford EEC V (elektronisch), Bosch-Einspritzung; Maße: 595×592×541 mm; Gewicht: 129,5 kg; kg pro PS: 0,223; Leistung: ca. 580 PS (Qual. ca. 590); Drehzahl: ca. 13600 U/min (Qual. ca. 13800).

Minardi

Für die italienische Scuderia begann das Jahr mit einem Fehlstart. Weil die Honda-Tochter Mugen aus dem bestehenden Vertrag ausbrach und zu Ligier wechselte, mußte Minardi mit der Konstruktion eines komplett neuen Chassis beginnen, das mit dem Kunden-Ford vom Typ ED harmoniert. Minardi meisterte diese teure Hürde und strebte – Ehrgeiz und Optimismus von Boß Giancarlo Minardi sind ungebrochen – sofort nach Höherem. Weil das eigene Auto, zu Saisonbeginn sicherlich nicht ohne gute Gründe, höher eingestuft wurde als der Sauber C14, griff Minardi den gemeinsamen Motorenpartner Ford in aller Öffentlichkeit massiv an. Die Italiener forderten den Zetec-R anstelle des müden ED! Aber Ford ließ sich nicht erweichen.
So blieb Pierluigi Martini, das »Minardi-Urgestein« aus den Gründerjahren, die verläßlichste Größe der Scuderia. Nicht nur Formel 1-Guru Bernie Ecclestone ist der festen Überzeugung, daß der 167-Zentimeter-Mann zu den fünf schnellsten Piloten der GP-Szene zählt. Aber ausgerechnet ihn mußte der Chef ausmustern. In akuter Geldnot – in Magny-Cours drohte ein Racheakt des Duos Briatore/Walkinshaw, Minardi in die Knie zu zwingen – wurde Martini durch Pedro Lamy ersetzt. Der Portugiese, dessen Karriere im Frühjahr 1994 nach einem schweren Testunfall in Silverstone beendet schien, brachte eine dringend benötigte »Mitgift«. Fahrerisch blieb der frühere Champion der Deutschen F3-Meisterschaft zwar unterhalb des Martini-Niveaus, aber er zog sich nach der langen Zwangspause achtbar aus der Affäre und holte in Adelaide den einzigen Minardi-Punkt.
Wie gut gegenwärtig dank der strengen Bauvorschriften auch die Chassis der kleinen Teams sind, wurde in Monza deutlich, als Luca Badoer eingangs der Ascari-Schikane mit hohem Tempo gegen die Leitplanken knallte: Badoer blieb unverletzt, und der Unfallwagen war am folgenden Tag wieder im Einsatz! Wie Martini, ist auch dessen Landsmann Badoer ein Pilot, der am Steuer eines Top-Autos für Furore sorgen könnte. 1996 wird bei Minardi zumindest in einem Punkt eine positive Trendwende einsetzen. An Power wird es den Rennwagen aus Faenza nicht mehr fehlen, denn Ferrari will seine ausgedienten Zwölfzylinder an Minardi abtreten – und die V12 aus Maranello waren, was schiere Leistung betrifft, 1995 das Maß aller Dinge. Falls Ferrari abspringt, will Yamaha als neuer Partner einsteigen.

Minardi-Ford M195

Pierluigi Martini

Luca Badoer

Pedro Lamy

Fahrgestell: Kohlefaser-Composite-Monocoque; Radstand: 2840 mm; Spurweite vorn/hinten: 1687/1620 mm; Tankvolumen: 110 Liter; Gewicht: 509 kg; pushrod-Aufhängung vorn und hinten; halbautomatisches, elektrohydraulisches, sequentielles, längsliegendes Minardi/XTrac-Sechsganggetriebe; Dreischeiben-Kohlefaser AP-Kupplung; Räder: Fondmetal; Bremsen: Brembo; Zubehör: Reifen Goodyear, Zündkerzen Champion; Benzin Agip; Designer: (Aldo Costa); andere Ingenieure: Mauro Gennari, Andrew Tilley, Gabriele Tredozi, (René Hilhorst); drei Chassis wurden gebaut.

Motor: Achtzylinder-V-Motor im Winkel von 75 Grad; Aluminium-Block; Bohrung×Hub: ca. 94,00×53,95 mm; Verhältnis: 0,57; Hubraum: 2995,2 ccm; Kurbelwellenlager-Anzahl: fünf; Kröpfungswinkel: 180 Grad; vier pneumatisch gefederte Ventile pro Zylinder; vier durch Zahnräder/Kette gesteuerte obenliegende Nockenwellen; Verdichtung: 1:12,3; max. Kolbengeschwindigkeit: 39,5 m/sek.; Literleistung: 193,6 PS; Zündung: Magneti Marelli (statisch); Motormanagement: Magneti Marelli (elektronisch); Maße: 595×592×541 mm; Gewicht: 129,5 kg; kg pro PS: 0,223; Leistung: ca. 580 PS (Qual. ca. 590); Drehzahl: ca. 13600 U/min (Qual. ca. 13800).

Ford ED

Ligier

Seitdem die Equipe unter neuem Management steht, ist der Aufwärtstrend unübersehbar. Im Vorjahr wurde der Rennstall von Flavio Briatore übernommen, der als »Stadthalter« den ehemaligen Ferrari-Rennleiter Cesare Fiorio einsetzte. Im Juli 1995 wurde dieser Posten neu besetzt: Anstelle des Italieners übernahm Tom Walkinshaw das Kommando, und der hat gleichermaßen Ehrgeiz, Erfahrung und Fachwissen, um das Team ganz nach vorn zu führen.
Technologisch wurde der Anschluß an die Spitze gefunden, als im Spätsommer Ligier sogar vom herkömmlichen Gaszug auf das aufwendige fly-by-wire-System umrüstete.
Als Piloten setzte man auf Olivier Panis, der die französische Herkunft der »Blauen« symbolisieren soll, und auf Martin Brundle. Der Brite mußte sich allerdings ein Cockpit mit dem Japaner Aguri Suzuki teilen. Suzuki war auf Drängen von Mugen verpflichtet worden, nachdem es Briatore bei einem Blitzbesuch in Japan gelungen war, den japanischen Motoren-Hersteller zum Wechsel von Minardi zu Ligier zu überreden. Aufgrund des großen Leistungsunterschiedes zwischen Brundle und Suzuki wurden die Einsätze allerdings nicht »fair« aufgeteilt – Brundle bekam den Löwenanteil der Starts zugesprochen.
Zu Saisonbeginn kritisierte die Konkurrenz die Konstruktion vom Typ JS41. Das Reglement sieht vor, daß jedes Team selbst entworfene und selbst gebaute Chassis einsetzen muß. Gegen diesen Paragraphen, so argwöhnten die Gegner, habe Ligier verstoßen, denn eine frappierende Ähnlichkeit mit dem Benetton B195 – ebenfalls einem Produkt des Briatore-Imperiums – war unverkennbar. Die FIA-Funktionäre nahmen daraufhin den »blauen Benetton«, der demonstrativ den Schriftzug »Fabriqué en France« trug, unter die Lupe und kamen zu dem Ergebnis, daß die konstruktiven Abweichungen vom britischen Schwester-Auto dem Gesetz Genüge tun.
Wie stark der Bruch mit der Vergangenheit ist, wurde in Magny-Cours deutlich. Dort stattete Firmengründer Guy Ligier, Ex-Rugby-Spieler und ehemaliger F1-Pilot, seinem alten Team einen Besuch ab. Als er sich zum Ligier-Kommando-Stand an der Boxenmauer vorwagte, wurde er kurzerhand von Ordnern zurückgewiesen – die Leistungen vergangener Tage zählen in Bernie Ecclestones straff organisiertem Formel 1-Zirkus gar nichts – wichtig ist allein, daß man das richtige Plastik-Kärtchen um den Hals trägt...

Ligier-Mugen JS41

Aguri Suzuki

Martin Brundle

Olivier Panis

Fahrgestell: Kohlefaser-Composite-Monocoque; Radstand: 2935 mm; Spurweite vorn/hinten: 1693/1608 mm; Tankvolumen: ca. 140 Liter; Gewicht: 507 kg; pushrod-Aufhängung vorn und hinten; halbautomatisches, elektrohydraulisches, sequentielles, transversales Benetton/XTrac-Sechsganggetriebe; Dreischeiben-Kohlefaser AP-Kupplung; Räder: BBS; Bremsen: Brembo und AP; Zubehör: Reifen Goodyear, Zündkerzen NGK, Benzin elf; Designer: Frank Dernie; andere Ingenieure: Claude Delbet, Loic Bigois, Steve Clarke, Paolo Catone; sechs Chassis wurden gebaut.

Motor: Zehnzylinder-V-Motor im Winkel von 72 Grad; Aluminium-Block; Bohrung×Hub: ca.92,00×45,00 mm; Verhältnis: 0,49; Hubraum: 2991,4 ccm; Kurbelwellenlager-Anzahl: sechs; Kröpfungswinkel: 144 Grad; vier pneumatisch gefederte Ventile pro Zylinder; vier durch Zahnräder gesteuerte obenliegende Nockenwellen; Verdichtung: 1:12,6; max. Kolbengeschwindigkeit: 36,6 m/sek.; Literleistung: 219,0 PS; Zündung: Honda PGM-IG (statisch); Motormanagement: Honda PGM-F1 (elektronisch); Maße: 625×530×480 mm; Gewicht: 135 kg; kg pro PS: 0,206; Leistung: ca. 655 PS (Qual. ca. 665); Drehzahl: ca. 15200 U/min (Qual. ca. 15400).

Mugen MF-301H

Jean Alesi und Gerhard Berger (28) warten auf den Beginn des Trainings für den Grand Prix von Argentinien

Wendemarke – die Haarnadelkurve vor dem Loews Hotel in Monte Carlo

Marlboro 27
FIAT
BERGER
Marlboro
28
28

Das Wetter ist 1995 in Buenos Aires nicht gerade einladend... Marshals mahnen die Piloten, die Rückleuchte einzuschalten

Jean Alesi mit seiner japanischen Freundin Kumiko, die ihn zu fast allen Grand Prix begleitet

Barcelona – Nigel Mansell im Gespräch mit Mario Illien, dem Konstrukteur des Mercedes-Motors, und dem Sportchef der Stuttgarter, Norbert Haug

Mika Salo und sein Boß Ken Tyrrell nehmen Tontauben unter Beschuß

Blick in die Pacific-Box in Sao Paulo:
»Schrauber« müssen gelenkig sein

Mitte links:
Carlos Reutemann fühlt sich im Ferrari-Cockpit sichtlich wohl. Der Argentinier gewann bei 146 GP-Starts ein dutzendmal und wurde 1981 Vize-Weltmeister

Mitte unten:
Mika Häkkinen nach seinem Ausfall in Argentinien. Man braucht keine Lehrbücher über Body-Language zu studieren, um im Herzen des Finnen zu lesen

Michael Schumacher während eines TV-Interviews in Magny-Cours.
Will er die Fragen nicht hören, oder wird nebenan in der Box der Renault-V10 seines Benetton angewärmt?

Der Ferrari des Franzosen Jean Alesi fliegt während des ersten Qualifying für den GP von Ungarn durch den Kies. Für Minuten ging der Montreal-Sieger anschließend k.o., aber am nächsten Tag war er bereits wieder fit

oben:
Der Footwork des Italieners Max Papis spiegelt sich in den Resten der letzten Regenschauer am Rand der Piste von Spa-Francorchamps

Roberto Morenos Forti verschwindet während des GP von Monaco am blauen Mittelmeer-Himmel

Der verwaiste Tyrrell-Yamaha zeigt deutliche Spuren eines Fahrfehlers von Ukyo Katayama, der auf dem Hungaroring wegen eines Reifendefektes den Abstand zu den Leitplanken unterschritt

Scheinbar vergessen steht Heinz-Harald Frentzens Sauber C14 hinter dem Casino von Monaco. Im Rennen macht der Mönchengladbacher den Trainings-Patzer eindrucksvoll gut

Wenn das »Anlauftempo« hoch genug ist, eignen sich F1-Boliden sogar zum Überqueren unbefahrbaren Terrains

Kopfloser Ferrari-Mechaniker leistet Gerhard Berger in Barcelona unbekannte Dienste

Notfalls geht's auch ohne Zebrastreifen – Andrea Montermini in Spa

GRANDE PREMIO DO BRASIL
Interlagos, 26. März

Vor dem Start begeistert ein Fan im Ayrton Senna Renn-Outfit die Zuschauer

Fehlstart

Ayrton Senna ist unvergessen – Lächerliche »Schreckensmeldungen« – Hickhack um Superlizenzen – Wie schwer ist Michael Schumacher? – Nicht nur das Meer hat Wellen – Schumacher erlebt Imola '94 – Nachtschicht bei Benetton Hill optimistisch – Die Benzinbombe platzt Aus für Hill in Senna's S – Schumacher gewinnt und zittert

Die Tage vor dem Start in die neue Saison stehen ganz im Zeichen von Ayrton Senna, der am 21. März 35 Jahre alt geworden wäre. Kein Jahr ist es her, daß die Brasilianer ihren National-Helden verloren, der auf dem Friedhof des Stadtteils Morumbi – auf halbem Weg zwischen Downtown Sao Paulo und der Piste in Interlagos – seine letzte Ruhe gefunden hat.

Auf dem parkähnlichen Friedhof finden sich täglich Fans zum stillen Gedenken ein. Transparente sind aufgestellt, in der Krone des Baumes über der Grabstelle hängen bunte Papierherzen. Einige Souvenier-Verkäufer – mit europäischen Trauer-Vorstellungen nur schwer in Einklang zu bringen – stören die Szene nicht. Die Atmosphäre ist still und würdevoll. Immer noch fließen Tränen.

Im Hotel Transamerica in der Avenida das Nacoes Unidas mit der imposanten Hausnummer 18591, wo die Stars der Branche nächtigen, wird feierlich eine Senna-Uhr präsentiert. Natürlich profitiert vom Verkauf des Nobel-Chronometers Marke TAG-Heuer auch die Senna-Foundation – die Stiftung zur Hilfe brasilianischer Straßenkinder. In Monaco wird ein Offshore-Boat die Palette der Senna-Produkte erweitern.

Alle Befürchtungen, die Brasilianer könnten wegen Sennas Tod ihr Interesse an der Formel 1 verloren haben, sind unbegründet. Komplett werden die Tickets abgesetzt. Und der Veranstalter gab ein Signal, um sein langfristiges F1-Engagement zu untermauern: Der gesamte Circuit wurde neu asphaltiert. Eine gutgemeinte Maßnahme, aber dieser Schuß wird nach hinten losgehen...

Im fernen Europa werden Meldungen über Todesdrohungen gegen Frank Williams und Michael Schumacher aufgebauscht. Tatsächlich erhält der Williams-Boß Applaus von Senna-Fans, als er das Grab des Ex-Champion besucht, und auch Schumacher macht nur positive Erfahrungen. »Ich kann nur Gutes sagen«, erklärt er im Fahrerlager, »die Brasilianer lieben den Sport und freuen sich, wenn sie einem F1-Piloten begegnen – mich eingeschlossen. Parallel erfahren deutsche Zeitungsleser, daß hunderte Polizisten das Leben des Weltmeisters bewachen. In Wahrheit gibt es nicht einmal Posten im Hotel oder auf der »Schumacher-Etage« des Transamerica. Manager Willi Weber sagte überzeugend: »Wir passen nicht mehr auf als in jeder anderen Großstadt auch. Wer hier in Sao Paulo glaubt, es gäbe keinerlei Gefahren, der ist weltfremd. Verbrecher und Verrückte gibt es überall – aber spezielle Schutzmaßnahmen treffen wir nicht.«

Nach der Saison der Unfälle und Skandale 1994 soll die neue Saison ein Rennjahr werden, in dem der Sport – nichts als der Sport – im Mittelpunkt steht. Der GP von Brasilien wird diesem Anspruch nicht gerecht. Der erste Grand Prix der Saison wird am 28. März ausgetragen, aber der Sieger steht erst am 13. April fest...

Die erste Hürde auf dem Parkett der Querelen wird zu Wochenbeginn gemeistert. Über Monate hinweg hatten sich einige Spitzenfahrer geweigert, die Bedingungen zur Ausstellung der Superlizenz zu akzeptieren. Streitpunkte waren der verlangte Verzicht auf juristische Schritte – wie Scha-

Ayrton Sennas Grab auf dem Friedhof des Stadtteils Morumbi

GROSSER PREIS VON BRASILIEN (Autodromo José Carlos Pace)

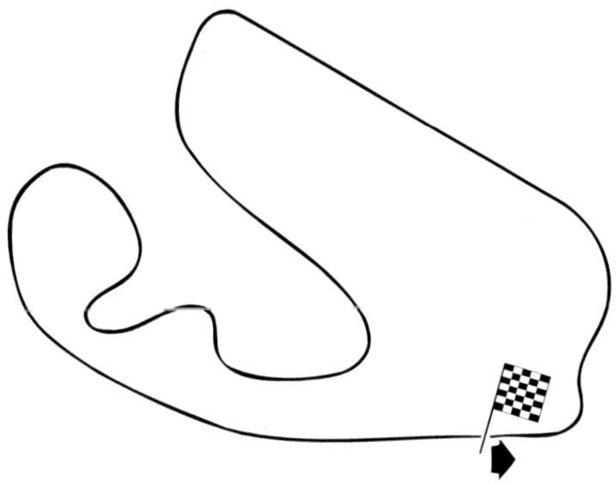

STRECKE

Ort und Datum	Interlagos, 26. März
Wetter	bewölkt, warm, leicht windig
Streckenlänge	4,325 km
Runden	71
Renndistanz	307,075 km
Bestehender Rundenrekord	1.18,455 = 198,437 km/h Michael Schumacher, Benetton-Ford B194; GP 1994
GP-Sieger 1994	Michael Schumacher, Benetton-Ford B194 1:35.38,759 = 192,632 km/h

TRAININGSZEITEN

		24.März	25.März
1. Damon Hill	Williams-Renault FW17	1.20,081◂	1.20,429◂
2. Michael Schumacher	Benetton-Renault B195	1.22,131	1.20,382◂
3. David Coulthard	Williams-Renault FW17	1.21,343	1.20,422◂
4. Johnny Herbert	Benetton-Renault B195	–	1.20,888◂
5. Gerhard Berger	Ferrari 412 T2	1.21,015	1.20,906◂
6. Jean Alesi	Ferrari 412 T2	1.21,655	1.21,041◂
7. Mika Häkkinen	McLaren-Mercedes MP4/10	1.22,017	1.21,399◂
8. Eddie Irvine	Jordan-Peugeot 195	1.22,370	1.21,749◂
9. Mark Blundell	McLaren-Mercedes MP4/10	1.22,821	1.21,779◂
10. Olivier Panis	Ligier-Mugen JS41	1.22,208	1.21,914◂
11. Ukyo Katayama	Tyrrell-Yamaha 023	1.24,165	1.22,325◂
12. Mika Salo	Tyrrell-Yamaha 023	1.23,470	1.22,416◂
13. Gianni Morbidelli	Footwork-Hart FA16	1.23,403	1.22,468◂
14. Heinz-H. Frentzen	Sauber-Ford C14	1.24,065	1.22,872◂
15. Aguri Suzuki	Ligier-Mugen JS41	1.23,251	1.22,971◂
16. Rubens Barrichello	Jordan-Peugeot 195	1.23,350	1.22,975◂
17. Pierluigi Martini	Minardi-Ford M195	1.56,532	1.24,383◂
18. Luca Badoer	Minardi-Ford M195	1.24,443◂	1.25,205
19. Karl Wendlinger	Sauber-Ford C14	1.24,723◂	1.25,161
20. Bertrand Gachot	Pacific-Ford PR02	1.25,819	1.25,127◂
21. Taki Inoue	Footwork-Hart FA16	1.27,036	1.25,225◂
22. Andrea Montermini	Pacific-Ford PR02	1.27,440	1.25,886◂
23. Roberto Moreno	Forti-Ford FG01	1.27,204	1.26,269◂
24. Jos Verstappen	Simtek-Ford S951	2.01,610	1.26,323◂
25. Pedro Diniz	Forti-Ford FG01	–	1.27,792◂
26. Domenico Schiattarella	Simtek-Ford S951	–	1.28,106◂

STARTAUFSTELLUNG

5 Damon Hill
1.20,081

1 Michael Schumacher
1.20,382

6 David Coulthard
1.20,422

2 Johnny Herbert
1.20,888

28 Gerhard Berger
1.20,906

27 Jean Alesi
1.21,041

8 Mika Häkkinen
1.21,399

15 Eddie Irvine
1.21,749

7 Mark Blundell
1.21,779

26 Olivier Panis
1.21,914

3 Ukyo Katayama
1.22,325

4 Mika Salo
1.22,416

9 Gianni Morbidelli
1.22,468

30 Heinz-Harald Frentzen
1.22,872

25 Aguri Suzuki
1.22,971

14 Rubens Barrichello
1.22,975

23 Pierluigi Martini
1.24,383

24 Luca Badoer
1.24,443

29 Karl Wendlinger
1.24,723

16 Bertrand Gachot
1.25,127

10 Taki Inoue
1.25,225

17 Andrea Montermini
1.25,886

22 Roberto Moreno
1.26,269

12 Jos Verstappen
1.26,323

21 Pedro Diniz
1.27,792

11 Domenico Schiattarella
1.28,106

densersatzansprüche – nach Unfällen und die Forderung nach Präsenz bei Pressekonferenzen der FIA. Zwischen dem 27. Februar und dem 22. März rauchten die Köpfe von Fahrern, Funktionären, den Mitarbeitern großer Versicherungsgesellschaften und Anwälten. 30 Faxe wurden versandt, die Telefonleitungen glühten für Stunden, dann hatten sich die Parteien zusammengerauft und keine Seite wollte je ein Problem gesehen haben... Erst Wochen später in Imola wird FIA-Präsident Max Mosley das Verhalten einiger F1-Stars als »kindisch« bezeichnen.

Donnerstags gibt es die ersten ernsten Ungereimtheiten: Beim obligatorischen Wiegen wird deutlich, daß sich viele Piloten überraschend »Winterspeck angefressen« haben. Ganz besonders sticht Michael Schumachers Gewichtszunahme ins Auge: Stolze sieben Kilogramm hat der Kerpener seit der letzten Kontrolle im Sommer 1994 zugenommen. Sofort wird spekuliert: Gingen einige Fahrer mit Ballast auf die Waage? Das protokollierte Piloten-Gewicht wird nach dem Rennen zum tatsächlichen Gewicht des Autos addiert, 595 Kilogramm müssen erreicht werden. Ist der Pilot nicht so schwer, wie es in den Papieren steht, kann er theoretisch mit einem untergewichtigen Boliden fahren... Den Sieben-Kilo-Vorteil des deutschen Benetton-Stars rechnet Williams-Konstrukteur Patrick Head hoch: »Umgelegt auf die hiesige Distanz dürfte das einen Vorteil von ungefähr 14 Sekunden bringen.«

Die Superlizenz-Inhaber spielen die Unschuldigen. Schumacher erklärt: »Während der letzten Monate trainierte ich hart, wegen des Muskelzuwachses bin ich schwerer.« Fachleute behaupten, ohne die Einnahme von Anabolika sei es in derart kurzer Zeit unmöglich, 14 Pfund Muskelmasse aufzubauen. Tatsächlich normalisierte sich Schumachers Gewicht innerhalb der nächsten 72 Stunden, wie ein überraschendes Nachwiegen nach dem Rennen beweisen wird...

Schon das erste freie Training am Freitag deckt die Schwächen des neuen Pistenbelags auf. Der Asphalt ist unglaublich »bumpy«. F1-Heimkehrer Karl Wendlinger klagt – wie fast jeder andere Fahrer auch – über Schmerzen am ganzen Körper. Heinz-Harald Frentzen spricht von »Rodeo« und fügt hinzu: »Hier über die volle Distanz zu gehen, ist unmöglich. Ich jedenfalls kann mir 71 Runden am Stück nicht vorstellen.« Eddie Irvine möchte am liebsten seine Koffer packen und abreisen, weil »man keine schnellen Runden drehen kann, wenn das Auto ständig unberechenbar seine Richtung wechselt«. Am eindrucksvollsten beschreibt Vize-Meister Damon Hill die Situation: »Es ist, als ob dir jemand das Lenkrad aus der Hand reißen will und dir gleichzeitig mit einem Hammer auf den Kopf schlägt.«

Im ersten Qualifying kreist tatsächlich der Hammer. Im Streckenabschnitt »Ferra Dura« kommt Michael Schumacher im Verlauf seiner zweiten schnellen Runde mit gut 200 km/h von der Piste ab. Rückwärts schlägt sein Benetton gegen die Streckenbegrenzung. Der Rheinländer erwähnt Sennas Namen nicht, aber jeder Zuhörer weiß, wovon er spricht, als er wenig später sagt: »Es war mein bisher schlimmstes Erlebnis. In der Kurve vorher hatte ich für Sekundenbruchteile ein komisches Gefühl in der Lenkung, die dann urplötzlich versagte.« Jetzt weiß er, was Ayrton Senna am 1. Mai 1994 in Imola fühlte. Schumacher erinnert sich an den inneren Befehl, rückwärts in die Leitplanken einschlagen zu müssen. »Wie ich das tatsächlich schaffte, weiß ich nicht«. Wohl aber seine Mechaniker: Schumacher zwang den Benetton durch blitzschnelles Einlegen eines unteren Gangs, oder gar des Rückwärtsgangs in einen Dreher.

Während Damon Hill Bestzeit fährt, dreht sich bei Benetton kein Rad mehr. Der Bruch eines Kreuzgelenks zwischen Lenksäule und -gestänge wird vermutet. Flavio Briatore: »Solange wir nicht genau wissen, was passierte, fahren aus Sicherheitsgründen weder Michael noch Johnny. Das gilt gegebenenfalls auch für den Sonntag.«

Abends werden die Benetton-Techniker fündig: Ein Bolzen im Kreuzgelenk brach aufgrund der Belastung auf der unebenen Piste. In guter Absicht hatten die Verantwortlichen zu hartes Material gewählt.

Rund um den Kurs gibt es zahlreiche kleine Race-Shops, die Rennwagen für nationale Veranstaltungen bauen und warten. Äußerlich sehen die meisten so aus, als sei dort nicht einmal ein anständiger Ölwechsel möglich. Im Innern aber gibt es fast alles, was die Herzen von Ingenieuren und Mechanikern begeistert. Einer dieser Läden, Techspeed, gewährt Benetton »Amtshilfe«: Ersatzbolzen aus einer wider-

Der Staub legt sich. Michael Schumacher stemmt sich aus dem Cockpit seines Benetton, der im ersten Qualifying wegen eines Lenkungsdefekts von der Piste abkam

standsfähigen Speziallegierung, der die notwendige Elastizität nicht fehlt, werden gefertigt. Es wird eine lange Nacht, da auch die Radaufhängungen umgebaut werden. Das Gros der Benetton-Truppe sieht das Hotel nur zum Duschen und Umziehen...
Viel besser haben es die Männer bei Ferrari und McLaren auch nicht. Aus Angst vor einem Tankunfall üben sie bis nach Mitternacht Boxenstopps.
Im Abschlußtraining mischt Schumacher wieder mit: Platz zwei. »Ich bin froh«, sagt er nicht ohne Stolz, »daß Benetton die Krise meistern konnte. Mit meinem Rang bin ich zufrieden. Bei den ersten Rennen rechne ich ohnehin nicht mit Siegen. Die erwarte ich erst ab Mai, wenn wir den B195 richtig kennen und verstehen.« Punktesammeln heißt also die Devise bei Benetton für die erste Phase der Saison.
Optimismus hingegen bei Damon Hill, der sich im Abschlußtraining zwar nicht steigern konnte, aber trotzdem von der Pole-Position aus starten wird, weil niemand die Freitagszeit des Briten unterbieten konnte. Der Vizemeister: »Ich sah auf dem Monitor, wie Michael kämpfen mußte, um seine Zeit zu fahren. Er kam mir nahe, aber nicht nahe genug. Er mußte alles geben, weil das Handling seines Benetton nicht optimal ist. Er zauberte und war trotzdem langsamer als ich, das beruhigt mich.«
Von solcher Gelassenheit kann man am späten Samstagnachmittag bei Sauber nur träumen. Das katastrophale Abschneiden erzeugte rote Köpfe. Hinter vorgehaltener Hand fordert Frentzen sogar eine Neukonstruktion! Wer die zeichnen soll, weiß niemand. Fast hätten sich die Schweizer sogar Pacific geschlagen geben müssen, die ihr Material nach insgesamt nur acht (!) Testrunden in den »FOCA-Bomber« verladen mußten, der das F1-Equipment von London nach Südamerika transportierte.
Moll-Stimmung auch bei McLaren-Mercedes. Nigel Mansell ist nicht mit

Die Spitze hat Senna's S bereits passiert, als im Mittelfeld Olivier Panis seinen Ligier aus der Kontrolle verliert

von der Partie. Weil er seine Leibesfülle nicht im engen Cockpit des MP4/10 unterbringen konnte, einigte man sich darauf, daß der Ex-Champion erst zu einem späteren Zeitpunkt ins Geschehen eingreifen wird. In Woking ist die »Operation Dicker Mann« angelaufen, der Bau breiterer Cockpits. Obwohl Boß Ron Dennis gute Miene zum bösen Spiel macht und offiziell Verständnis für Mansells Entscheidung zeigt, geht ihm die englische »Diva« bereits auf die Nerven. »Als er mich vor wenigen Tagen anrief«, sagt er kopfschüttelnd, »und sagte, er wolle nun doch hier in Sao Paulo fahren, wäre ich beinahe von meinem Stuhl gefallen.«
Sonntags bilden sich vor dem Haupteingang der Rennstrecke die für Interlagos typischen endlosen Menschenschlangen. Wie erwartet, füllen sich die Ränge, und das vor dem Hintergrund überdurchschnittlicher wirtschaftlicher Belastungen. Seit der jüngsten Währungsreform, der Umstellung auf den Real, ist Brasilien ein sündhaft teures Land. Wer nicht mehr als den gesetzlich festgelegten Mindestlohn verdient, muß deutlich länger als eine Stunde arbeiten, um sich einen Cheeseburger leisten zu können, wie er von einem weltweit operierenden Fastfood-Giganten angeboten wird.
Zwei Stunden nach dem Warm-up, das anfangs unter schwierigen Bedingungen auf regennasser Piste gefahren wird, gibt es Anzeichen für Probleme. Patrick Head, Flavio Briatore und Bernie Ecclestone diskutieren erregt. Natürlich läßt das Trio keinen potentiellen »Ohrenzeugen« zu nahe treten. Irgendetwas liegt in der Luft. Offensichtlich sind die Meinungsverschiedenheiten von größter aktueller Bedeutung. Wenig später platzt die Bombe: Offiziell meldet die FIA, daß David Coulthard und Michael Schumacher während des Trainings mit illegalem Sprit fuhren. Der Schotte wurde bereits freitags ertappt, der Weltmeister 24 Stunden später. Prinzipiell entspricht der Treibstoff – beide Teams werden von elf beliefert – zwar den Paragraphen, er ist aber nicht mit der zuvor hinterlegten Probe identisch. Und die Regeln sagen klipp und klar: Der »chemische Fingerabdruck« des eingesetzten Sprits muß exakt mit dem der deponierten Probe übereinstimmen.
Unerklärlicherweise drücken die Funktionäre beide Augen zu. Williams und Benetton erhalten Geldstrafen in Höhe von je 30000 US-Dollar und dürfen starten. Natürlich gluckert unverändert der beanstandete Sprit in den Tanks

der Benetton und Williams... Um Ersatzbenzin herbeizuschaffen, ist es nun viel zu spät.
So sind Disqualifikationen vorprogrammiert, als die Startampel auf Grünlicht springt und die Jagd auf erste WM-Punkte der neuen Saison beginnt. Obwohl er nach eigener Aussage kein spezielles Beschleunigungstraining absolvierte, katapultiert sich der Titelverteidiger optimal von der Linie und gibt Damon Hill das Nachsehen. Der Brite erklärt später: »Meine Antriebsräder drehten etwas zuviel durch. Michael wirkte recht aggressiv, und deshalb versuchte ich erst gar nicht, in der ersten Kurve zu kontern.«
Als der Spitzenreiter wenig später in einer Kurve weit nach außen getragen wird, sieht Hill seine Chance. Doch dann steckt er zurück, weil er das Gefühl hat, der Benetton-Pilot wolle ihm die Tür vor der Nase zuschlagen.
Auf den besten Start des Tages blickt zu diesem Zeitpunkt Mika Häkkinen zurück, der sich auf den ersten Metern vom siebten auf den vierten Platz vorkämpft. Das simple Rezept des Finnen: »Beide Ferrari waren mit ihrer Drehzahl am Anschlag, Herberts Benetton qualmte vor sich hin. Da dachte ich, nichts wie weg hier, trat den rechten Fuß nieder und beschleunigte wie verrückt.«
Vorn verteidigt Schumacher die Führung gegen Hill, der das Tempo des Deutschen recht locker mitgehen kann. Der Williams rückt auf Platz eins vor, als sich Schumacher zum ersten von insgesamt drei Stopps an den Boxen einbremst. Drei Runden später legt der neue Spitzenreiter Hill seinen Service-Halt ein, und der Brite bleibt vorn. Ohne die störenden Turbulenzen des Vordermanns läßt sich der Williams FW17 noch angenehmer fahren. Hill: »Es war zu schön, um wahr zu sein.« Bis zu 3,4 Sekunden kann er zwischen sich und Schumacher legen, dann endet die Fahrt des Vizemeisters. »Der zweite Gang machte plötzlich Probleme. Also beschloß ich, maximal bis zum Dritten 'runterzuschalten. In diesem Gang beschleunigte ich durch das Gefälle »Senna's S«, als mein Auto unerwartet ausbrach. Ich glaube, das Getriebe blockierte.« Die Wahrheit kommt erst Tage später ans Licht. Die Getriebeprobleme entpuppen sich als Irrtum der Halbautomatik, die sich »verschaltete«, als die Antriebsräder nach einer Bodenwelle einige Zentimeter über der Piste in der Luft durchdrehten. »Den Abflug«, so Patrick Head, »verursachte ein gebrochener pushrod der hinteren Aufhängung.«
Anschließend hat Schumacher keine Gegner mehr. Coulthard kann ihn nicht gefährden. Berger liegt als Dritter im Ziel bereits ebenso eine volle Runde zurück, wie Mika Häkkinen, der auf eine unheimliche Begegnung der dritten Art zurückblickt: »Ich fuhr die Bergauf-Passage, als ein dicker Vogel knapp an meinem Kopf vorbeisauste und hinter mir einen Teil des Heckflügels wegriß.« Sofort hatte die McLaren-Crew ihre Taschenrechner aktiviert und registriert, daß der Zeitverlust wegen des aerodynamischen Nachteils zu gering war, um einen Reparatur-Stopp zu rechtfertigen.
Während das Benzin der drei erstplazierten Piloten untersucht wird, erfahren sie von der tickenden Zeitbombe. Schumacher und Coulthard reagieren nachdenklich, Berger freut sich: »Die fuhren illegalen Sprit? Prima, dann bin ich ja der Sieger.«
Um 18.18 Uhr liegt die Benzin-Analyse vor. Eine Stunde und 27 Minuten lang wird hinter verschlossenen Türen diskutiert. Dann fällen die Funktionäre das Urteil. Um 20.04 Uhr wird verkündet: Der Sieger heißt Gerhard Berger! Schumacher und Coulthard sind disqualifiziert. Bei Ferrari knallen die Sektkorken. Benetton und Williams legen Berufung ein. Das letzte Kapitel des GP von Brasilien wird deshalb erst am 13. April in Paris geschrieben.

ERGEBNISSE UND AUSFÄLLE

1. Michael Schumacher	Benetton-Renault B195-04	1:38.34,154 = 186,919 km/h
2. David Coulthard	Williams-Renault FW17-2	8,060 Sekunden zurück
3. Gerhard Berger	Ferrari 412 T2 159	1 Runde zurück
4. Mika Häkkinen	McLaren-Mercedes MP4/10-2	1 Runde zurück
5. Jean Alesi	Ferrari 412 T2 157	1 Runde zurück
6. Mark Blundell	McLaren-Mercedes MP4/10-3	1 Runde zurück
7. Mika Salo	Tyrrell-Yamaha 023-02	2 Runden zurück
8. Aguri Suzuki	Ligier-Mugen JS41-02	2 Runden zurück
9. Andrea Montermini	Pacific-Ford PR02/2	6 Runden zurück
10. Pedro Diniz	Forti-Ford FG01-01	7 Runden zurück
Gianni Morbidelli	Footwork-Hart FA16-02	63. Runde, Benzindruck
Taki Inoue	Footwork-Hart FA16-01	49. Runde, Motorbrand
Luca Badoer	Minardi-Ford M195-02	48. Runde, Getriebe
Roberto Moreno	Forti-Ford FG01-02	48. Runde, Dreher
Karl Wendlinger	Sauber-Ford C14-02	42. Runde, Kabelbrand
Damon Hill	Williams-Renault FW17-1	31. Runde, Aufhängung hinten
Johnny Herbert	Benetton-Renault B195-01	31. Runde, Unfall
Bertrand Gachot	Pacific-Ford PR02/1	24. Runde, Getriebe
Rubens Barrichello	Jordan-Peugeot 195/001	17. Runde, Hydraulik
Jos Verstappen	Simtek-Ford S951-02	17. Runde, Kupplung
Ukyo Katayama	Tyrrell-Yamaha 023-03	16. Runde, Dreher
Eddie Irvine	Jordan-Peugeot 195/003	16. Runde, Hydraulik
Domenico Schiattarella	Simtek-Ford S951-01	13. Runde, Lenkung
H.-H. Frentzen	Sauber-Ford C14-03	11. Runde, Elektrik
Olivier Panis	Ligier-Mugen JS41-01	1. Runde, Unfall
Pierluigi Martini	Minardi-Ford M195-01	1. Runde, Getriebe

Schnellste Runde:
(51. Runde) – Michael Schumacher, Benetton-Renault B195, 1.20,921 = 192,409 km/h

GRAND PRIX DE ARGENTINA
Buenos Aires, 9. April

Erstmals seit 1981 dröhnen vor den Toren der argentinischen Hauptstadt Buenos Aires wieder Formel 1-Motoren

Der Schlüssel zum Sieg ist aus Gummi

Wiedersehen mit Buenos Aires – Reutemann kann's noch immer – Ein Ehrengast fehlt – Schumachers Urlaubs-Schock – Elf-Sprit immer noch ein explosives Thema – Coulthard profitiert von heimatlichem Wetter – Frentzen sauer – Startcrash nach Ansage – Neustart ohne Luca Badoer – Pech für den Trainingsschnellsten – Die Pneus entscheiden

Erstmals seit 1981 steht wieder ein Formel 1-WM-Lauf in Argentinien auf dem Programm. Natürlich werden Erinnerungen wach. 1955 gewann Juan-Manuel Fangio hier in Buenos Aires die wohl größte Hitze-Schlacht der Championats-Geschichte. Während der Maestro die Strapazen ohne Verschnaufpause auf sich nahm, lösten sich in den drei hinter ihm abgewinkten Boliden jeweils drei (!) Piloten am Steuer ab. Zum besseren Verständnis: Die Distanz des Rennens betrug 375 Kilometer, für die der Sieger gut drei Stunden brauchte.

1958 startete hier – mit nur zehn Piloten – das kleinste GP-Feld aller Zeiten, und 1972 stand ein gewisser Carlos Reutemann auf der Pole-Position, der den ersten Grand Prix seiner Karriere bestritt. Das Kunststück, auf Anhieb Trainingsbestzeit zu fahren, gelang außer »El Lole« nur dem Italo-Amerikaner Mario Andretti.

Jetzt ist Reutemann als Ehrengast im Fahrerlager, und er läßt es sich nicht nehmen, am Steuer eines Vorjahrs-Ferrari einige wirklich schnelle Runden zu drehen. Auf Fangio aber warten die Fans vergeblich. Der fünffache Ex-Champion dämmert – betreut von seiner Schwester – in seiner Stadtwohnung in Buenos Aires dahin. Geschwächt durch ein schweres Nierenleiden, kann er seinen Nachfolgern keinen Besuch abstatten. Seinem alten Freund Froilan Gonzalez, der in den 50er Jahren auf Ferrari zwei GP gewann, gesteht er die Kapitulation im Kampf gegen den Tod ein. »Wie lange noch«, fragt er den »Pampas-Stier« unter Tränen, »dauert dieses Rennen?« Mehr als drei Monate lang muß sich die Formel 1-Legende noch quälen.

Natürlich stehen die Disqualifikationen von Sao Paulo immer noch im Mittelpunkt des Interesses. Die elf-Chemikerin Valérie Jorquera beteuert: »Unsere Probe wurde von der FIA abgesegnet. Wir sind doch nicht so dumm und bringen anschließend eine andere als die freigegebene Mischung zum Einsatz. Vielleicht gab es die Beanstandung, weil die Kontrollverfahren in Brasilien unzureichend waren. Wir sind jedenfalls absolut unschuldig.« Die Argumentation des französischen Mineralöl-Konzerns ist jedoch nicht mehr hundertprozentig glaubwürdig. Der Sao Paulo-Sprit kommt auch in Argentinien zum Einsatz, nachdem die FIA eine freiwillig angebotene Probe kontrollierte und für gut befand. Dieser Schritt hätte sich erübrigt, wenn die Disqualifikationen tatsächlich aufgrund einer Fehlanalyse gefällt worden wären...

Thematische Abwechslung bringen Michael Schumachers dramatische Urlaubserlebnisse. Nach seinem Auftakt-Sieg, der ihm vorläufig keine WM-Punkte einbringt, verbrachte der Kerpener – gemeinsam mit seiner Verlobten Corinna, Manager Willi We-

Das Benzin des Herstellers elf steht seit der Saison-Eröffnung im Mittelpunkt der Diskussionen

GROSSER PREIS VON ARGENTINIEN (Autodromo Oscar Alfredo Galvez)

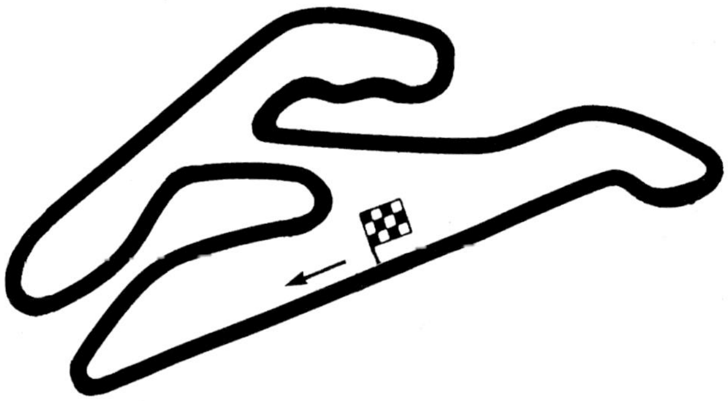

STRECKE

Ort und Datum	Buenos Aires, 9. April
Wetter	bedeckt, mäßig warm
Streckenlänge	4,259 km
Runden	72
Renndistanz	306,648 km
Bestehender Rundenrekord	Strecke in dieser Form erstmals Schauplatz eines Grand Prix
GP-Sieger 1981 (anschließend nicht mehr ausgetragen)	Nelson Piquet, Brabham-Ford BT49C 1:34.32,74 = 200,73 km/h

TRAININGSZEITEN

			7.April	8. April
1.	David Coulthard	Williams-Renault FW17	1.54,670	1.53,241◂
2.	Damon Hill	Williams-Renault FW17	1.55,677	1.54,057◂
3.	Michael Schumacher	Benetton-Renault B195	1.57,056	1.54,272◂
4.	Eddie Irvine	Jordan-Peugeot 195	1.56,615	1.54,381◂
5.	Mika Häkkinen	McLaren-Mercedes MP4/10	1.56,449	1.54,529◂
6.	Jean Alesi	Ferrari 412 T2	1.55,213	1.54,637◂
7.	Mika Salo	Tyrrell-Yamaha 023	1.57,738	1.54,757◂
8.	Gerhard Berger	Ferrari 412 T2	1.56,260	1.55,276◂
9.	Heinz-H.Frentzen	Sauber-Ford C14	1.55,583◂	1.56,168
10.	Rubens Barrichello	Jordan-Peugeot 195	1.56,746	1.56,114◂
11.	Johnny Herbert	Benetton-Renault B195	1.57,068◂	1.57,341
12.	Gianni Morbidelli	Footwork-Hart FA16	1.57,684	1.57,092◂
13.	Luca Badoer	Minardi-Ford M195	1.57,167◂	1.57,657
14.	Jos Verstappen	Simtek-Ford S951	2.02,410	1.57,231◂
15.	Ukyo Katayama	Tyrrell-Yamaha 023	1.59,909	1.57,484◂
16.	Pierluigi Martini	Minardi-Ford M195	1.58,066◂	2.01,059
17.	Mark Blundell	McLaren-Mercedes MP4/10	1.58,660◂	1.58,767
18.	Olivier Panis	Ligier-Mugen JS41	1.59,204	1.58,824◂
19.	Aguri Suzuki	Ligier-Mugen JS41	2.01,446	1.58,882◂
20.	Domenico Schiattarella	Simtek-Ford S951	2.02,806	1.59,539◂
21.	Karl Wendlinger	Sauber-Ford C14	2.01,774	2.00,751◂
22.	Andrea Montermini	Pacific-Ford PR02	2.01,763◂	ohne Zeit
23.	Bertrand Gachot	Pacific-Ford PR02	2.04,050◂	2.09,359
24.	Roberto Moreno	Forti-Ford FG01	2.04,481◂	2.15,398
25.	Pedro Diniz	Forti-Ford FG01	2.05,932◂	–
26.	Taki Inoue	Footwork-Hart FA16	2.07,298◂	–

STARTAUFSTELLUNG

6 David Coulthard 1.53,241
5 Damon Hill 1.54,057
1 M. Schumacher 1.54,272
15 Eddie Irvine 1.54,381
8 Mika Häkkinen 1.54,529
27 Jean Alesi 1.54,637
4 Mika Salo 1.54,757
28 Gerhard Berger 1.55,276
30 H.-H. Frentzen 1.55,583
14 Rubens Barrichello * 1.56,114
2 Johnny Herbert 1.57,068
9 Gianni Morbidelli 1.57,092
24 Luca Badoer ** 1.57,167
12 Jos Verstappen 1.57,231
3 Ukyo Katayama 1.57,484
23 Pierluigi Martini 1.58,066
7 Mark Blundell 1.58,660
26 Olivier Panis 1.58,824
25 Aguri Suzuki 1.58,882
11 Domenico Schiattarella 1.59,539
29 Karl Wendlinger 2.00,751
17 Andrea Montermini 2.01,763
16 Bertrand Gachot 2.04,050
22 Roberto Moreno 2.04,481
21 Pedro Diniz 2.05,932
10 Taki Inoue 2.07,298

* Start aus der Boxengasse
** am 2. Start nicht teilgenommen

Szene aus der chaotischen ersten Runde, deren Verlauf zum Abbruch zwang – Rubens Barrichello klettert aus seinem Jordan, Luca Badoer zögert noch

ber und Physiotherapeut Harry Hawelka – einige Tage im Norden der brasilianischen Atlantik-Küste. Dort wurde ihm ein Tauchausflug beinahe zum Verhängnis. 40 Minuten lang erfreut er sich an der Unterwasserwelt, dann taucht die Gruppe auf. An der Wasseroberfläche erwartet ihn, Hawelka, den Tauchlehrer und einen Hotel-Manager eine böse Überraschung. Die Yacht, auf der sich auch Weber und Corinna Betsch befinden, ist circa sechs Meilen abgetrieben – der Anker hatte im losen Sand keinen Halt gefunden...

»Zum ersten Mal in meinem Leben«, gesteht Schumacher, »hatte ich Todesangst. Der Lenkungsdefekt in Sao Paulo war auch ein gräßliches Erlebnis, aber dort verspürte ich keine Angst. Jetzt aber dachte ich: Es ist aus!« Verzweifelt versucht die Gruppe, das Boot zu erreichen. Schließlich sind die Gefährten des Champion derart erschöpft, daß Schumacher sein Glück allein versucht. Den Bleigürtel hat er abgeworfen, aber er weiß nicht, wie er sich von der Sauerstoff-Flasche trennen soll, ohne auch die rettende Schwimmweste zu verlieren... Nach scheinbar endlosem Kampf gegen die Wellen hat er es geschafft. »An Bord«, so Schumacher, »hatte uns noch niemand vermißt. Corinna und Willi waren seekrank, die anderen hörten laute Radiomusik. Ich war derart wütend, daß ich die Sauerstoff-Flasche nach jemand werfen wollte – plötzlich schien mir das allerdings zu gefährlich.« Den Tauchsport will der Rheinländer nicht aufgeben, sich künftig allerdings mehr auf sich als auf Tauchlehrer verlassen...

Dem Wasser kaum entronnen, muß sich Michael Schumacher – wie seine 25 Kollegen – erneut mit dem nassen Element herumschlagen. Buenos Aires bietet dem Formel 1-Zirkus nach 14jähriger Abwesenheit viel Positives, aber keine taugliche Pisten-Drainage. Immer wieder heißt es im Autodromo Oscar Alfredo Galvez – benannt nach dem argentinischen F1-Piloten, der 1953 bei seinem Home-Grand Prix auf Maserati Rang fünf belegte – »Land unter«.

Bereits eine der beiden Informations-Sitzungen am Donnerstag verregnet. Die Schnupperrunden machen auch deutlich, daß es nicht leicht ist, auf diesem Circuit zu überholen. Wie einfach wäre alles, hätte die FIA der alten Streckenvariante, mit ihrer langen Geraden, ihren Segen gegeben.

Freitags wird es ernst. David Coulthard sichert sich auf abtrocknender Piste die provisorische Pole-Position. Heinz-Harald Frentzen ist überraschend dritter. Die Schwächen des C14, der seit dem letzten Grand Prix einer aufwendigen »Stoßdämpfer-Kur« unterzogen wurde, werden unter den schwierigen Bedingungen kaschiert. Auf der ebenso winkligen, wie schmierig nassen Piste zählt der Pilot doppelt. Natürlich freut sich Coulthard gewaltig. »Ich bin Schotte«, lacht er, »das ist mein Wetter.« Dann wird er nachdenklich. Vermutlich werden nun alle glauben, so befürchtet er, es sei Dusel gewesen. Wie selbstverständlich werde von Formel 1-Fahrern erwartet, sie hätten »balls of steel«. »Ich brauche«, erklärt er, »wohl nicht zu beschreiben, was draußen auf der feuchten Piste los war – die Bedingungen waren extrem schwierig. Verdammt noch mal, ich hatte richtig Angst.«

Am Samstagmorgen ist es trocken. Niemand weiß weshalb... Michael Schumacher, der am Vortag eine schnelle Runde unter guten Asphaltbedingungen verpaßte, ist begeistert. In der freien Sitzung ist er schneller als alle anderen. Auf die Qualität seines Startplatzes wirkt sich die Leistung nicht aus. Zur Zeit ist Schumacher nur neunter. Steigert er sich nicht, wird er es am Sonntag sehr, sehr schwer haben. Weniger froh sind Coulthard und Frentzen. Ginge es nach den Wünschen dieser beiden Fahrer, würden starke Niederschläge die aktuelle Reihenfolge der Startplätze unwiderruflich einfrieren.

Für den Mittag ist tatsächlich ein mächtiges Regentief angekündigt. Ford-Sportchef Peter Gillitzer blickt immer wieder zum Himmel. »Wenn es helfen würde«, sagt er lachend, »würde ich sofort beginnen, einen Regentanz aufzuführen. Schlechtes Wetter ist für uns heute unbezahlbar wertvoll.« Prompt fallen die ersten dicken Tropfen. An Zeitverbesserungen ist nicht zu denken.

40 Minuten lang herrscht gähnende Langeweile, dann zeichnet sich eine Wende ab. Jean Alesi geht auf die erneut zögerlich abtrocknende Piste, um die Grenzen des Machbaren auszuloten. Unnachahmlich beherzt gibt

GRAN PREMIO DI SAN MARINO
Imola, 30. April

Noch ist Formel 1-Heimkehrer Nigel Mansell voller Zuversicht, aber dem »Löwen« wird der Biß fehlen

Auch ein Champion macht Fehler

Sprit-Urteil sorgt für Empörung – Nigel Mansell »back on stage« – Rätselraten um Sennas Tod hält an – Zwei Ferrari wechseln ihre Besitzer – Diskussion über Pisten-Umbau – Pirouetten-Rekord im Warm-up – Schumachers Abschied in der Piratella – Alesi und Coulthard im Super-Duell – Katayama irritiert Hill – Der Sieger denkt an Senna

Was Michael Schumacher zum Abschied in Buenos Aires ankündigte, tritt am 13. April in Paris tatsächlich ein: Zwölf Stunden lang dauert die Berufungsverhandlung in Sachen Sprit-Skandal, dann wird das Urteil gesprochen: Schumacher und Coulthard erhalten ihre Plätze und WM-Punkte zurück. Benetton und Williams aber werden für schuldig befunden. Jedes der Teams wird mit 200000 Dollar zur Kasse gebeten, Punkte für die Konstrukteurs-WM gibt es nicht.

Im fernen Wien tobt Ferrari-Berater Niki Lauda. Mit der ihm eigenen Deutlichkeit sagt er: »Da fiel wohl einigen Herren das Hirn aus dem Kopf. Das Urteil widerspricht jeder Logik. Fast muß ich mir ein Comeback überlegen. Wie man mogeln könnte, weiß ich – ich bräuchte jetzt nur einen reichen Sponsor, der mir den illegalen Titel finanziert...«

Wichtig ist: Die Richter waren Juristen, völlig ahnungslos in Sachen Motorsport. Und: In letzter Minute lenkte elf ein und erklärte, der in Sao Paulo verwendete Sprit habe tatsächlich nicht mit der zuvor abgelieferten Probe übereingestimmt. Gründe für dieses Mirakel nannten die Franzosen nicht.

Als sich die Motorhomes im Fahrerlager der Piste von Imola einparken und die Boxen bezogen werden, ist das Pariser Urteil immer noch Thema Num-

Die Anfahrt zur Tosa wurde nach den beiden tödlichen Unfällen im Vorjahr durch Bremskurven entschärft

GROSSER PREIS VON SAN MARINO (Autodromo Enzo & Dino Ferrari)

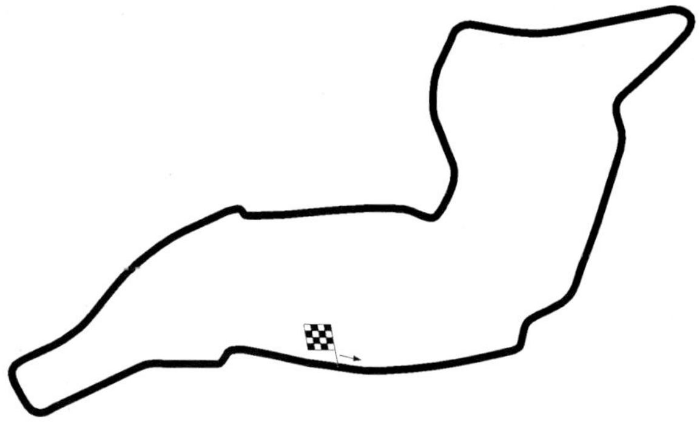

STRECKE

Ort und Datum	Imola, 30. April
Wetter	warm, aufgelockert bewölkt, anfangs naß
Streckenlänge	4,895 km
Runden	63
Renndistanz	308,385 km
Bestehender Rundenrekord	1.24,335 = 215,132 km/h Damon Hill, Williams-Renault FW16; GP 1994
GP-Sieger 1994	Michael Schumacher, Benetton-Ford B194 1:28.28,642 = 189,234 km/h

TRAININGSZEITEN

			28. April	29. April
1.	Michael Schumacher	Benetton-Renault B195	1.27,274◂	1.27,413
2.	Gerhard Berger	Ferrari 412 T2	1.27,282◂	1.38,801
3.	David Coulthard	Williams-Renault FW17	1.27,459◂	1.27,600
4.	Damon Hill	Williams-Renault FW17	1.27,537	1.27,512◂
5.	Jean Alesi	Ferrari 412 T2	1.27,813◂	1.28,431
6.	Mika Häkkinen	McLaren-Mercedes MP4/10	1.28,343◂	–
7.	Eddie Irvine	Jordan-Peugeot 195	1.28,516◂	1.41,247
8.	Johnny Herbert	Benetton-Renault B195	1.29,403	1.29,350◂
9.	Nigel Mansell	McLaren-Mercedes MP4/10B	1.29,517◂	1.29,966
10.	Rubens Barrichello	Jordan-Peugeot 195	1.29,580	1.29,551◂
11.	Gianni Morbidelli	Footwork-Hart FA16	1.29,582◂	1.31,147
12.	Olivier Panis	Ligier-Mugen JS41	1.30,801	1.30,760◂
13.	Mika Salo	Tyrrell-Yamaha 023	1.31,221	1.31,035◂
14.	Heinz-H.Frentzen	Sauber-Ford C14	1.31,358◂	1.31,423
15.	Ukyo Katayama	Tyrrell-Yamaha 023	1.31,630◂	1.31,736
16.	Aguri Suzuki	Ligier-Mugen JS41	1.32,297	1.31,913◂
17.	Jos Verstappen	Simtek-Ford S951	1.32,156◂	1.32,425
18.	Pierluigi Martini	Minardi-Ford M195	1.32,445◂	1.33,832
19.	Taki Inoue	Footwork-Hart FA16	1.32,988	1.32,710◂
20.	Luca Badoer	Minardi-Ford M195	1.33,071◂	1.33,430
21.	Karl Wendlinger	Sauber-Ford C14	1.33,494◂	1.33,554
22.	Bertrand Gachot	Pacific-Ford PR02	1.33,892◂	1.35,253
23.	Domenico Schiattarella	Simtek-Ford S951	1.33,965◂	1.34,064
24.	Andrea Montermini	Pacific-Ford PR02	1.35,169◂	1.35,282
25.	Roberto Moreno	Forti-Ford FG01	1.37,612	1.36,065◂
26.	Pedro Diniz	Forti-Ford FG01	1.36,686	1.36,624◂

STARTAUFSTELLUNG

1 Michael Schumacher 1.27,274
28 Gerhard Berger 1.27,282
6 David Coulthard 1.27,459
5 Damon Hill 1.27,512
27 Jean Alesi 1.27,813
8 Mika Häkkinen 1.28,343
15 Eddie Irvine 1.28,516
2 Johnny Herbert 1.29,350
7 Nigel Mansell 1.29,517
14 Rubens Barrichello 1.29,551
9 Gianni Morbidelli 1.29,582
26 Olivier Panis 1.30,760
4 Mika Salo 1.31,035
30 H.-H. Frentzen 1.31,358
3 Ukyo Katayama 1.31,630
25 Aguri Suzuki 1.31,913
12 Jos Verstappen 1.32,156
23 Pierluigi Martini 1.32,445
10 Taki Inoue 1.32,710
24 Luca Badoer 1.33,071
29 Karl Wendlinger 1.33,494
16 Bertrand Gachot 1.33,892
11 Domenico Schiattarella 1.33,965
17 Andrea Montermini 1.35,169
22 Roberto Moreno 1.36,065
21 Pedro Diniz 1.36,624

Fieberhaft arbeiten die vermummten Williams-Mechaniker, um Hills FW17 zu betanken – frische Reifen sind bereits montiert

Katerstimmung zwischen den selbst errichteten »Tribünen« auf dem Hügel oberhalb der Zieleingangs-Schikane – der Traum vom Ferrari-Sieg ist wieder einmal geplatzt

mer eins. Außer bei den betroffenen Teams und Fahrern gibt es nirgendwo Verständnis für die Entscheidung.
Thema Nummer zwei ist der aus Sicherheitsgründen umgebaute Circuit und die Erinnerung an 1994. Plötzlich sind Roland Ratzenberger und Ayrton Senna wieder gegenwärtig. Die Piloten sind sich einig, daß der völlig veränderte Pisten-Charakter aus der Cockpit-Perspektive keine Bilder aus dem Vorjahr hochkommen läßt. Immer noch wartet die Öffentlichkeit auf den Bericht der Untersuchungskommission, die mit der Aufklärung der Unfälle des Jahres 1994 beauftragt ist. Inoffiziell sickert zwar seit Wochen durch, Senna sei wegen eines Bruchs der Lenksäule aus der Tosa getragen worden, doch FIA-Boß Max Mosley deutet andere Gründe an, als er sagt: »Einige Leute werden sich sehr wundern, wenn der Bericht vorgelegt wird.«
Aber auch in Imola existiert neben Vergangenheit und Zukunft die Gegenwart. Die Equipe Larrousse, bei den Auftakt-Rennen in Südamerika nicht mit von der Partie, hat endgültig das Handtuch geworfen. 1996 will man wieder mitmachen. Diese Nachricht wird relativ emotionslos geschluckt. Nicht so das Comeback von »Nige«. Innerhalb der Rekordzeit von nur 33 Tagen wurden zwei B-Versionen des aktuellen McLaren-Chassis gebaut, die im Hüftbereich des Piloten 25 Millimeter breiter ausgelegt wurden. Voller Optimismus und Tatendrang kündigt Mansell an: »Jetzt bin ich an der Reihe!«
Wie in Argentinien dürfen bereits donnerstags Info-Runden gedreht werden. Jean Alesi beweist im Verlauf beider Sitzungen, daß er zuvor den Mund nicht zu voll nahm. Der Franzose sieht sich als Sieganwärter Nummer eins und fährt einen Tag vor Beginn des offiziellen Trainings tatsächlich schneller als alle anderen. Deutlich wird aber auch, daß der Kurs extrem wellig ist. Weltmeister Schumacher wundert sich: »In Sao Paulo hatten wir ja alle noch irgendwie Verständnis für die Unebenheiten. Hier in Europa aber, wo sich alle Länder unglaublich viel auf ihr technisches Knowhow einbilden, ist ein derartiges Waschbrett eigentlich nicht akzeptabel.« Bemängelt werden auch die fehlenden Überholmöglichkeiten. Alesi: »Mit Mut ging es 1994 noch, aber jetzt...?« Nach dem Rennen wird er ein Lied von der neuen Problematik singen können.
Natürlich gibt jeder der 26 Fahrer seinen Kommentar zur neuen Piste ab. Gerhard Berger trifft wohl den Nagel auf den Kopf, als er sagt: »Klar, die Kurven, die dein Herz höher schlagen ließen, sind nicht mehr da. Aber die Piste ist immer noch recht schwierig zu fahren und gleichzeitig wesentlich sicherer.«
Im ersten Qualifying fährt Jean Alesi nacheinander als erster 30er-, 29er und 28er-Zeiten. Dann schlägt Coulthard eine Bresche und faßt bei »1.27-hoch« Fuß. Acht Minuten noch, und Hill knallt 1.27,5 auf den welligen Asphalt. Das könnte reichen... Doch dann nimmt Schumacher dem Argentinien-Sieger eine Zehntelsekunde ab und findet unmittelbar darauf zwei weitere Zehntel. Auch Coulthard ist schneller als Hill. Platz zwei unmittelbar vor Schluß der Sitzung scheint dem Schotten für 24 Stunden sicher zu sein, dann fliegt Gerhard Berger über die Linie. Bei 1.27,282 Minuten bleiben die Uhren stehen. Damit ist der Tiroler acht Tausendstel langsamer als »Schumi«, der Berger umgerechnet 44,87 Zentimeter abnahm.
»Die Tifosi«, verkündet Berger anschließend, »sollen sich keine Hoffnungen auf einen Ferrari-Sieg machen. Im Training sind wir zwar bereits absolut konkurrenzfähig, im Rennen aber werden wir ganz vorn nicht mithalten können. Erst im Juni sollten wir siegfähig sein, falls alles nach Plan läuft.«
Jean Alesi, der Mann des Vortags, ist sauer, weil er keine einzige freie Runde fand. Aber, da sind sich alle einig, die Entscheidung steht ohnehin noch aus. In 24 Stunden werden die Freitagszeiten keinen Pfifferling mehr wert sein.
Über Nacht wird die mühsam aufgetragene Gummi-Patina von übereifrigen Helfern vom Asphalt gewaschen. Dieser Fehler und gestiegene Temperaturen lassen den Traum vom ultraspannenden Abschlußtraining wie eine Seifenblase platzen. Nur neun Piloten können sich steigern. Aus der Gruppe

Vor dem Start versammeln sich die Piloten, um Roland Ratzenberger und Ayrton Senna zu gedenken, die 1994 auf der Piste von Imola ihr Leben ließen

der sieben erstplazierten Fahrer macht nur Damon Hill einen Schritt nach vorn, der ist aber zu klein, um sich in der Startaufstellung auszuwirken. Der Brite ist verärgert: »Wer ein Auto fährt, das für die Pole-Position gut ist, muß Rang vier als Enttäuschung empfinden.«
F1-Heimkehrer Nigel Mansell findet sich als neunter in der Startaufstellung wieder. Hat er sich auch im neuen Cockpit blaue Flecken am Körper geholt, so wie im engen alten? »Nein«, lacht der Schnauzbart gut gelaunt, »nicht am Körper, nur im Kopf.« Etwas Übung brauche er noch – »I'm not quite up to speed yet«. Einmal trickste er sich selbst aus. Ausgangs einer der Schikanen verlor er seinen McLaren aus der Kontrolle und wollte die Kupplung treten. »Aber ich wußte nicht mehr«, sagt Mansell ehrlich, »wo in diesem Auto die Kupplung ist.« Offiziell zeigt Mansell gute Miene zum bösen Spiel. In kleinem Kreis aber macht er keinen Hehl daraus, daß es ihm überhaupt nicht schmeckt, »langsamster der britischen Piloten zu sein« – Coulthard, Hill, Irvine und Herbert stehen vor ihm…
Die zwei Sauber-Fahrer Frentzen und Wendlinger belegen die Ränge 14 und 21. Der Chef bezeichnet den C14 trotz der erstmals eingesetzten neuen »Hochnasen« als »Gurke«, die Stimmung im Motorhome der Hinwiler hält sich in überschaubarsten Grenzen. Konstrukteur Leo Ress schiebt die Schuld am schlechten Abschneiden auf den Kurs, der den Sauber-Ford angeblich nicht liegt. Daraufhin spottet die schweizer Boulevard-Zeitung »Blick«: »Weshalb ließ Ress die Streckenführung nicht anpassen?« Herbe Kritik auch aus dem Minardi-Lager. Der Chef vertritt öffentlich die Meinung, die Ford-Spitzenmotoren – 1995 exklusiv bei Sauber – gehörten eigentlich anstelle der müden Kunden-V8 in seine Autos!
Nach dem Abschlußtraining erklären

Spannender Infight – Damon Hill vor seinem Team-Kollegen David Coulthard, der sich in Imola mit Händen und Füßen gegen Jean Alesi verteidigte

Jean Alesi und Gerhard Berger, weshalb ihre Dienst-Ferrari heute nicht auf dem FOCA-Parkplatz stehen. Die beiden Nobel-Sportwagen wurden in der Nacht auf Samstag geklaut! Alesis silberner 355 – mit dem er am Mittwoch noch private Erkundungsrunden auf der modifizierten Strecke drehte – verschwand aus der Hotelgarage des Molino Rosso. Auf dem Parkplatz vor jener Fünf-Sterne-Herberge beobachtete Gerhard Berger den Abgang seines roten Testarossa. Als er den Wagen langsam davonrollen sieht, glaubt er, der Sportwagen werde vom Personal umgeparkt, weil er das Auto eines anderen Gastes blockiert. Spanisch kommt ihm die Sache erst vor, als er merkt, daß er selbst die Wagenschlüssel in Händen hält. Jetzt geht ihm ein Licht auf.
»Kurz entschlossen«, erzählt er, »stellte ich mich in den Weg. Aber der Dieb gab Gas, und ich mußte zur Seite springen, um nicht überfahren zu werden.« Als der Flüchtige an einem Engpaß auf Schrittempo abbremsen muß, holt Berger sein Auto noch einmal ein – »aber es nutzte nix, als ich die Tür aufreißen wollte, verriegelte der Typ von innen. Dann war er weg.«

Laut Wettervorhersage ist am Renntag von Regen bis hin zu Sonnenschein alles möglich. Morgens ist es naß, und unter diesen Bedingungen erweist sich der neue Pistenbelag als extrem tückisch. Wer Gas gibt, dreht sich, wer bremst auch… 1968 kamen im verregneten Zandvoort unglaublich viele Piloten vom rechten Weg ab, aber was sich jetzt abspielt, stellt wohl eine Leistung für das Guinness-Buch der Rekorde dar: 25 Dreher werden registriert – die Dunkelziffer mag höher liegen. Damon Hill rutscht gleich fünfmal unkontrolliert durch die Landschaft, Lenkrad-Virtuose Michael Schumacher wird immerhin zweimal zum Passagier. Entsprechend gering ist die Aussagekraft der Warm-up-Hackordnung, die Alesi vor Berger und Schumacher sieht.
In den Minuten vor dem Start kommt die große Zeit der Poker-Spieler. Die Sonne scheint, aber der Asphalt ist noch feucht, einige Passagen sogar richtig naß. Die Frage lautet: Slicks oder Regenreifen? Vorn geht das Establishment auf Nummer Sicher und entscheidet sich für profilierte Gummis. Risikofreudig zeigen sich die Piloten der Teams McLaren, Sauber und Jor-

dan sowie Johnny Herbert. Ihre Wahl wird sich als falsch erweisen.
Die »Sprengkraft«, die sich mit Schumacher und Berger in der ersten Startreihe versammelt hat, sehen nur diejenigen, die wissen, wie »sympathisch« sich die beiden sind. Mit Hilfe der Presse lieferten sie sich seit dem 13. April ein derbes Wortgefecht. Offiziell söhnte man sich zwar im Fitneß-Raum des monegassischen Hotels Loews aus, doch dieser Frieden ist weniger wert, als die im freien Fall befindliche Landeswährung. Potentielle Gefahr schlummert auch eingangs der neuen Tamburello-Schikane, der einige Experten in der Startrunde Nadelöhr-Charakter zutrauen. Als die Startampel von Rot auf Grün springt, ist die Spannung noch einige tausend Volt höher als normalerweise üblich...
Abgesehen von Luca Badoer, der zu früh losfährt und deshalb später eine Zehn-Sekunden-Strafe kassiert, halten sich alle Piloten an die Spielregeln. Auch Berger und Schumacher duellieren sich fair. Das Feld entschwindet in der Reihenfolge Schumacher vor Berger, Coulthard, Hill und Alesi in Richtung Tosa. Hinter dem Franzosen verliert in Runde zwei Mansell Rang sechs an Barrichello. Fast zeitgleich geraten sich in der Piratella-Kurve Wendlinger und Badoer in die Haare. Beide bremsen sich anschließend zu Reparatur-Stopps an den Boxen ein, und der Tiroler handelt sich zusätzlichen Ärger ein: Ausgerechnet er, dem man seit Sao Paulo mangelndes Tempo vorwirft, fährt in der Boxengasse schneller als erlaubt. Ebenso wie später in den Fällen Coulthard, Montermini und Panis kennen die Funktionäre keine Gnade: Es hagelt Stop-and-Go-Strafen!
Nach nur fünf Runden hält Berger die Zeit für gekommen, auf Slicks umzurüsten. Gleich seine erste fliegende Runde gibt ihm recht – glatte 3,5 Sekunden ist er, nun auf Rang fünf zurückgeworfen, schneller unterwegs als der führende Kerpener. Dem bleibt natürlich nicht verborgen, was die Stunde geschlagen hat. Auch er holt sich Trockenreifen. Um ihn abfertigen zu können, wird Johnny Herbert, der sich gerade eingebremst hat, wieder auf die Piste gejagt. Die »VIP-Behandlung« bringt Schumacher keine langfristig gültigen Vorteile, denn weit kommt er nicht mehr – im schnellen Piratella-Eck verliert er seinen Benetton oben auf der Kuppe aus der Kontrolle. Knapp 270 km/h ist er schnell, der Abflug entsprechend spektakulär. »Wäre es ein Fahrfehler gewesen«, versichert er anschließend in den Boxen, »ich hätte keine Probleme, das zuzugeben. Aber es war ganz komisch.

Michael Schumacher führt das Feld nach dem Start an, aber es wird nicht der Tag des Deutschen werden

Vom Augenblick des Reifenwechsels an fühlte sich mein Auto merkwürdig an – irgendetwas stimmte nicht.« In Enstone werden die Ingenieure am folgenden Dienstag keine Anzeichen für einen Defekt finden, doch Schumacher können die Zweifel nicht ausgeredet werden.

Nach zwölf Runden kann Berger auf ein Zwölf-Sekunden-Polster blicken, das ihn von den beiden Williams trennt, die dank Hills schnellerem Boxenstopp intern die Plätze tauschten. Dahinter bringt sich Alesi in Position, der Mann, der seine Siegansprüche noch nicht aufgegeben hat.

Dann scheinen sich die Ereignisse zu wiederholen, die sich 1994 in Monza abspielten, als Jean Alesi das Rennen an den Boxen verlor: Nach 21 Runden fährt Berger zum zweiten Mal zum Service vor und... würgt beim Anfahren seinen V12 ab! Der Österreicher: »Ich wußte, daß die Kupplung merkwürdig arbeitet und wollte eigentlich ganz besonders aufpassen.« Der Halt dauert wegen des Malheurs knapp 20 Sekunden länger als geplant – servus Führung, servus möglicher Sieg.

Hill hat jetzt fast freie Bahn, um zehn weitere WM-Punkte heimzufahren. Fast, denn eine riskante Begegnung mit Ukyo Katayama steht ihm noch ins Haus. Er überrundet den kleinen Japaner, wird anschließend recht weit aus der Rivazza getragen, und prompt stößt der Tyrrell-Pilot wieder vorbei! Hill: »Ich kann mir das nur so erklären: Ukyo dachte, er führt.«

Hinter dem amtierenden Vizemeister gibt sich Coulthard noch nicht geschlagen. Team-interne Kollegialität hin oder her: Der Schotte deutet mehrmals durch Ausscheren aus dem Windschatten an, Hill überholen zu wollen. Immer wieder beeinflussen »backmarker« das Geschehen. Als Coulthard Probleme mit einem Minardi-Piloten hat, wird er, der Jäger, selbst zum Gejagten – beinahe erwischt ihn der unverändert lauernde Alesi.

Der Grand Prix verwöhnt die Fans. Immer wieder werden neue Höhepunkte registriert: Coulthard dreht sich in der Villeneuve-Schikane, kann seine Fahrt aber fortsetzen. Wieder gerät er unter Druck Alesis, der sich bei Feindberührung mit dem Williams einen leichten Lenkungsdefekt einhandelt. Nach Meinung des Franzosen fährt Hills Leutnant »unfair«, um seine Position zu verteidigen. Tatsächlich können seine Zickzack-Manöver auch von den eigenen Anhängern kaum noch als »Kampflinie« interpretiert werden.

Nur dank der Zehn-Sekunden-Strafe für Coulthard rückt Alesi schließlich auf Platz zwei vor, den er bis ins Ziel hinter Hill hält. Der Übereifer in der Boxengasse kostet den Schotten den letzten Rang auf dem Podium, denn auch der zweite Ferrari-Pilot nutzt die Gunst der Stunde, als die Startnummer sechs »nachsitzen« muß.

Saubers »Wunderwaffe« punktet erneut. Grundlage für die Überraschung ist ein britisches Mißverständnis: Irvine und Mansell kollidieren, müssen ihre Boxen anfahren und fallen hinter Frentzen zurück. Der fünftplazierte Mika Häkkinen liegt für ihn hingegen außer Reichweite, obwohl der Finne wegen Problemen mit dem Sprit-Einfüllstutzen zehn kostbare Sekunden verliert.

»Es war ein wirklich guter Grand Prix«, sagt Sieger Hill zum Abschied, »ich bin sicher, er hätte Ayrton gefallen.« Roland Ratzenberger vermutlich auch!

ERGEBNISSE UND AUSFÄLLE

1. Damon Hill	Williams-Renault FW17-4	1:41.42,552 = 181,921 km/h
2. Jean Alesi	Ferrari 412 T2 157	18,510 Sekunden zurück
3. Gerhard Berger	Ferrari 412 T2 159	43,116 Sekunden zurück
4. David Coulthard	Williams-Renault FW17-2	51,890 Sekunden zurück
5. Mika Häkkinen	McLaren-Mercedes MP4/10-3	1 Runde zurück
6. H.-H.Frentzen	Sauber-Ford C14-03	1 Runde zurück
7. Johnny Herbert	Benetton-Renault B195-05	2 Runden zurück
8. Eddie Irvine	Jordan-Peugeot 195/003	2 Runden zurück
9. Olivier Panis	Ligier-Mugen JS41-04	2 Runden zurück
10. Nigel Mansell	McLaren-Mercedes MP4/10B-1	2 Runden zurück
11. Aguri Suzuki	Ligier-Mugen JS41-01	3 Runden zurück
12. Pierluigi Martini	Minardi-Ford M195-03	4 Runden zurück
13. Gianni Morbidelli	Footwork-Hart FA16-02	4 Runden zurück
14. Luca Badoer	Minardi-Ford M195-02	4 Runden zurück
15. Pedro Diniz	Forti-Ford FG01-01	7 Runden zurück
16. Roberto Moreno	Forti-Ford FG01-02	7 Runden zurück
Karl Wendlinger	Sauber-Ford C14-02	44. Runde, Radmutter-Sicherung hi. li.
Bertrand Gachot	Pacific-Ford PR02/1	37. Runde, Getriebe
D. Schiattarella	Simtek-Ford S951-01	36. Runde, Aufhängung hi.
Rubens Barrichello	Jordan-Peugeot 195/004	32. Runde, Getriebe
Ukyo Katayama	Tyrrell-Yamaha 023-04	24. Runde, Dreher
Mika Salo	Tyrrell-Yamaha 023-02	20. Runde, Motor
Andrea Montermini	Pacific-Ford PR02/2	16. Runde, Getriebe
Jos Verstappen	Simtek-Ford S951-02	15. Runde, Getriebe
Taki Inoue	Footwork-Hart FA16-01	13. Runde, Unfall
M. Schumacher	Benetton-Renault B195-04	11. Runde, Unfall

Schnellste Runde:
(57. Runde) – Gerhard Berger, Ferrari 412 T2, 1.29,568 = 196,744 km/h
Rundenrekord – Strecke in dieser Form erstmals Schauplatz eines Grand Prix

GRAND PRIX DE ESPAÑA
Granollers, 14. Mai

Während sich das Feld in seinem Rücken zusammenschiebt, setzt sich Michael Schumacher bereits in der Startrunde von Jean Alesi und Damon Hill ab

Schumacher schlägt zurück

Schumacher in Pseudo-Krise – Erste Transfer-Überlegungen – Benettons Formanstieg über Nacht – Die Aktien von Wendlinger und Mansell sinken – Simteks Schwanengesang – Forti kämpft gegen »Zweite Liga« – Villeneuve kommt ins Spiel – Start ohne Grünlicht – Auch Ferrari ist verwundbar – Herbert mit »Anhänger« – Schumacher überlegen

Zwei sieglose Grand Prix für Michael Schumacher ließen die Aktien des Kerpeners in Deutschland fallen. Sein Benetton sei wohl nicht gut genug – so die Massenmedien – um 1995 im Titelkampf mithalten zu können. Schon wird er mit anderen Teams in Verbindung gebracht, die ihm in der kommenden Saison konkurrenzfähigeres Material zur Verfügung stellen könnten. Ein zweiter Platz im Zwischenklassement ist der breiten Öffentlichkeit, die erst durch Schumachers Erfolge auf die Existenz der Formel 1 aufmerksam wurde, zu wenig. Siege verwöhnen – vergessen sind die Zeiten, als deutsche Fahrer alle Jubeljahre für nicht mehr als ein paar Pünktchen gut waren...

Schon donnerstags nimmt der Titelverteidiger im Fahrerlager Stellung zur »Krisensituation«. Er denke in diesem Stadium der Saison gar nicht daran, sich den Kopf über 1996 zu zerbrechen. »Ich konzentriere mich voll auf die laufende WM«, erklärt er, »alles andere wäre dumm von mir.« Als Schlüsselfigur des GP-Zirkus hat er es tatsächlich in der Hand, den Startschuß für die Rotation des Transfer-Karussells zu geben. Natürlich hat die Konkurrenz längst Signale erhalten, daß ein Team-Wechsel prinzipiell möglich ist. »Im September, vielleicht noch später«, so Schumacher, »wer-

David Coulthard dreht wenige Tage vor dem spanischen WM-Lauf Demonstrationsrunden auf der malerischen Piste von Barcelona, die aus Sicherheitsgründen seit 1975 nicht mehr befahren wird. Der Schotte: »Hier ist es weniger schlimm als in Monaco.«

GROSSER PREIS VON SPANIEN (Circuit de Catalunya)

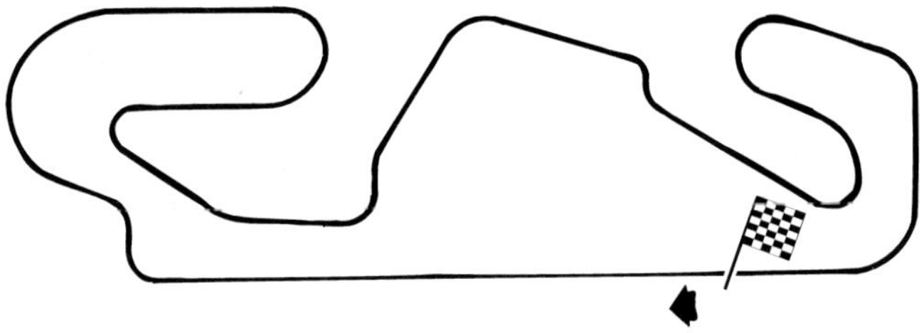

STRECKE

Ort und Datum	Granollers, 14. Mai
Wetter	sonnig, sehr warm
Streckenlänge	4,725 km
Runden	65
Renndistanz	307,125 km
Bestehender Rundenrekord	1.25,155 = 200,683 km/h Michael Schumacher, Benetton-Ford B194 GP 1994
GP-Sieger 1994	Damon Hill, Williams-Renault FW16 1:36.14,374 = 192,366 km/h

TRAININGSZEITEN

			12. Mai	13. Mai
1.	Michael Schumacher	Benetton-Renault B195	1.23,535	1.21,452◂
2.	Jean Alesi	Ferrari 412 T2	1.23,104	1.22,052◂
3.	Gerhard Berger	Ferrari 412 T2	1.23,458	1.22,071◂
4.	David Coulthard	Williams-Renault FW17	1.23,496	1.22,332◂
5.	Damon Hill	Williams-Renault FW17	1.24,356	1.22,349◂
6.	Eddie Irvine	Jordan-Peugeot 195	1.24,891	1.23,352◂
7.	Johnny Herbert	Benetton-Renault B195	1.24,461	1.23,536◂
8.	Rubens Barrichello	Jordan-Peugeot 195	1.26,413	1.23,705◂
9.	Mika Häkkinen	McLaren-Mercedes MP4/10B	1.24,427	1.23,833◂
10.	Nigel Mansell	McLaren-Mercedes MP4/10B	1.26,246	1.23,927◂
11.	Martin Brundle	Ligier-Mugen JS41	1.26,747	1.24,727◂
12.	Heinz-H.Frentzen	Sauber-Ford C14	1.25,655	1.24,802◂
13.	Mika Salo	Tyrrell-Yamaha 023	1.26,462	1.24,971◂
14.	Gianni Morbidelli	Footwork-Hart FA16	1.27,280	1.25,053◂
15.	Olivier Panis	Ligier-Mugen JS41	1.25,902	1.25,204◂
16.	Jos Verstappen	Simtek-Ford S951	1.27,666	1.25,827◂
17.	Ukyo Katayama	Tyrrell-Yamaha 023	1.26,033	1.25,946◂
18.	Taki Inoue	Footwork-Hart FA16	1.26,846	1.26,059◂
19.	Pierluigi Martini	Minardi-Ford M195	1.28,008	1.26,619◂
20.	Karl Wendlinger	Sauber-Ford C14	1.28,305	1.27,007◂
21.	Luca Badoer	Minardi-Ford M195	1.28,563	1.27,345◂
22.	Domenico Schiattarella	Simtek-Ford S951	1.28,312	1.27,575◂
23.	Andrea Montermini	Pacific-Ford PR02	1.29,942	1.28,094◂
24.	Bertrand Gachot	Pacific-Ford PR02	1.30,429	1.28,598◂
25.	Roberto Moreno	Forti-Ford FG01	1.31,063	1.28,963◂
26.	Pedro Diniz	Forti-Ford FG01	1.30,578	1.29,540◂

STARTAUFSTELLUNG

1	Michael Schumacher 1.21,452		
		27	Jean Alesi 1.22,052
28	Gerhard Berger 1.22,071		
		6	David Coulthard 1.22,332
5	Damon Hill 1.22,349		
		15	Eddie Irvine 1.23,352
2	Johnny Herbert 1.23,536		
		14	Rubens Barrichello 1.23,705
8	Mika Häkkinen 1.23,833		
		7	Nigel Mansell 1.23,927
25	Martin Brundle 1.24,727		
		30	H.-H. Frentzen 1.24,802
4	Mika Salo 1.24,971		
		9	Gianni Morbidelli 1.25,053
26	Olivier Panis 1.25,204		
		12	Jos Verstappen 1.25,827
3	Ukyo Katayama 1.25,946		
		10	Taki Inoue 1.26,059
23	Pierluigi Martini 1.26,619		
		29	Karl Wendlinger 1.27,007
24	Luca Badoer 1.27,345		
		11	D. Schiattarella 1.27,575
17	Andrea Montermini * 1.28,094		
		16	Bertrand Gachot 1.28,598
22	Roberto Moreno 1.28,963		
		21	Pedro Diniz 1.29,540

* wegen Getriebeproblemen nicht am Start

Karl Wendlinger (links) im Duell mit Martin Brundle, der in Spanien seinen ersten WM-Lauf des Jahres bestreitet. Der Tiroler wurde nach dem Rennen zum Testfahrer »degradiert«

den Gespräche geführt – auch mit Benetton.«

Die Unken-Fraktion, die das Erfolgsgespann Schumacher/Benetton bereits am Boden sieht, hat freitags Oberwasser: Im ersten Qualifying landet der Rheinländer hinter Jean Alesi, Gerhard Berger und David Coulthard »abgeschlagen« auf Platz vier. Vier Zehntel trennen das Quartett. Alle vier Piloten träumen von der Pole-Position. Während des Abschlußtrainings zerschmettert Schumacher die Hoffnungen seiner drei Konkurrenten, als er eine Zeit von 1.21,4 Minuten vorlegt. Die Gegner sind demoralisiert. Coulthard: »Der war im richtigen Augenblick mit dem richtigen Set-up draußen und fuhr phantastisch – seine Zeit war für uns eine Nummer zu groß.« Jean Alesi, um mehr als eine halbe Sekunde abgehängt auf Rang zwei: »Ich dachte, ich könnte es heute packen. Aber dann sah ich Michaels Zeit und wußte, das schaffst du niemals.« Wie der drittplazierte Berger, tröstet sich Alesi damit, vor den Williams zu stehen. Im Ferrari-internen Duell hat der Tiroler um zwei Hundertstel das Nachsehen. »Trotz Verkehrs in einer der schnellen Kurven«, sagt er kopfschüttelnd, »fuhr ich eine 22,0-Zeit. Also war ich davon überzeugt, mich mit dem dritten Reifensatz steigern zu können. Ich gab alles, fühlte mich schneller als zuvor und war… langsamer.«

Auf die Frage nach dem Geheimnis, das ihn vom vierten auf den ersten Rang nach vorn brachte, antwortet Schumacher locker: »Da war halt noch viel Luft drin, denn einen so schlechten Benetton wie gestern, fuhr ich niemals zuvor.« Tatsächlich hatten er und seine Techniker freitags die falsche von zwei Grundabstimmungsvarianten gewählt. In der Nacht auf Samstag schraubten die Benetton-Mechaniker bis drei Uhr morgens, um den Patzer auszubügeln. Damon Hill blickt hingegen auf einen kontinuierlichen Abstieg zurück. Donnerstags meldete er sich noch optimistisch zu Wort. »Ich bin in Top-Form und habe das beste Auto. Schumacher aber unterlaufen Fehler, außerdem ist sein Wagen unterlegen. Ich will den Titel und bin auf dem besten Weg, ihn zu holen.« 24 Stunden später

Johnny Herbert auf dem Weg zu überraschenden sechs WM-Punkten – 1995 wird ihm im weiteren Saisonverlauf noch bessere Plazierungen bringen

sprach er von blockierenden Rädern und Übersteuern – alle seine Runden hätten nichts getaugt. Nach dem zweiten Qualifying, für die dritte Startreihe qualifiziert, zieht er nüchtern Bilanz: »Es scheint, als seien wir nun innerhalb der Gruppe der Top-Teams das Schlußlicht...« Derart aus schönsten Träumen »abgestürzt«, kann einem der Brite – der jetzt sehr nachdenklich wirkt – leid tun.

Wesentlich schlechter als dem vorübergehend desillusionierten Vizemeister geht es Karl Wendlinger. Niedergeschlagen hockt er im Sauber-Motorhome. Dunkle Wolken brauen sich über dem Tiroler zusammen. Wie lange noch – so lautet die große Frage – gesteht Peter Sauber seinem Schützling Schonfrist zu. Seit Saisonbeginn läuft Wendlinger seiner Form hinterher. Gründe hierfür kann er nicht nennen. »Wenn ich Angst in schnellen Kurven hätte«, sagt er achselzuckend, »wüßte ich wenigstens, woran ich arbeiten müßte... Aber mir macht es Spaß zu fahren, ich habe keinerlei Probleme – nur die Zeiten stimmen nicht.« Glaubt man Fachärzten, so ist der Österreicher immer noch nicht im Vollbesitz seiner Kräfte. Das lange Koma im Anschluß an den Trainingsunfall in Monaco 1994 hinterläßt Folgen: Motorik und Reflexe sind noch nicht auf dem alten Qualitäts-Niveau. Wohl in keinem anderen Beruf würde »Karli« die noch fehlenden ein, zwei Prozent vermissen. Seit Wochen wartet F3000-Meister Jean-Christophe Boullion in der »Pipeline«, um Wendlinger ab Juli zu ersetzen. Aber der Geduldsfaden von Peter Sauber und dessen Partnern wird schon vorher reißen...

Wie der von Ron Dennis, der längst weiß, daß er sich mit dem Oldie Nigel Mansell ein Kuckucksei ins Nest holte. Als PR-Gag hat sich der Ex-Weltmeister längst totgelaufen. Kaum noch jemand interessiert sich für sein Abschneiden – er selbst auch nicht. Das Feuer des Fighters, der einst Millionen begeisterte, ist erloschen. Im Kreis der sechs britischen Piloten belegt Mansell Platz fünf. Langsamer als er ist nur F1-Heimkehrer Martin Brundle, der allerdings nach halbjähriger GP-Abstinenz erst einmal wieder das richtige Feeling für schnelle Runden entwickeln muß.

Einen erneuten Achtungserfolg verbucht hingegen der Niederländer Jos Verstappen: Er stellt seinen Simtek auf Startplatz 16. Hätte Boß Nick Wirth das notwendige Kleingeld, um Testfahrten durchzuführen, der S951 wäre wohl die große Sensation des Jahres! Aber die Teamkasse ist leer – der Pleitegeier befindet sich bereits im Landeanflug.

Am Ende des – noch – 26 Wagen starken Feldes stehen wieder einmal die beiden Forti-Ford. Erstmals 1995 treffen an einem Wochenende F1- und F3000-Autos aufeinander. Die »Zweite Liga« tritt im Rahmenprogramm an. Freitags mußte sich Pedro Diniz im direkten Vergleich den fünf schnellsten F3000-Piloten geschlagen geben. Aber seine Steigerung im Abschlußtraining bringt die Ehrenrettung: Die Zeit von 1.29,5 Minuten ist um 0,4 Sekunden besser als der schnellste F3000-Wert, gefahren von McNish.

Im Fahrerlager werden jedoch nicht nur die Trainingszeiten diskutiert. Der Name Villeneuve macht wieder einmal die Runde. Jacques Villeneuve, Sohn des 1982 tödlich verunglückten Ferrari-Stars Gilles Villeneuve, wird hartnäckig mit der Formel 1 in Verbindung gebracht. Auf telefonische Anfrage hin dämpft Craig Pollock, Manager des Kanadiers, aus dem fernen Indianapolis vorschnelle Erwartungen: »Es gibt weder aktuelle Pläne noch Kontakte mit Formel 1-Teams.« Im Sommer wird Villeneuve dann allerdings doch einen Williams testen und am 15. August einen Vertrag für 1996 mit diesem Team abschließen.

Vor dem Start ist Ferrari-Berater Niki Lauda zuversichtlich: »Um zu siegen, brauchen wir heute nur einen zu überholen, die beiden Williams stehen ja schon hinter uns.« Gerhard Berger sieht die Dinge nüchterner: »Qualifying und Rennen – das sind zwei verschiedene Angelegenheiten. Um im Rennen mithalten zu können, fehlen uns immer noch ein paar Verbesserungen. Aber wer weiß? Unsere Autos sind absolut zuverlässig, und wenn die anderen Probleme bekommen...«

Beim Start wird – wie zuletzt an selber Stelle 1993 – deutlich, daß es den Spaniern wesentlich leichter fällt, vor begeisterten Zeugen Stiere zu Tode zu quälen, als eine funktionierende Startampel zu installieren. Schumacher und Alesi ergreifen beim Erlöschen des Rotlichts glücklicherweise die Initiative. Das eigentliche Startsignal, Grünlicht, wird bis in die späten Abendstunden nicht erblickt.

Auch Eddie Irvine zählt zu denen, die nicht unter dem »landestypischen« Startprozedere leiden – »Ich achte ohnehin nur immer auf Rot«. Ganz anders seine offensichtlich konservativeren Landsleute Coulthard und Mansell, die überrumpelt werden.

Schon der Verlauf der ersten Runde macht deutlich, daß Michael Schumacher seine Überlegenheit aus dem Qualifying auf das Rennen übertragen kann. Eine volle Sekunde trennt ihn bei der ersten Boxen-Passage von Alesi, dem Hill, Berger, Irvine, Häkkinen, Coulthard und Herbert auf den Plätzen drei bis acht folgen. Und Schumacher macht weiter Dampf: Während der fünf folgenden Runden wächst sein Vorsprung auf Alesi kontinuierlich von 1,6 über 2,8, 4,2 und 5,1 auf 6,1 Sekunden. Keine Frage, das »Paket« Schumacher/Benetton ist hier in Katalanien eine Klasse für sich. Erst als er ein Polster von acht Sekunden aufgebaut hat, läßt es der Champion etwas ruhiger angehen.

Hinter Hill, dessen Williams in Alesis Rückspiegeln immer größer wird, und Berger taucht nach sieben Umläufen David Coulthard auf, der sich redlich abstrampelt, um den unfreiwilligen Fehler beim Start wieder auszubügeln. Bereits in Runde drei hatte er sich Mika Häkkinen schnappen können und jetzt hat er Irvine verdrängt.

Kaum beachtet geht währenddessen im Mittelfeld eine der großartigsten F1-Karrieren der letzten Jahre ihrem Ende entgegen: Nigel Mansell, vorübergehend durch Olivier Panis auf Rang 15 geboxt, fährt eine erfolgreiche Konter-Attacke gegen den Franzosen und kämpft in Runde acht auch Ukyo Katayama nieder. Es ist das letzte F1-Überholmanöver des Schnauzbarts.

Die 13. Runde bringt bereits die Eröffnung der ersten Boxenstopp-Serie. Hill wird in 13,3 Sekunden abgefertigt – einen Umlauf später scheinen sich die Williams-Mechaniker »warmgearbeitet« zu haben: Coulthard kann schon nach 7,6 Sekunden Gas geben. Und Michael Schumacher? Der zieht weiter munter seine Kreise und bremst sich erst nach 21 Runden zwischen seinen zentimetergenau postierten Me-

Mit dem letzten Schwung ist der waidwunde Williams von Damon Hill über die Ziellinie gerollt...

chanikern zum Service-Halt ein. Damit steht fest: Der Deutsche verzichtet heute auf seine schon traditionelle Drei-Stopp-Taktik. Sein Plan sieht offensichtlich nur zwei Unterbrechungen vor. Trotz seines deshalb schwereren Autos spielt er mit den Gegnern Katz und Maus. Natürlich spielt auch die aerodynamische Abstimmung eine Rolle: Schumacher fährt mit deutlich flacher gestellten Flügeln als die Williams-Piloten.

Hill wird nach dem Rennen erklären: »Uns blieb gar keine andere Wahl, als dreimal zu stoppen. Wir mußten in Top-Speed-Form, also mit leichtem Wagen, fahren, sonst hätten wir noch schlechter ausgesehen.«

Runde 26 bringt ein Novum der Saison 1995: Erstmals bleibt ein Ferrari während eines GP mit technischem Defekt stehen. Bei Start-und-Ziel erwischt es Jean Alesi. Der Franzose parkt seinen – wegen eines Motorschadens in eine »Rauchbombe« verwandelten – Boliden am Pistenrand. Der Frust treibt ihm Tränen in die Augen. Bevor er endlich siegen kann, hat das Schicksal noch eine weitere kalte Dusche geplant...

Während sich der Kloß in Alesis Hals nur langsam auflöst, ist ein Fahrer bereits auf dem Heimweg: Nigel Mansell! Drei Runden nach seinem ersten Boxenstopp im Anschluß an Umlauf Nummer 15 rodelte der Brite von der Bahn. Nach dem Ausflug durch das Kiesbett brachte er seinen McLaren an die Boxen, wo er ihn als »unfahrbar« bezeichnete und aus dem Cockpit kletterte. Gesprächig zeigte er sich nicht, aber einem BBC-Mitarbeiter raunte er zu, der MP4/10B sei eine »Shitbox«. Teamchef Ron Dennis kommentiert das Engagement seines Piloten dünnlippig: »Nigel zog es vor, das Rennen nicht zu beenden.« Die Ehe McLaren-Mansell hat einen Knacks, von dem sie sich nicht erholen wird.

Alesis Ausfall bringt Hill auf Rang zwei – zwölf Sekunden Rückstand auf Spitzenreiter Schumacher scheinen kein unlösbares Problem, wäre da nicht der eine Zusatzstopp, den der Brite absolvieren muß. Knapp zehn Minuten lang macht er Boden auf den Deutschen gut, dann wirft ihn der Halt hoffnungslos zurück. Aber Platz zwei hinter Schumacher würde nicht den Verlust der Führung im WM-Zwischenklassement bedeuten – in der Williams-Box bleiben die Verantwortlichen ruhig.

Nach 40 Runden dann der spektakulärste Boxenstopp des Rennens: Johnny Herbert gibt zu früh Gas – am Heck hängt der Wagenheber, den der Mechaniker nicht mehr wegreißen kann. Weiter unterhalb springen die Helfer anderer Teams einige Schritte zurück, als sich die »tickende Zeitbombe« nähert. In jeder Sekunde kann sich das Metallgestänge lösen... Zuletzt hatte sich ein solcher Zwischenfall 1989 bei Testfahrten in Rio ereignet, als Gerhard Berger einen »Ferrari mit Anhänger« fuhr!

Das Malheur aus Herberts Perspektive: »Über Funk hörte ich, wie sie riefen stop – stop – stop! Ich fragte zurück: Weshalb? Als Antwort hörte ich go – go – go. Ich wußte überhaupt nicht, was da gespielt wird...« Der Wagenheber hatte sich gelöst und war am Ende der Boxengasse liegengeblieben, ohne Schaden unter den Mechanikern oder auf der Piste anrichten zu können.

...deprimiert wandert der Brite an die Boxen, wo er seinen Frust an Teamchef Frank Williams auslassen wird

Schumachers zweiter Stopp bringt Hill fahrplanmäßig noch einmal gefährlich nah heran. Sieben Sekunden Vorsprung erlauben keine Patzer des Führenden. Aber wieder trügt der Schein: Als der Brite ein drittes Mal hält, wächst der Abstand wieder auf mehr als 25 Sekunden an. Die Reihenfolge für den Zieleinlauf scheint gefunden. Hinter den beiden Stars folgen Coulthard, Herbert, Berger, Irvine und Häkkinen. Aber zwei dieser Sieben werden die Schachbrett-Flagge an diesem Tag nicht sehen.

Zunächst ist für Mika Häkkinen Feierabend – der zweite McLaren steht still. Als »frustrierend« bezeichnet der Finne seine Fahrt: »Auf den Geraden war ich viel zu langsam.« Dann zeigt sich auch der erste Williams verwundbar. Coulthard, wie in Sao Paulo wegen einer Mandelentzündung nicht wohlauf, muß aufgeben, weil die Hydraulik seines FW17 das Getriebe lahmlegt.

Die beiden Ausfälle ordnen die Spitze neu: Schumacher, Hill, Herbert, Berger, Irvine, Barrichello und Panis liegen nun vorn. Obwohl nur noch zehn Runden abzuspulen sind, ist diese Hackordnung immer noch nicht mit dem Endergebnis identisch. Schumacher ist bereits als Sieger abgewinkt, da überschlagen sich die Ereignisse: Hills Williams rutscht in langsamer Schleichfahrt vom zweiten auf den vierten Platz ab. 3.09,2 Minuten braucht er für die letzte Runde. Die drei Punkte, die er kassiert, reichen nicht aus, um die Führung in der WM-Wertung zu verteidigen.

Nach dem Qualifying hatte Hill keine großen Erwartungen, aber dann fuhr er scheinbar sechs Punkten entgegen... Jetzt ist er sauer: »Es war die Hydraulik. Ich blieb im fünften Gang stecken, das war nicht weiter tragisch, aber dann versagte auch das fly-by-wire-System. Ich schaffte es ausgekuppelt mit dem letzten Schwung.« Auch Barrichello hat in der Schlußrunde »kein Gaspedal« mehr und verliert Platz

Im Augenblick des Glücks werden aus harten Konkurrenten scheinbar Freunde – Johnny Herbert, Michael Schumacher und Gerhard Berger auf dem Siegerpodest

sechs an Olivier Panis, der den ersten Punkt des Jahres für Ligier holt.

Michael Schumacher kann erstmals seit Sao Paulo wieder richtig lachen. Herbert – »Bei Lotus lief es letztes Jahr so schlecht, daß ich schon den ganzen Krempel hinschmeißen wollte – und jetzt Platz zwei« – steht ihm nicht nach. Berger grummelt, er habe ja schon vorher gesagt, Ferrari könne im Rennen nicht mithalten. Eddie Irvine macht ohnehin immer seine Späßchen und bei Ligier ist die Stimmung der Fahrer konträr: Hier der glückliche Panis, dort der neuntplazierte Brundle, der »seinen Punkt« in den Händen des Franzosen sah: »Wenn es beim Tanken nicht die Probleme mit dem Einfüllstutzen gegeben hätte...«

Aus Sicht von Heinz-Harald Frentzen hatten »die anderen« viel zu wenig Probleme. »Ohne ein bißchen Glück«, sagt er nüchtern bilanzierend, »sind Punkte für mich außer Reichweite.«

ERGEBNISSE UND AUSFÄLLE

1. Michael Schumacher	Benetton-Renault B195-01	1:34.20,507 = 195,320 km/h
2. Johnny Herbert	Benetton-Renault B195-05	51,988 Sekunden zurück
3. Gerhard Berger	Ferrari 412 T2 159	1.05,237 Minuten zurück
4. Damon Hill	Williams-Renault FW17-4	2.01,749 Minuten zurück
5. Eddie Irvine	Jordan-Peugeot 195/003	1 Runde zurück
6. Olivier Panis	Ligier-Mugen JS41-04	1 Runde zurück
7. Rubens Barrichello	Jordan-Peugeot 195/004	1 Runde zurück
8. Heinz-Harald Frentzen	Sauber-Ford C14-03	1 Runde zurück
9. Martin Brundle	Ligier-Mugen JS41-01	1 Runde zurück
10. Mika Salo	Tyrrell-Yamaha 023-03	1 Runde zurück
11. Gianni Morbidelli	Footwork-Hart FA16-02	2 Runden zurück
12. Jos Verstappen	Simtek-Ford S951-02	2 Runden zurück
13. Karl Wendlinger	Sauber-Ford C14-04	2 Runden zurück
14. Pierluigi Martini	Minardi-Ford M195-03	3 Runden zurück
15. Domenico Schiattarella	Simtek-Ford S951-01	4 Runden zurück

Ukyo Katayama	Tyrrell-Yamaha 023-04	57. Runde, Motor
David Coulthard	Williams-Renault FW17-2	55. Runde, Getriebe
Mika Häkkinen	McLaren-Mercedes MP4/10B-3	54. Runde, Benzindruck
Taki Inoue	Footwork-Hart FA16-01	44. Runde, Motor
Bertrand Gachot	Pacific-Ford PR02/1	44. Runde, Brand
Roberto Moreno	Forti-Ford FG01-02	40. Runde, Aufgabe
Jean Alesi	Ferrari 412 T2 161	26. Runde, Motor
Luca Badoer	Minardi-Ford M195-02	22. Runde, Getriebehydraulik
Nigel Mansell	McLaren-Mercedes MP4/10B-1	19. Runde, Aufgabe
Pedro Diniz	Forti-Ford FG01-01	18. Runde, Getriebe

Schnellste Runde:
(46. Runde) – Damon Hill, Williams-Renault FW17, 1.24,531 = 201,313 km/h
Rundenrekord – Strecke in dieser Form erstmals Schauplatz eines Grand Prix

GRAND PRIX DE MONACO
Monte Carlo, 28. Mai

Jean Alesi, der große Pechvogel des Wochenendes. Während des Abschlußtrainings ist er auf Gerhard Bergers Ferrari angewiesen und muß warten, bis der Tiroler seine Runden abgespult hat

Schumacher - Gala

Mansell und Wendlinger ausgebootet – Boullion im Spiel – Marlboro-Thoma tobt – Inoue und das Safety-Car – Frentzen versteht die Welt nicht mehr – Alesi tragischer Held des Qualifying – Hill siegessicher – Peter Saubers chirurgisches Talent – Massen-Frühstart Karambolage bei Ste. Devote – Michael Schumacher nicht zu schlagen

Zwei Tage vor Trainingsbeginn platzt die Bombe, deren Zeitzünder seit dem Barcelona-Wochenende tickte: McLaren gibt die Trennung von Nigel Mansell bekannt! »Ich hatte mir so viel von dem Vertrag versprochen«, erklärt Mansell offiziell, »und bin enttäuscht, weil die Sache jetzt vorbei ist. Ich hatte bei Unterschrift ein voll wettbewerbsfähiges Paket erwartet – und das wurde mir nicht zur Verfügung gestellt.« Teamchef Ron Dennis bestreitet persönliche Differenzen zwischen dem Star und ihm selbst: »So etwas erfindet die Presse. Tatsächlich war unser Verhältnis besser als erwartet.« Nur wenige Wochen zuvor hatte der Boß noch gewettert: »Während wir rund um die Uhr schuften und 300000 Pfund in neue Chassis investieren, fährt Mansell in Urlaub. Dafür fehlt mir das Verständnis.«
Formel 1-Zampano Bernie Ecclestone, der sich hinter den Kulissen für Mansells GP-Comeback stark gemacht hatte, gibt sich in Monaco erstaunt über die Scheidung: »Der war Weltmeister. Sich um achte oder neunte Plätze zu schlagen, bedeutet ihm nichts. Trotzdem: Er ist ein Kämpfer, niemand, der so leicht aufgibt. Dahinter steckt mehr, vermutlich im persönlichen Verhältnis zwischen ihm und dem Team. Mansell muß gehätschelt und motiviert werden – vielleicht wurde das nicht berücksichtigt.« Sehr groß kann die Überraschung für Ecclestone allerdings nicht gewesen sein. Noch in Barcelona hatte er prophezeit: »Nach dem GP von Monaco tritt Mansell zurück.«
Auch Sponsor Marlboro muß sehr früh Wind vom Neigungswinkel des McLaren-Haussegens erhalten haben. Auf den gedruckten Speisekarten anläßlich des Traditions-Dinners im Loews Hotel stehen jedenfalls die Piloten-Namen Häkkinen und Blundell. Andere traf's tatsächlich überraschend: Nigel Mansell ist in der Stadt auf großen Postern abgebildet, und der Veranstalter bereitete die Tafel mit dem Namenszug des 31-fachen GP-Siegers für die Vorstart-

Damon Hill beschreibt dem erfahrenen Monaco-Spezialisten Alain Prost, wie sich sein Williams auf der Piste verhält

GROSSER PREIS VON MONACO

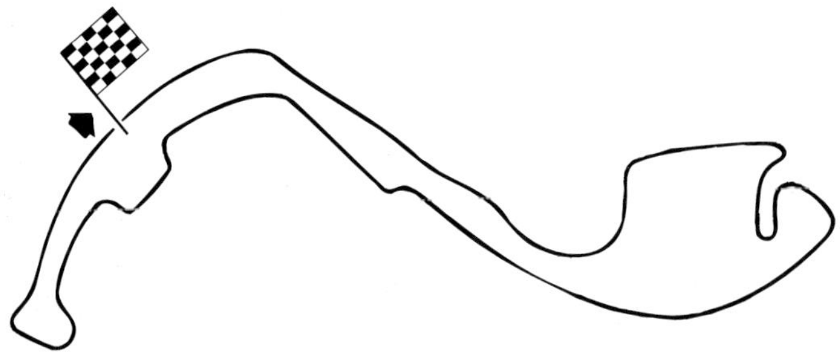

STRECKE

Ort und Datum	Monte Carlo, 28. Mai
Wetter	sonnig, warm
Streckenlänge	3,328 km
Runden	78
Renndistanz	259,584 km
Bestehender Rundenrekord	1.21,076 = 147,772 km/h Michael Schumacher, Benetton-Ford B194 GP 1994
GP-Sieger 1994	Michael Schumacher, Benetton-Ford B194 1:49.55,372 = 141,690 km/h

TRAININGSZEITEN

			25. Mai	27. Mai
1.	Damon Hill	Williams-Renault FW17	1.24,659	1.21,952◂
2.	Michael Schumacher	Benetton-Renault B195	1.24,146	1.22,742◂
3.	David Coulthard	Williams-Renault FW17	1.26,556	1.23,109◂
4.	Gerhard Berger	Ferrari 412 T2	1.24,509	1.23,220◂
5.	Jean Alesi	Ferrari 412 T2	1.23,754◂	1.24,023
6.	Mika Häkkinen	McLaren-Mercedes MP4/10B	1.24,831	1.23,857◂
7.	Johnny Herbert	Benetton-Renault B195	1.25,623	1.23,885◂
8.	Martin Brundle	Ligier-Mugen JS41	1.26,457	1.24,447◂
9.	Eddie Irvine	Jordan-Peugeot 195	1.26,447	1.24,857◂
10.	Mark Blundell	McLaren-Mercedes MP4/10B	1.26,017	1.24,933◂
11.	Rubens Barrichello	Jordan-Peugeot 195	1.26,787	1.25,081◂
12.	Olivier Panis	Ligier-Mugen JS41	1.26,579	1.25,125◂
13.	Gianni Morbidelli	Footwork-Hart FA16	1.26,828	1.25,447◂
14.	Heinz-H.Frentzen	Sauber-Ford C14	1.25,661◂	–
15.	Ukyo Katayama	Tyrrell-Yamaha 023	1.28,439	1.25,808◂
16.	Luca Badoer	Minardi-Ford M195	1.27,615	1.25,969◂
17.	Mika Salo	Tyrrell-Yamaha 023	1.28,123	1.26,473◂
18.	Pierluigi Martini	Minardi-Ford M195	1.27,714	1.26,913◂
19.	Jean-Chr. Boullion	Sauber-Ford C14	1.30,014	1.27,145◂
20.	D. Schiattarella	Simtek-Ford S951	1.29,439	1.28,337◂
21.	Bertrand Gachot	Pacific-Ford PR02	ohne Zeit	1.29,039◂
22.	Pedro Diniz	Forti-Ford FG01	1.34,963	1.29,244◂
23.	Jos Verstappen	Simtek-Ford S951	1.29,391◂	1.30,015
24.	Roberto Moreno	Forti-Ford FG01	1.30,461	1.29,608◂
25.	Andrea Montermini	Pacific-Ford PR02	1.30,149◂	–
26.	Taki Inoue	Footwork-Hart FA16	1.31,542◂	–

STARTAUFSTELLUNG

5 Damon Hill
1.21,952

1 Michael Schumacher
1.22,742

6 David Coulthard
1.23,109

28 Gerhard Berger
1.23,220

27 Jean Alesi
1.23,754

8 Mika Häkkinen
1.23,857

2 Johnny Herbert
1.23,885

25 Martin Brundle
1.24,447

15 Eddie Irvine
1.24,857

7 Mark Blundell
1.24,933

14 Rubens Barrichello
1.25,081

26 Olivier Panis
1.25,125

9 Gianni Morbidelli
1.25,447

30 Heinz-Harald Frentzen
1.25,661

3 Ukyo Katayama
1.25,808

24 Luca Badoer
1.25,969

4 Mika Salo *
1.26,473

23 Pierluigi Martini
1.26,913

29 Jean-Chr. Boullion
1.27,145

11 Domenico Schiattarella **
1.28,337

16 Bertrand Gachot
1.29,039

21 Pedro Diniz
1.29,244

12 Jos Verstappen
1.29,391

22 Roberto Moreno
1.29,608

17 Andrea Montermini
1.30,149

10 Taki Inoue
1.31,542

* Start aus der Boxengasse
** am 2. Start nicht teilgenommen

Achtung Gegenverkehr! Während des Startunfalls scheint David Coulthard in die falsche Richtung weiterfahren zu wollen

Zeremonie vor. Sie findet sich später auf einer »wilden Müllkippe« im Bereich der Boxen...
Mansell und Dennis lassen die Zukunft offen, schließen eine weitere Zusammenarbeit zu einem späteren Zeitpunkt nicht aus, aber daran glaubt niemand. Den Veranstaltern des britischen GP in Silverstone fällt beim Blick auf den Vorverkauf ein Stein vom Herzen: Die von der Mansell-Mania gefolterten Fans haben bereits für reinen Tisch gesorgt – alle Tickets sind verkauft.
Und ein zweiter Stammpilot fehlt: Karl Wendlinger. Peter Sauber rief seinen Piloten in der Nacht auf Mittwoch an und teilte ihm mit, er sei bei vollem Gehalt zum Testfahrer degradiert. Der Österreicher verließ daraufhin seine monegassische Wohnung – er wollte während der Grand Prix-Tage nicht ständig daran erinnert werden, nicht mehr mit dazuzugehören. F3000-Meister Jean-Christophe Boullion erhält Wendlingers Auto, und daran ändern auch Spruchbänder der Wendlinger-Fans nichts: Bringt den Karli wieder her, sonst trinken wir kein Red Bull mehr...
Alljährlich ist die Piste von Monaco für Piloten und Beobachter ein Gesprächsthema. Die dicht stehenden Leitplanken, der Mangel an Sturzräumen – insgesamt gibt es nur drei Auslaufzonen – und die winklige Streckenführung beschäftigen die Szene. Damon Hill bringt die Problematik treffend auf den Punkt: »Meine Gefühle sind eine Mischung aus Angst, Faszination und Hysterie, denn eigentlich ist es verrückt, hier mit einem Formel 1-Auto zu fahren.« Seine Kollegen äußern sich ähnlich und sind sich auch in einer anderen Sache einig: Sie möchten diese Herausforderung nicht missen.
Heinz-Harald Frentzen, dessen Monaco-Erfahrung aus einer einzigen freien Trainingssitzung im Vorjahr besteht, wundert sich, wie schmal die Piste ist. Frentzen wohnt in Monte Carlo und kennt prinzipiell jeden Quadratzentimeter der Rennstrecke...
Donnerstags gibt Jean Alesi, der sich zur tragischen Figur des Wochenendes entwickeln wird, den Ton an. Auf den Plätzen folgen Schumacher, Berger und Hill. Der Sohn des »Monaco-Königs« Graham Hill kommt mit einem blauen Auge davon. Ein Regenschauer unterbricht die Sitzung, und während der entscheidenden fünf Schlußminuten auf dem inzwischen abgetrockneten Kurs rückt der Brite auf den provisorischen Platz in der zweiten Startreihe. Wäre der Asphalt naß geblieben, hätte er sich erst hinter Häkkinen, Herbert, Frentzen und Blundell auf Rang acht wiedergefunden!
Daß er sich Alesi geschlagen geben mußte, bringt den haushohen Favoriten Schumacher nicht aus der Fassung. »Prinzipiell stimmt alles«, meint er ruhig und selbstbewußt, »hinten hatten wir Probleme mit einer Feder, deshalb fuhr ich morgens eigentlich zu wenig Runden. Wenn das Wetter mit-

Der Unfall bei Ste. Devote aus anderer Perspektive. Vorn entkommen Hill und Schumacher, dahinter geht es drunter und drüber

spielt, stelle ich meinen Benetton am Samstag auf die Pole-Position.«
Abends wettert Walter Thoma, Europa-Chef des Sponsor-Giganten Philip Morris, im Hotel Loews, die Formel 1 drohe zur reinen Show zu verkommen. Der Schweizer erinnert an den GP von Brasilien mit den anschließenden Disqualifikationen, die Wochen später zurückgenommen wurden. Er spricht der Mehrheit der Gäste aus dem Herzen, als er feststellt: »So etwas wollen die Zuschauer nicht sehen!«
Am freien Freitag wird im Yacht-Hafen ein Power-Boat vorgestellt – das jüngste Produkt der Senna-Markenartikel. Viviane, Schwester des toten Ex-Champion, wirbt für das Offshore-Spielzeug und die Senna-Foundation, die sich zum Ziel setzte, brasilianischen Street-Kids zu helfen. »Mein Bruder wurde beerdigt«, sagt Viviane mit Tränen in den Augen, »nicht aber seine Idee, die Kinder zu unterstützen.«
Dem Senna-Boot schadet der Regen nicht. Aber wegen des unberechenbaren Wetters sagt Benetton ein Tennis-Turnier ab, an dem auch Michael Schumacher teilnehmen sollte. Regnet es auch morgen, bewegt sich im Abschlußtraining nichts mehr. Auf dem Kurs, der das Überholen praktisch unmöglich macht, hätte Alesi am Sonntag Siegchancen. Entsprechend spekuliert der Franzose nicht gerade auf Sonnenschein. Auch Frentzen liest die Wettervorhersage, die weitere Niederschläge ankündigt, mit Vergnügen. Ganz anders das Williams-Duo: Hill, der den Titel anstrebt, will unbedingt in die erste Startreihe vorrücken. David Coulthard, vorläufig nur elfter, ist am Boden zerstört. Seine Monaco-spezifische Unerfahrenheit macht er ebenso für die Pleite verantwortlich, wie den Verkehr.
Am zweiten Trainingstag ist das Wetter auf der Seite derjenigen, die von Platzverbesserungen träumen. Der Tag beginnt mit dem freien Training – 90 mit spektakulären Höhepunkten gespickten Minuten. Zunächst streift Frentzens Sauber mit dem linken Hinterrad das vordere rechte des Benetton seines Landsmanns. Der Mönchengladbacher glaubt zunächst an ein gelungenes Ausweichmanöver im Bereich der Abfahrt zum Hotel Mirabeau, doch wenig später belehrt ihn ein zorniger Champion in der Boxengasse eines Besseren. Schumacher registrierte einen Leitplankenkontakt mit dem linken Vorderrad – hinten links schlägt er auch an, aber das entdecken die Mechaniker erst beim Kontrollcheck. Frentzen entschuldigt sich. Für die Piloten ist der Fall abgehakt. Nicht aber für die Benetton-Mechaniker. Die Folgen des »Streifschusses« müssen ebenso gerichtet werden, wie die des anschließenden Leitplankenkontakts.
Nach 45 Minuten wird die Sitzung planmäßig für eine Viertelstunde unterbrochen. Den Teams soll Gelegenheit gegeben werden, gestrandete Fahrzeuge an die Boxen zurückzuholen. Taki Inoue hatte sich vor dem Mirabeau gedreht und den Motor abgewürgt – jetzt hängt der Footwork des Japaners am Haken und wird zurückgeschleppt. Der Routine-Akt eskaliert zur Beinahe-Katastrophe, als ausgerechnet das Safety-Car den Havaristen rammt! Rallye-Fahrer Jean Ragnotti, von FIA-PR-Chef Francesco Longanesi angefeuert, fährt, als gelte es, einen neuen Rundenrekord aufzustellen. Im Bereich des Schwimmbades knallt der Clio gegen

Keine andere Formel 1-Rennstrecke der Welt bietet derart abwechslungsreiche und imposante Kulissen, wie die Piste von Monaco

GROSSER PREIS VON FRANKREICH (Circuit de Nevers Magny-Cours)

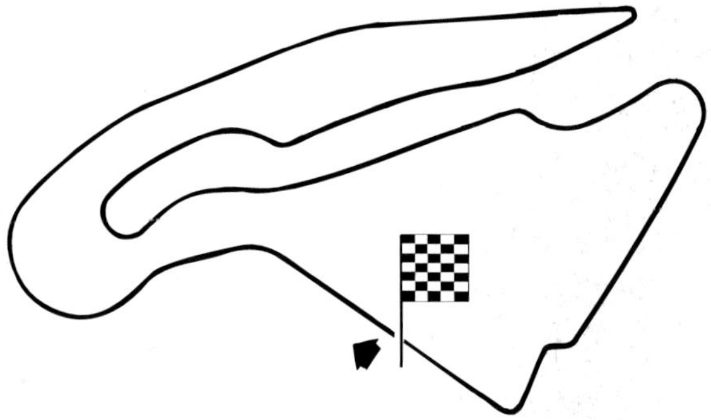

STRECKE

Ort und Datum	Magny-Cours, 2. Juli
Wetter	heiß, bedeckt, vereinzelte Regentropfen
Streckenlänge	4,250 km
Runden	72
Renndistanz	306,000 km
Bestehender Rundenrekord	1.17,070 = 198,521 km/h Nigel Mansell, Williams-Renault FW14B GP 1992
GP-Sieger 1994	Michael Schumacher, Benetton-Ford B194 1:38.35,704 = 186,216 km/h

TRAININGSZEITEN

			30. Juni	1. Juli
1.	Damon Hill	Williams-Renault FW17	1.18,556	1.17,225◂
2.	Michael Schumacher	Benetton-Renault B195	1.18,893	1.17,512◂
3.	David Coulthard	Williams-Renault FW17	1.18,585	1.17,925◂
4.	Jean Alesi	Ferrari 412 T2	1.19,254	1.18,761◂
5.	Rubens Barrichello	Jordan-Peugeot 195	1.19,763	1.18,810◂
6.	Olivier Panis	Ligier-Mugen JS41	1.19,466	1.19,047◂
7.	Gerhard Berger	Ferrari 412 T2	1.19,051◂	1.19,295
8.	Mika Häkkinen	McLaren-Mercedes MP4/10B	1.20,218	1.19,238◂
9.	Martin Brundle	Ligier-Mugen JS41	1.19,384◂	1.19,524
10.	Johnny Herbert	Benetton-Renault B195	1.19,555◂	1.20,000
11.	Eddie Irvine	Jordan-Peugeot 195	1.20,713	1.19,845◂
12.	Heinz-H.Frentzen	Sauber-Ford C14	1.21,111	1.20,309◂
13.	Mark Blundell	McLaren-Mercedes MP4/10B	1.20,804	1.20,527◂
14.	Mika Salo	Tyrrell-Yamaha 023	1.21,921	1.20,796◂
15.	Jean-Christophe Boullion	Sauber-Ford C14	1.22,372	1.20,943◂
16.	Gianni Morbidelli	Footwork-Hart FA16	1.21,756	1.21,076◂
17.	Luca Badoer	Minardi-Ford M195	–	1.21,323◂
18.	Taki Inoue	Footwork-Hart FA16	1.23,355	1.21,894◂
19.	Ukyo Katayama	Tyrrell-Yamaha 023	1.22,959	1.21,930◂
20.	Pierluigi Martini	Minardi-Ford M195	–	1.22,104◂
21.	Andrea Montermini	Pacific-Ford PR02	1.24,172	1.23,466◂
22.	Bertrand Gachot	Pacific-Ford PR02	1.24,509	1.23,647◂
23.	Pedro Diniz	Forti-Ford FG01	1.25,787	1.24,184◂
24.	Roberto Moreno	Forti-Ford FG01	1.26,445	1.24,865◂

STARTAUFSTELLUNG

	5 Damon Hill 1.17,225
1 Michael Schumacher 1.17,512	
	6 David Coulthard 1.17,925
27 Jean Alesi 1.18,761	
	14 Rubens Barrichello 1.18,810
26 Olivier Panis 1.19,047	
	28 Gerhard Berger 1.19,051
8 Mika Häkkinen 1.19,238	
	25 Martin Brundle 1.19,384
2 Johnny Herbert 1.19,555	
	15 Eddie Irvine 1.19,845
30 Heinz-Harald Frentzen 1.20,309	
	7 Mark Blundell 1.20,527
4 Mika Salo 1.20,796	
	29 Jean-Chr. Boullion 1.20,943
9 Gianni Morbidelli 1.21,076	
	24 Luca Badoer 1.21,323
10 Taki Inoue 1.21,894	
	3 Ukyo Katayama 1.21,930
23 Pierluigi Martini 1.22,104	
	17 Andrea Montermini 1.23,466
16 Bertrand Gachot 1.23,647	
	21 Pedro Diniz 1.24,184
22 Roberto Moreno 1.24,865	

Michael Schumacher kann das »Wunder von Magny-Cours« nicht wiederholen. 1994 katapultierte er sich beim Start an zwei Williams vorbei auf Rang eins – jetzt muß er sich Hill geschlagen geben

die Asiaten begeistert. Als Ersatz für die verlorengegangenen olympischen Sommerspiele im Jahr 2000 wollen sie das Rennen unbedingt austragen.

Beim Abendessen mit Mika Häkkinen zieht der Finne gewaltig über seinen Ex-Teamkollegen Nigel Mansell her. Er habe, sagt er lachend, von dem Briten all das gelernt, was man nicht tun sollte. Und besser noch: Auf die Frage, ob Mansells Ausstieg bei McLaren zu einem Motivations-Verlust in Woking geführt habe, antwortet er: »Im Gegenteil!«

Freitags ist die Minardi-Truppe immer noch ausgesperrt. Hill schnappt Coulthard die provisorische Pole-Position vor der Nase weg, und Schumacher klagt als dritter: »In der langen Rechtskurve ließ sich mein Auto nicht einlenken. Wir haben noch viel zu tun, aber die Zeiten sind morgen ohnehin Geschichte. Die Bahn wird im Abschlußtraining wesentlich schneller sein.«

Abends um 19.17 Uhr werden die Siegel bei Minardi entfernt. Von Einigung keine Spur, aber die Italiener fanden einen Richter, der die Aktion des Vortags für illegal erklärte! Der weise Spruch des Mannes: Minardi darf mitfahren, aber nach dem Rennen wird wieder zugesperrt! Während die Mechaniker ihre Arbeit aufnehmen und die Mundwinkel Giancarlo Minardis einen deutlichen Aufwärtstrend zeigen, rollt einer der McLaren-Trucks aus dem Fahrerlager. Elektronik-Probleme zwingen die Dennis-Truppe zum »Nachsitzen« auf der nahegelegenen Piste von Lurcy Levis – Häkkinen macht Überstunden.

Am Rande des Geschehens gibt es ein Wiedersehen mit Karl Wendlinger. Der Tiroler tritt als Gast-Pilot im Porsche Supercup an. Er weiß, daß er seinen Namen aufs Spiel setzt, wenn er sich mit den Porsche-Profis anlegt. Am

Der fliegende Reifen zeugt von der »Selbstvernichtung« der beiden Japaner Taki Inoue und Ukyo Katayama

Sonntag wird er als Zehnter abgewinkt werden – aufpolieren kann er sein angeschlagenes Image mit diesem Resultat nicht.
Der zweite Trainingstag beginnt für Michael Schumacher mit einem Schock: Gleich zwei Satz Reifen haben über Nacht Druck verloren. Der Grund für den Luftschwund wird schnell gefunden: Beim Messen der Oberflächen-Temperatur wurden die Pneus zerstochen! Goodyears Tony Shakespeare: »Es passierte, weil die Nadel des Thermometers falsch justiert war – sorry.« Benetton will Ersatz-Pneus. Insgesamt dürfen pro Wochenende und Fahrer sieben Satz Slicks eingesetzt werden. Benetton gehen für Schumachers Rennwagen die Gummis aus. Zunächst bleiben die Funktionäre stur. Sie befürchten »Nachahmer«. Sprich: Wer neue haben will, müßte künftig nur linkisch mit dem Thermometer umgehen... Abends erhält Schumacher dann immerhin je einen Vorder- und einen Hinterreifen.
Im Kampf um die Pole-Position wirft Michael Schumacher den ersten Stein. Auf Anhieb unterbietet er die Williams-Zeiten des Vortags! Doch keine zehn Minuten später kontert Hill und durchbricht als erster Pilot des Wochenendes die 78-Sekunden-Grenze. Das kann auch der Rheinländer: Der schlägt umgehend zurück und markiert mit 1.17,5 Minuten eine neue Bestzeit. Dieser Wert bringt Hill nicht aus der Ruhe. 1993 machte der Brite hier in Magny-Cours den großen Alain Prost nieder, und im Vorjahr distanzierte er den »heimgekehrten« Nigel Mansell. Vor Selbstbewußtsein strotzend, geht er ein letztes Mal auf Zehntelsuche. Die Uhren bleiben bei 1.17,2 Minuten stehen, damit ist Schumacher »nur« zweiter. »Hauptsache, ich stehe in der ersten Reihe«, sagt er genervt –

Recht naßforsch macht Jean Alesi mit Johnny Herbert kurzen Prozeß

Mit der Gleichmäßigkeit eines Uhrwerks folgt Schumacher seinem Widersacher Hill in der Anfangsphase im Abstand von 0,7 Sekunden

die Reifen bereiten ihm unverändert große Sorgen. »Die zwei einzelnen Reifen nützen mir nichts. Wenn ich Pech habe, stehe ich im Rennen plötzlich ohne Pneus da.«
In der Nacht auf Sonntag beginnt es zu regnen, und die Niederschläge waschen Schumachers Bedenken fort. Während des Warm-up ist es immer noch naß. Alle fahren auf Regenreifen, damit schont der Deutsche unerwartet seine bescheidenen Slick-Bestände und ist aus dem Schneider.
Wie schon in Monaco, gibt sich Damon Hill vor dem Start optimistisch. Der Brite wirkt ungewöhnlich konzentriert, bevor er ins Cockpit seines Williams klettert. Zum dritten Mal steht er hier auf der Pole-Position, und er scheint wild entschlossen, sich das Ergebnis zweitägiger Arbeit nicht auf den ersten Metern entreißen zu lassen. Tatsächlich kann ihm Michael Schumacher diesmal auf dem Sprint zur ersten Kurve nicht die Butter vom Brot nehmen. Hill vor Schumacher heißt es vorn. Dahinter folgen überraschend Barrichello, Panis und Herbert – das komplette Trio wird anschließend jedoch des Frühstarts überführt.
Bereits bei der ersten Passage der ultralangen Rechtskurve, die auf die Gegengerade führt, spürt Hill, daß er »verwachst« hat. »Mein Auto«, wird er sich später erinnern, »rutschte in dieser Kurve gewaltig. Sofort klebte Michael an meinem Heck. Er kam mir so nah, daß er am Ende der folgenden Geraden sogar einen ersten Angriff wagen konnte.«
Andere haben in der Startrunde noch weitaus größere Probleme. Die beiden Japaner Katayama und Inoue eliminieren sich gegenseitig. Damit nicht genug: Im Bemühen, dem Crash der Söhne Nippons auszuweichen, dreht sich Martini, und dessen kreiselnder Minardi wiederum bringt Diniz und Montermini aus dem Konzept und auf Abwege. Diniz ist damit aus dem Rennen. Der Italiener aber schleppt seinen waidwunden Pacific an die Boxen, wo die linke hintere Radaufhängung im Verlauf von sieben langen Runden repariert wird. Nur scheinbar entkommt Verursacher Martini, den in Runde 24 ein Schaden im Antriebsbereich zur Aufgabe zwingen wird.
Runde drei, Hill führt unverändert mit 0,4 Sekunden Vorsprung auf Schumacher, bringt den nächsten Zwischenfall: Wie schon in Montreal, wird Herbert in einer Haarnadelkurve abgeschossen. Jetzt erwischt Jean Alesi den Benetton-Fahrer, der sich bitter beklagt: »Ich sah ihn gar nicht kommen, hatte schon eingelenkt, da rempelte er mich an.« Augenzeuge Martin Brundle, der allerdings nicht gerade zu Alesis engerem Freundeskreis gezählt wird, sagte später aus: »Jean ließ Johnny die Wahl, entweder gerammt zu werden,

oder in den Acker zu flüchten...« Herberts Ausfall, auch in diesem Punkt wiederholt sich Montreal, macht die wegen Frühstarts fällige Zehn-Sekunden-Strafe hinfällig. Prompt kassieren die Funktionäre nach dem Rennen die »versprochenen« 10000 Dollar. Herbert, sonst immer für einen Spaß gut, hadert mit dem Schicksal: Nur zwei komplette Runden sind ihm als Ausbeute aus zwei GP verständlicherweise zu wenig. Er kann nicht ahnen, daß das Schicksal in 14 Tagen eine Wiedergutmachungsaktion starten wird.

An der Spitze folgt Schumacher dem Trainingsschnellsten nach wie vor schattengleich, als das Duo auf den gelben Forti des Brasilianers Moreno aufläuft, der zur Überrundung ansteht. Hill wird kurzfristig durch den Südamerikaner aufgehalten und fährt deshalb nicht mit dem gewohnten Tempo, als er seinen Williams mit Verspätung auf Überholkurs zieht. Es fehlt nicht viel, und Schumacher wäre in das Heck des Spitzenreiters geknallt. Der Deutsche spricht anschließend von unfairem Verhalten. Selbstverständlich sieht Hill alles ganz anders: »Natürlich war ich in dieser Phase darauf bedacht, keinesfalls unter Druck einen Fehler zu machen. Als ich sah, wie Schumacher heranflog, fuhr ich nach rechts. Wegen dieser Aktion wollte ich die Führung nicht verlieren – kein Spitzenfahrer hätte sich geschlagen gegeben. Das ist Schumacher doch wohl auch klar.« Wie auch immer: Zum Wachstum gegenseitiger Sympathie trug dieser Zwischenfall nicht bei...

Die ersten Boxenstopps beenden den Krimi von Magny-Cours. Taktisch klug, biegt Schumacher in die Boxengasse ab, als die Spitze auf eine Gruppe Nachzügler aufläuft. Betankt und frisch bereift, macht er anschließend sofort gewaltig Druck. Bis zu diesem Zeitpunkt hatte Hill die schnellste Runde des Rennens – in 1.20,6 Minuten – gedreht. Jetzt drückt der Kerpener den Bestwert auf 1.20,2 und läßt eine Runde in 1.20,5 folgen. All das, während Hill im Verkehr steckt. Als auch er auf seinen ersten Stopp zurückblickt, hat sich das Bild komplett gewandelt: Aus der knappen Führung ist ein Acht-Sekunden-Rückstand geworden.

Das Rennen ist entschieden! So sieht es jedenfalls Schumacher, der später zu Protokoll gibt: »Ich wußte, daß ich schneller als er fahren konnte, sobald ich freie Bahn hatte.« Hill beurteilt die Lage vergleichbar: »Keine Frage – ich konnte sein Tempo nicht mitgehen.«

In der Not muß sich Damon Hill vor dem zweiten Halt verbal mit seiner Boxen-Crew auseinandersetzen. Inzwischen hat sich der Himmel zugezogen. Vereinzelte dicke Regentropfen fallen. Ein Wolkenbruch würde niemand überraschen, entsprechend wollen die Williams-Verantwortlichen der Startnummer fünf Regenreifen montieren. Der sträubt sich über Sprechfunk. Hill: »Wir stritten lange und einigten uns erst, als ich bereits im Gefälle vor der Boxeneinfahrt war.«

Die beiden Titelaspiranten nach getaner Arbeit im Parc fermé

Williams-Konstrukteur Patrick Head erklärt das Dilemma: »Der Zeitpunkt war wegen des drohenden Regens denkbar ungünstig. Wir hätten eine weitere Runde gebraucht, um die Situation besser abchecken zu können. Aber Damon mußte zum Tanken reinkommen, denn beim ersten Stopp hatten wir ihm sechs Kilo Sprit weniger verpaßt, als eigentlich geplant.«
Als auch Schumacher Service machen läßt, bleibt er mit 14 Sekunden Vorsprung in Front. Später zieht er seinem Gegner noch weiter davon, denn noch einmal türmen sich dunkle Wolken auf, und der Deutsche will sich ein Zeitpolster aufbauen, um gegebenenfalls auf Regenreifen umrüsten zu können, ohne die Führung zu riskieren.
Anders als der Kampf um den Sieg bleibt der Fight um den dritten Podiumsplatz bis ins Ziel offen. Hart bedrängt Martin Brundle, als einziger mit einer Drei-Stopp-Taktik unterwegs, in der Schlußphase David Coulthard. Der hat nur einen Gedanken im Kopf: Nach der Pleite von Montreal darf er sich keinen weiteren Abflug erlauben! In der Nacht vor dem Rennen träumte der Schotte, er würde sich in der Zielkurve drehen und dabei den Motor abwürgen. Der Williams-Fahrer: »Mir war klar, daß Martin in der Schlußrunde ausgerechnet in diesem Eck versuchen würde, eine Entscheidung zu erzwingen.« Tatsächlich setzt der Ligier-Pilot alles auf eine Karte, bremst extrem spät. Coulthard tut es ihm gleich, verliert seinen Boliden beinahe aus der Kontrolle, doch die Realität weicht vom Traum ab – er meistert die kritische Situation und wird als dritter abgewinkt.
Montreal-Sieger Jean Alesi fehlt als fünftem im Ziel beinahe eine komplette Runde. Kein Grip, falsche Motorabstimmung – es ist nicht der Tag von Ferrari. Berger verlor wieder einmal ein Rennen an den Boxen: Sein erster Stopp verlief als Desaster, weil der Tank-Einfüllstutzen klemmte! Das Pech des Tirolers und Herberts Ausfall sind die einzigen Ereignisse, von denen Heinz-Harald Frentzen – am Steuer des langsamen Sauber-Ford auf »Erbschaften« angewiesen – profitierte. »Es lief ganz ordentlich«, sagt er im Ziel, »aber niemand fiel aus. Runde um Runde zeigte man mir die Angabe P10 auf der Signaltafel – ich konnte schon nicht mehr hinsehen. Bei normalem Rennverlauf – mit entsprechend vielen Ausfällen – wäre ich mit Sicherheit in die Punkte gefahren.«
Michael Schumacher schießt sich derweil auf Hill ein. Während der offiziellen Pressekonferenz schwieg der Kerpener den »Moreno-Zwischenfall« aus Runde 13 tot. Jetzt aber redet er sich in kleinem Kreis den Zorn von der Seele: »Das war unsportlich und gefährlich von Hill. Knapp vor mir ging er vom Gas – möglicherweise bremste er sogar! Heute lernte ich sehr viel über seinen Charakter. Wenn er das noch einmal macht, weiß ich, was ich zu tun habe...« Die Frage, ob er denn bereits mit dem Briten über den Vorfall gesprochen habe, beantwortet er mit nur einem Satz: »Ich bin viel zu verärgert, dafür muß ich einen ruhigeren Moment abwarten.« 14 Tage vor dem britischen Grand Prix in Silverstone herrscht damit wieder »Krieg« zwischen dem Weltmeister und dem Vize-Champ. Und die Boulevard-Presse diesseits und jenseits des Ärmel-Kanals wird die Zeit bis zum achten WM-Lauf intensiv nutzen, um die Stimmung zwischen den beiden Rivalen nach Kräften anzuheizen...

ERGEBNISSE UND AUSFÄLLE

1. Michael Schumacher	Benetton-Renault B195-06	1:38.28,429 = 186,332 km/h
2. Damon Hill	Williams-Renault FW17-5	31,309 Sekunden zurück
3. David Coulthard	Williams-Renault FW17-4	1.02,826 Minuten zurück
4. Martin Brundle	Ligier-Mugen JS41-05	1.03,293 Minuten zurück
5. Jean Alesi	Ferrari 412 T2 161	1.17,869 Minuten zurück
6. Rubens Barrichello	Jordan-Peugeot 195/004	1 Runde zurück
7. Mika Häkkinen	McLaren-Mercedes MP4/10B-3	1 Runde zurück
8. Oliver Panis	Ligier-Mugen JS41-03	1 Runde zurück
9. Eddie Irvine	Jordan-Peugeot 195/003	1 Runde zurück
10. Heinz-Harald Frentzen	Sauber-Ford C14-05	1 Runde zurück
11. Mark Blundell	McLaren-Mercedes MP4/10B-1	2 Runden zurück
12. Gerhard Berger	Ferrari 412 T2 157	2 Runden zurück
13. Luca Badoer	Minardi-Ford M195-02	3 Runden zurück
14. Gianni Morbidelli	Footwork-Hart FA16-03	3 Runden zurück
15. Mika Salo	Tyrrell-Yamaha 023-03	3 Runden zurück
16. Roberto Moreno	Forti-Ford FG01-03	6 Runden zurück
Andrea Montermini*	Pacific-Ford PR02/2	10 Runden zurück
Jean-Chr. Boullion	Sauber-Ford C14-04	49. Runde, Antriebswelle
Bertrand Gachot	Pacific-Ford PR02/1	25. Runde, Dreher
Pierluigi Martini	Minardi-Ford M195-03	24. Runde, Antriebswelle
Johnny Herbert	Benetton-Renault B195-03	3. Runde, Unfall
Ukyo Katayama	Tyrrell-Yamaha 023-04	1. Runde, Unfall
Taki Inoue	Footwork-Hart FA16-04	1. Runde, Unfall
Pedro Diniz	Forti-Ford FG01-04	1. Runde, Unfall

* Im Ziel, aber aufgrund der zurückgelegten Distanz nicht gewertet

Schnellste Runde:
(51. Runde) – Michael Schumacher, Benetton-Renault B195, 1.20,218 = 190,730 km/h

BRITISH GRAND PRIX
Silverstone, 16. Juli

Vor Trainingsbeginn reihen sich die Boliden in der Boxengasse auf – vorn Jean Alesi

Der Priory-Crash

Krieg der Worte – Hill bleibt im Training Hausherr – Mercedes mit »Wunderwaffe« – Superstart von Jean Alesi – Erneutes Boxenstopp-Drama für Berger – Hill mit der Brechstange – Barrichello mit Sorgen – Blundells Dreiradfahrt – Herbert rettet seinen Arbeitsplatz durch Sieg – Frank Williams entschuldigt sich – Fangio stirbt

Seit Hills »Bremsmanöver« in Magny-Cours ist die Stimmung gereizt. Schumacher und Hill nutzen gemeinsame Testtage in Silverstone nicht zu einer Aussprache. Man kommuniziert über die Presse. Dabei werden natürlich keine Komplimente ausgetauscht... Mißverständnisse vergiften die Atmosphäre zusätzlich. So wird Hill in deutschen Blättern zitiert, er habe seinen Kontrahenten als »Clown« bezeichnet. Tatsächlich sprach der Engländer davon, der Kerpener sei keine Persönlichkeit, sondern ein »Clone« – ein in der Retorte reproduzierbares Produkt nach dem Geschmack seines Teams und dessen Sponsoren.

Einen Tag vor Beginn des Trainings bemüht sich Hill um eine Versachlichung der Diskussion: »Einige meiner Zitate wurden aus den Archiven geholt, wo sie seit Monaten ruhten. Ich will diese Sätze nicht zurücknehmen, aber heute würde ich sie gar nicht mehr aussprechen.« Ex-Champion Alain Prost befürchtet, die verbale Auseinandersetzung der beiden Titelaspiranten könne sich auf die Piste verlagern. Der Franzose: »Das darf natürlich nicht geschehen, denn dann wird's gefährlich.« Michael Schumacher warnt, den Streit zu dramatisieren. Dabei wird deutlich, daß er den Zwist als standesgemäßes Ritual betrachtet. »Wir kämpfen um den Titel – klar, daß wir uns nicht besonders mögen!« Sprich: Die Dauerfehden ehemaliger Formel 1-Größen wie Alain Prost, Ayrton Senna, Nelson Piquet und Nigel Mansell üben auf die aktuellen Giganten eine zweifelhafte Vorbildfunktion aus...

Ab Freitagmorgen regieren endlich wieder die Stoppuhren! 37000 Zuschauer haben sich versammelt – mehr als je zuvor am ersten Trainingstag in Silverstone. Trotz aerodynamischer Modifikationen des 412 T2 spielt Ferrari nur eine Nebenrolle. Hill und Schumacher machen den Kampf um die Pole-Position erneut unter sich aus, und im freien Training hat der Kerpener die Nase mit drei Hundertstelsekunden vorn. Der »Platzhirsch« scheint seine Vorjahrsshow, als er sich den besten Startplatz sicherte, nicht wiederholen zu können, zumal Schumacher zu Beginn des Qualifying sogar auf zwei Zehntel davonzieht. Der Williams-Pilot hängt bei 1.29,3 Minuten fest, als scheinbar die Entscheidung fällt: Der Weltmeister fliegt in 1.28,3 Minuten nach Stowe und zu-

Hill biegt nach dem Start bei Copse ein. Dahinter quetscht sich Jean Alesi überraschend an Michael Schumacher vorbei

GROSSER PREIS VON ENGLAND (Silverstone Circuit)

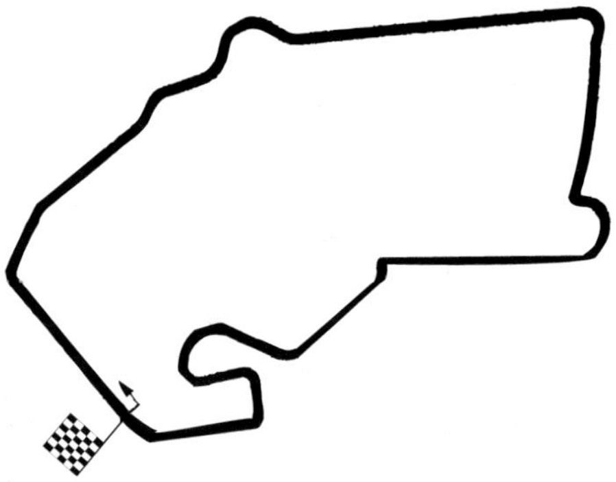

STRECKE

Ort und Datum	Silverstone, 16. Juli
Wetter	sehr warm, bedeckt
Streckenlänge	5,057 km
Runden	61
Renndistanz	308,477 km
Bestehender Rundenrekord	1.27,100 = 209,014 km/h Damon Hill, Williams-Renault FW16 GP 1994
GP-Sieger 1994	Damon Hill, Williams-Renault FW16 1:30.03,640 = 202,143 km/h

TRAININGSZEITEN

			14. Juli	15. Juli
1.	Damon Hill	Williams-Renault FW17	1.28,124◂	1.48,800
2.	Michael Schumacher	Benetton-Renault B195	1.28,397◂	1.48,204
3.	David Coulthard	Williams-Renault FW17	1.28,947◂	1.48,012
4.	Gerhard Berger	Ferrari 412 T2	1.29,657◂	1.51,818
5.	Johnny Herbert	Benetton-Renault B195	1.29,867◂	1.55,011
6.	Jean Alesi	Ferrari 412 T2	1.29,874◂	1.48,205
7.	Eddie Irvine	Jordan-Peugeot 195	1.30,083◂	1.51,045
8.	Mika Häkkinen	McLaren-Mercedes MP4/10B	1.30,140◂	–
9.	Rubens Barrichello	Jordan-Peugeot 195	1.30,354◂	1.49,152
10.	Mark Blundell	McLaren-Mercedes MP4/10B	1.30,453◂	ohne Zeit
11.	Martin Brundle	Ligier-Mugen JS41	1.30,946◂	1.49,414
12.	Heinz-H. Frentzen	Sauber-Ford C14	1.31,602◂	1.51,059
13.	Olivier Panis	Ligier-Mugen JS41	1.31,842◂	1.51,657
14.	Ukyo Katayama	Tyrrell-Yamaha 023	1.32,087◂	1.52,054
15.	Pierluigi Martini	Minardi-Ford M195	1.32,259◂	2.13,471
16.	Jean-Christophe Boullion	Sauber-Ford C14	1.33,166◂	1.51,086
17.	Max Papis	Footwork-Hart FA16	1.34,154◂	1.53,097
18.	Luca Badoer	Minardi-Ford M195	1.34,556◂	1.50,959
19.	Taki Inoue	Footwork-Hart FA16	1.35,323◂	–
20.	Pedro Diniz	Forti-Ford FG01	1.36,023◂	ohne Zeit
21.	Bertrand Gachot	Pacific-Ford PR02	1.36,076◂	–
22.	Roberto Moreno	Forti-Ford FG01	1.36,651◂	1.56,374
23.	Mika Salo	Tyrrell-Yamaha 023	–	1.48,639◂
24.	Andrea Montermini	Pacific-Ford PR02	–	1.52,398◂

STARTAUFSTELLUNG

5 Damon Hill 1.28,124
1 M. Schumacher 1.28,397
6 David Coulthard 1.28,947
28 Gerhard Berger 1.29,657
2 Johnny Herbert 1.29,867
27 Jean Alesi 1.29,874
15 Eddie Irvine 1.30,083
8 Mika Häkkinen 1.30,140
14 Rubens Barrichello 1.30,354
7 Mark Blundell 1.30,453
25 Martin Brundle 1.30,946
30 H.-H. Frentzen 1.31,602
26 Olivier Panis 1.31,842
3 Ukyo Katayama 1.32,087
23 Pierluigi Martini 1.32,259
29 Jean-Chr. Boullion 1.33,166
9 Max Papis 1.34,154
24 Luca Badoer 1.34,556
10 Taki Inoue 1.35,323
21 Pedro Diniz 1.36,023
16 Bertrand Gachot 1.36,076
22 Roberto Moreno 1.36,651
4 Mika Salo 1.48,639
17 Andrea Montermini 1.52,398

ruck – selbst die Hill-Fans lassen nun ihre Fahnen sinken.
Sie wissen nicht, daß ihr Idol den letzten Versuch mit neuem Set-up bezüglich der Federn, aber auf alten Reifen fuhr. Sieben Minuten vor Ende der Sitzung läßt Hill frische Pneus aufziehen und rollt auf die Piste, um das Unmögliche möglich zu machen. Er schafft es tatsächlich: Gut zwei Zehntel ist er schneller als Schumacher, und jetzt spricht er über seine Gedanken vor dieser Chaos-Runde: »Als Michael um eine Sekunde davonfuhr, war mir klar, daß ich die Schraube gewaltig anziehen muß. Ich wußte genau, daß ich noch schneller fahren kann – ich mußte lediglich noch etwas tiefer graben und ein größeres Risiko eingehen.« Die Rechnung ging tatsächlich auf. Einige Male stand der Williams leicht quer, und ausgangs der letzten Kurve rumpelte Hill bedrohlich über die Kerbs. »Da kannst du gar nichts machen«, erklärt er mit stolzem Lächeln, »lupfen kannst du nicht, nur hoffen, nicht völlig aufs Gras zu fliegen...«
Als Schumacher Bilanz zieht, stellt er den fairen Ablauf des Duells in den Vordergrund: »Er hätte mir eine schnelle Runde verderben können, ich ihm ebenfalls. Aber wir machten uns gegenseitig Platz. Von einem Krieg Hill contra Schumacher kann also nicht die Rede sein.« Den Kampf um den besten Startplatz – »Morgen kann alles ganz anders aussehen« – hat der Rheinländer noch nicht aufgegeben. Aber ein Morgen gibt es nicht. Zumindest was die Qualifying-Zeiten betrifft. Am zweiten Tag ist die Piste mittags naß. Verbesserungen sind nicht möglich: Entsprechend wenig bekommt das zahlende Publikum geboten. Prompt beginnt wieder einmal die Diskussion über den Standard-Zeitplan der GP-Wochenenden. FIA-Präsident Max Mosley und seine Mannen denken laut darüber nach, künftig freitags die ungezeiteten Sitzungen durchzuführen und einen Tag später das Qualifying.

Hinter Alesis Ferrari verliert Schumacher zu Beginn des Rennens viel Zeit. Coulthard verfolgt das rot-blaue Pärchen

Damit könnte das Wetter praktisch keine dramaturgischen Patzer mehr verursachen.
Sonntags steht während des Warm-up unerwartet McLaren im Mittelpunkt des Interesses: Mika Häkkinen fährt Bestzeit. Die Gala-Nummer verdankt der Finne einer neuen Motor-Spezifikation Mario Illiens, die 36 Stunden zuvor angeliefert wurde. Eigentlich sollte der

Die Spannung hat den Höhepunkt erreicht – der Titelverteidiger führt, aber sein Herausforderer übt gewaltigen Druck aus

verbesserte V10 im Abschlußtraining glänzen. Nachdem der Regen diesen Plan zunichte machte, gehen Ron Dennis und Norbert Haug jetzt aufs Ganze: Möglichen Kinderkrankheiten zum Trotz wird das neue Power-Paket in die GP-Schlacht geworfen.

Vier Stunden später schießt Jean Alesi mit einem sensationellen Start auf den ersten Metern vom sechsten auf den zweiten Platz vor. Zwischen Hill, der die Pole-Position optimal nutzt, und Schumacher bremst sich der Franzose vor Copse Corner ein. »Brillant«, denkt Hill nach dem ersten Blick in den Rückspiegel, »vielen Dank – vielen Dank!« Dank des roten »Puffers« zwischen ihm und seinem Widersacher flüchtet der Liebling der einheimischen Fans erfolgreich nach vorn: 1,1 Sekunden trennen ihn nach dem ersten Umlauf von dem Blitzstarter. Anschließend wächst der Vorsprung von Runde zu Runde unaufhaltsam – 2,1 – 3,3 – 4,7 – 6,2 Sekunden. Nur kurzfristig, so erinnert sich Hill später, wundert er sich darüber, daß der Deutsche keinen Weg an Alesi vorbeifindet. Dann ist ihm klar: Anders als er selbst, der zweimal halten will, ist der Rheinländer mit einer Ein-Stopp-Taktik unterwegs. Der Benetton ist zu schwer.

Zu diesem Zeitpunkt ist Eddie Irvine bereits aus dem Rennen. Der Name des Iren, der schon 1994 in Silverstone wenig Freude hatte, taucht als erster in

Die Sekunde des Priory-Anschlags! Hill rammt Schumacher, was der gegenseitigen – ohnehin extrem geringen – Sympathie noch mehr schadet...

der Ausfall-Liste auf, nachdem der Peugeot-V10 in seinem Rücken überhitzte. Irvine ist aufgebracht: »Nach der 94er-Pleite war es das Mindeste, den Wagen bis ins Ziel zu bringen.« Auch andere erleben Dinge, die ihnen grundsätzlich bekannt sind: Olivier Panis und Rubens Barrichello werden des Frühstarts überführt, was beiden Zehn-Sekunden-Strafen einbringt. Ausnahmsweise gehört Johnny Herbert nicht dem Kreis der Voreiligen an. Es ist ganz typisch für den Humor des Briten, daß er diese Tatsache nach dem Rennen mit einem Scherz kommentiert: »Ich kam ohne Strafe von der Linie weg – das ist ein Bonus, der definitiv hilfreich ist.«

Das Ende des 18. Umlaufs bringt für Michael Schumacher die Erlösung von Alesi, der zum Service-Halt in die Boxengasse abbiegt. Hill fährt vorn inzwischen mit einem auf 20,5 Sekunden angewachsenen Vorsprung. Alles spricht für einen ultraspannenden Ausgang des Rennens, denn von Alesi befreit, beginnt der Deutsche damit, Boden auf Hill gutzumachen.

Überraschungssieger Johnny Herbert freut sich über seinen ersten GP-Triumph

Nach 20 Runden kommt Gerhard Berger als zweiter der Spitzen-Piloten zum Service an die Boxen. Wegen Kupplungsproblemen war der Tiroler beim Start vom vierten auf den neunten Platz zurückgefallen. Jetzt liegt er auf Rang fünf und hofft wieder. Ausnahmsweise wird er schnell abgefertigt. Nach 12,4 Sekunden Stillstand gibt er wieder Gas. Weit kommt er allerdings nicht: Das linke Vorderrad wurde nicht korrekt montiert und droht, sich deshalb zu lösen... Berger muß aufgeben und wettert: »Schon wieder ein Boxenstopp, der mich das Rennen kostete.«

Dann der erste Führungswechsel. Hill holt Sprit und Gummis. Seiner Taktik entsprechend, bleibt der Weltmeister vorläufig draußen auf der Piste. Innerhalb von sieben Umläufen baut Schumacher den Abstand auf Hill von 9,7 auf glatte zwölf Sekunden aus. Das reicht nicht, um beim Boxenstopp die Spitze verteidigen zu können. Nach 31 Runden kommt er 'rein, »parkt« 13,4 Sekunden lang – es gilt, den Sprit für die komplette Restdistanz zu bunkern – und jagt wieder los. Das Rennen tritt jetzt in eine vorentscheidende Phase.

Hill liegt erwartungsgemäß wieder in Front, und der Titelverteidiger hat zunächst die schlechteren Karten. Der Spitzenreiter fährt das leichtere Auto, aber immerhin rollt Schumacher nun auf frischen Pneus. Gut fünf Runden lang bringen die neuen Gummis Vorteile, dann bieten sie »normalen« Grip. Um vorn bleiben zu können, muß Hill seinen Vorsprung auf circa 27 Sekunden ausbauen. 20,6 Sekunden Abstand bilden die Ausgangslage und nur mühsam kann der Vorjahrssieger das Zeitpolster vergrößern: 21,3 – 22,1 – 22,6 Sekunden. Es zeichnet sich ab, daß Hills Plan nicht aufgehen wird...

Als er seine Mechaniker erneut beschäftigt, trennen ihn nur 25,5 Sekunden vom »Erzfeind«, der just in dem Moment vorüberfliegt, als sich der Brite wieder in den Verkehr auf der Piste einfädelt.

Das Publikum hält den Atem an. Den knapp 100000 Fans vor Ort und den Millionen vor den heimischen Fernsehern wird ein Wunsch erfüllt: Sie werden Zeugen des direkten Duells der Titelanwärter in der Entscheidungsphase des Grand Prix: 19 Runden sind noch zu fahren.

Jetzt hat Hill den kurzfristigen Gummivorteil – das Wagengewicht ist praktisch identisch: Beide führen Sprit-

Mark Blundell schleppt sich auf drei Rädern in Richtung Ziel

vorräte im Tank, die bis zur Zieldurchfahrt reichen. Mit 0,4 Sekunden Vorsprung rettet sich Schumacher in die 45. Runde. Immer wieder blockieren beim Anbremsen der Kurven die Vorderräder des Benetton. Schumacher zieht alle Register seines Könnens. Einen Umlauf später trennen 0,7 Sekunden die beiden erstplazierten Piloten. Hills Pneus beginnen sich zu »normalisieren«. Er weiß genau, daß er nicht mehr lange fackeln darf, wenn er den Triumph des Vorjahrs wiederholen will und setzt entsprechend in Runde 46 alles auf eine Karte. In der Priory Corner wagt er eine Verzweiflungs-Attacke und... kollidiert mit dem Benetton. Beide Autos landen im Kies!
Schumacher ist wütend und spricht von einem »unnötigen Manöver«, einer »zu hitzigen Aktion«: »Er wollte sein Heim-Rennen gewinnen, das ist verständlich – aber er war zu ungeduldig. So gewinnt man keine Grand Prix und auch keinen Titel.«
Der Vorjahrssieger spielt den Zwischenfall herunter: „Mehrmals bremste Michael zuvor so spät, das sein Reifengummi brannte. Er spürte den Druck, und diese Chance mußte ich nutzen. Ich griff auf der Innenseite an, da zog er seinen Benetton in meine Linie, als würde ich gar nicht existieren. Der kann mir nicht erzählen, er hätte mich nicht gesehen...« Mit dieser Aussage konfrontiert, »explodiert« Schumacher: »Klar wußte ich, daß er knapp hinter mir lag, aber ich schaute nicht in die Spiegel. Weshalb hätte ich es tun sollen? Dort kann man nicht überholen! Es wäre so leicht gewesen, ihn auszutricksen – hätte ich kurz aufgemacht und ihn vorbeigelassen, er wäre in den Kies gesegelt, denn er fuhr viel zu schnell.«
Hills Chef Frank Williams schlägt sich auf die Seite des Deutschen: Nach dem Rennen entschuldigt er sich persönlich bei Schumacher für die Fahrweise seines Piloten. Team-intern fällt der Kurs der »Hill-Aktien«, und das Klima hat seinen Tiefpunkt noch lange nicht erreicht.
Der Ausfall der beiden Spitzenreiter bringt das Duo Herbert/Coulthard in Front. Das Publikum wird damit »seinen« britischen Sieg bekommen, auch wenn der Name des Gewinners nicht den Erwartungen entspricht. Johnny Herbert erfährt über eine der großen Videowände, daß er der neue Spitzenreiter ist und lobt später diese Einrichtungen. David Coulthard stimmt ihm mit Einschränkungen zu: »Klar, die Wände sind gut. Aber ich haßte sie, als ich las, daß ich zu einer Zehn-Sekun-

den-Strafe verurteilt worden war...« Kurzfristig hofft der Schotte, sein Team vergesse, ihm offiziell Nachricht von der Strafe zu geben. Vergeblich. Coulthard – »Meine Anzeige im Cockpit funktionierte nicht« – muß wegen Überschreitens des Speedlimits in der Boxengasse büßen.

Damit ist der Weg für Herbert, der zuvor den Gegner nach kurzer Kabbelei hatte vorbeiziehen lassen, frei. Gefahr droht ihm jetzt nur noch von Jean Alesi, aber der wird durch seine Boxencrew zurückgepfiffen. Per Telemetrie wird ein maroder Öldruck registriert: Der Franzose muß das Tempo drosseln, um Platz zwei sicher heimfahren zu können.

Der letzte Höhepunkt des Rennens ereignet sich, als Rubens Barrichello im Verlauf der vorletzten Runde eingangs Abbey auf Mark Blundells McLaren prallt. Der Brasilianer ist spätestens seit seinem ersten regulären Boxenstopp gestreßt. Bremsend war er in die Gruppe der wartenden Mechaniker gerutscht und hatte dabei Phil Howell von den Beinen gerissen. Der kam mit einem Schock davon, doch Barrichello hielt die gute – per Funk erhaltene – Nachricht nur für eine Beruhigungsmaßnahme. Jetzt kämpft er mit Blundell um Platz vier, als das Mißgeschick passiert. Der Südamerikaner: »Zweimal hatte er vor mir hart gebremst. Dann lud er mich ein, zog dann aber so schnell nach links, daß ich keinerlei Chance hatte auszuweichen.« Ohne Vorderräder ist der Jordan augenblicklich aus dem Rennen.

Blundell holpert auf drei Rädern – hinten links hat sich der Gummi von der Felge gelöst – noch einmal in 2.21,5 Minuten um den Kurs und muß seinen Platz kampflos an Olivier Panis abtreten, der den Havaristen mühelos vernascht. Dem Dreiradfahrer bleibt Rang fünf. Einen Platz dahinter kreuzt Heinz-Harald Frentzen die Linie, der den WM-Punkt Barrichellos Pech verdankt.

Kurz nach der Zieldurchfahrt setzt ein Wolkenbruch das Fahrerlager unter Wasser, und auch bei Michael Schumacher fällt das Barometer: Die Funktionäre brummen ihm offiziell 50 Prozent der Schuld am Crash mit Hill auf. Beide Piloten, wie auch die Beteiligten an der Abbey-Karambolage, werden verwarnt. Johnny Herbert ficht das nicht an. Er, der im August 1988 nach einem schweren F3000-Unfall in Brands Hatch mit zerschmetterten Beinen vor dem Ende seiner Karriere stand, feiert bis spät am Abend im Fahrerlager. Er freut sich über den Sieg und über die Rettung seines Arbeitsplatzes. Auch wenn es Teamchef Flavio Briatore nicht bestätigen will: Jos Verstappen sollte Herberts Cockpit in der zweiten Saisonhälfte übernehmen, falls der Brite in Silverstone nicht überzeugt hätte.

In die Fahrerlager-Party platzt eine Schreckensnachricht aus Buenos Aires: Juan-Manuel Fangio, so heißt es, sei tot. Glücklicherweise wird die Meldung 30 Minuten später widerrufen. Aber die Erleichterung hält keine 24 Stunden an. Einen Tag nach dem GP von England stirbt der 84jährige fünfmalige Ex-Champion tatsächlich. Geschwächt durch sein schweres Nierenleiden, fehlt die Kraft, eine Lungenentzündung zu überstehen. Die Formel 1-Welt trauert um den Maestro, der fast das komplette erste Jahrzehnt der 1950 ins Leben gerufenen Fahrer-WM beherrschte.

ERGEBNISSE UND AUSFÄLLE

1.	Johnny Herbert	Benetton-Renault B195-05	1:34.35,093 = 195,682 km/h
2.	Jean Alesi	Ferrari 412 T2 161	16,479 Sekunden zurück
3.	David Coulthard	Williams-Renault FW17-5	23,888 Sekunden zurück
4.	Olivier Panis	Ligier-Mugen JS41-03	1.33,168 Minuten zurück
5.	Mark Blundell	McLaren-Mercedes MP4/10B-1	1.48,172 Minuten zurück
6.	Heinz-Harald Frentzen	Sauber-Ford C14-05	1 Runde zurück
7.	Pierluigi Martini	Minardi-Ford M195-03	1 Runde zurück
8.	Mika Salo	Tyrrell-Yamaha 023-05	1 Runde zurück
9.	Jean-Christophe Boullion	Sauber-Ford C14-04	1 Runde zurück
10.	Luca Badoer	Minardi-Ford M195-02	1 Runde zurück
11.	Rubens Barrichello*	Jordan-Peugeot 195/004	2 Runden zurück/Unfall
12.	Bertrand Gachot	Pacific-Ford PR02/1	3 Runden zurück
	Roberto Moreno	Forti-Ford FG01-03	49. Runde, Motor
	Michael Schumacher	Benetton-Renault B195-06	46. Runde, Unfall
	Damon Hill	Williams-Renault FW17-4	46. Runde, Unfall
	Max Papis	Footwork-Hart FA16-03	29. Runde, Unfall
	Ukyo Katayama	Tyrrell-Yamaha 023-06	23. Runde, Benzinmangel
	Andrea Montermini	Pacific-Ford PR02/2	22. Runde, Dreher
	Mika Häkkinen	McLaren-Mercedes MP4/10B-5	21. Runde, Hydraulik
	Gerhard Berger	Ferrari 412 T2 162	21. Runde, Rad locker, vo. li.
	Martin Brundle	Ligier-Mugen JS41-05	17. Runde, Dreher
	Taki Inoue	Footwork-Hart FA16-04	17. Runde, Dreher
	Pedro Diniz	Forti-Ford FG01-04	14. Runde, Getriebe
	Eddie Irvine	Jordan-Peugeot 195/005	3. Runde, Motor überhitzt

* Nicht im Ziel, aber aufgrund der zurückgelegten Distanz gewertet

Schnellste Runde:
(37. Runde) – Damon Hill, Williams-Renault FW17, 1.29,752 = 202,838 km/h

GROSSER PREIS VON DEUTSCHLAND
Hockenheim, 30. Juli

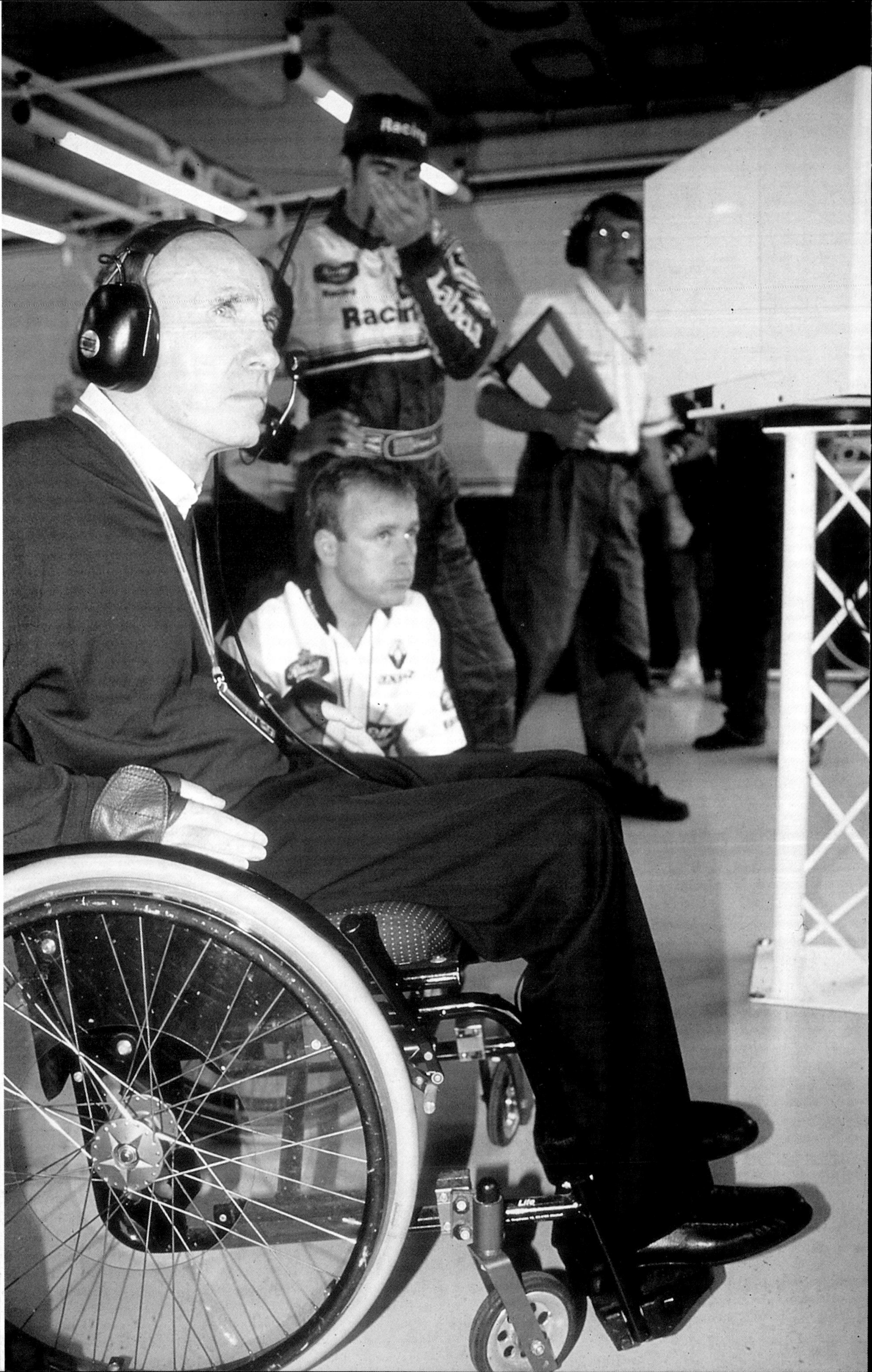

Gespannt verfolgt
Teamchef Frank Williams
das Training

Schumachers Traum wird wahr

Ecclestone-Rüffel für Hill – Versteckspiel mit den Fans – Neuling ohne Vorschuß-Lorbeer – 500 U/min für Frentzen und Boullion – Coulthard im Zwiespalt – Händedruck und Ohnmachtsanfall – Hill-Tief in der Nordkurve – Berger trotzt Zehn-Sekunden-Handicap – Schumachers Triumph-Fahrt – Run auf Tickets nach vier Wochen beendet

Hinter den Kulissen brodelt es gewaltig, während die ersten Fans bereits Tage vor Trainingsbeginn Motorhomes und Zelte am Hockenheimring beziehen. Die britische Presse ging im Anschluß an das Silverstone-Wochenende nicht gerade zimperlich mit Damon Hill um, und der spürt deshalb unerwartet das Wasser am Hals stehen... In seiner Not ruft er Bernie Ecclestone an und bittet ihn um Rat. Der F1-Drahtzieher, der rund um die Uhr pro Sekunde umgerechnet um zwei Mark reicher wird, hilft gern. Hill solle, so der Geld-Magnet, die Schuld für die Karambolage auf seine Kappe nehmen und sich bei Michael Schumacher entschuldigen. Der Williams-Pilot bedankt sich für die gebührenfreie Auskunft und legt den Hörer auf.

In die Tat setzt er die Ecclestone'sche Empfehlung anschließend nicht um. Stattdessen bietet er Schumacher ein Versöhnungsgespräch an. Während der Präsentationsrunde vor dem Start in Hockenheim, so läßt er den Deutschen auf dem Umweg über ein Zeitungsinterview wissen, solle man einen der Oldtimer teilen, um sich aussprechen zu können. Schumacher signalisiert donnerstags im Fahrerlager seine Zustimmung – nicht ohne hinzuzufügen: »Das Angebot zeigt, daß er sich schuldig fühlt.« Natürlich dauert es keine fünf Minuten, und der Kommentar des Kerpeners wird Hill durch »reitende Boten« übermittelt. Trotz des hochsommerlichen Wetters sinken daraufhin die Temperaturen im Williams-Motorhome. »Wenn er das so sieht«, erklärt Hill mit Frostkristallen an den Stimmbändern, »vergeht mir schon wieder die Lust, mit ihm zu sprechen.« Wenig später wird das Thema zu den Akten gelegt: Bernie Ecclestone untersagt das Meeting an Bord des Oldtimers. Damit nicht genug. Der FIA-Vizepräsident geht zum Angriff gegen Hill über. Dumm und feige sei der Williams-Pilot. Er solle sich vor einer Wiederholung des Silverstone-Crashs hüten, sonst würde er gesperrt. Die Verbal-Attacke ist seine Retour-Kutsche wegen Nichtbefolgens des telefonischen Ratschlags. Ecclestone: »Er hätte mir sagen sollen, daß ihm mein Vorschlag nicht gefällt! Aber sich zu bedanken und dann nichts zu unternehmen...«

Der Vizemeister reagiert trotzig auf die Schelte: »Ich habe mir das Regelbuch noch einmal vorgenommen und fand keinen Hinweis, der Mister Ecclestones Drohung rechtfertigt.«

Nicht nur Hill ist gereizt. Bei Ferrari tritt sich Jean Alesi auf die Unterlippe. Vor 24 Stunden teilte ihm die Team-Führung mit, daß die Scuderia 1996 keine Verwendung mehr für ihn habe...

Damon Hill verliert in der Nordkurve die Kontrolle über seinen FW17

GROSSER PREIS VON DEUTSCHLAND (Hockenheimring)

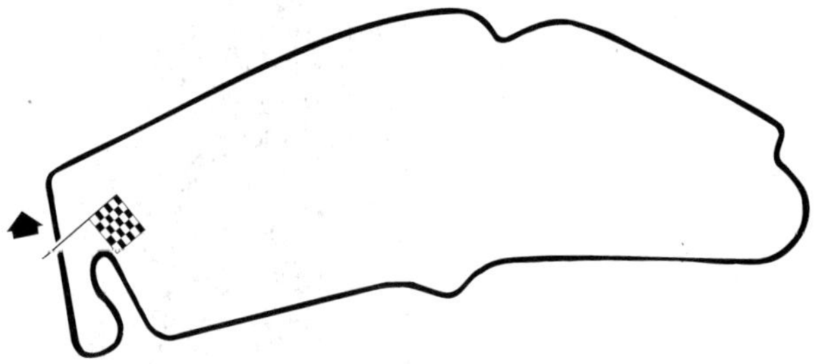

STRECKE

Ort und Datum	Hockenheim, 30. Juli
Wetter	sonnig, heiß
Streckenlänge	6,823 km
Runden	45
Renndistanz	307,035 km
Bestehender Rundenrekord	1.46,211 = 231,264 km/h David Coulthard, Williams-Renault FW16B GP 1994
GP-Sieger 1994	Gerhard Berger, Ferrari 412 T1B 1:22.37,272 = 222,970 km/h

TRAININGSZEITEN

			28. Juli	29. Juli
1.	Damon Hill	Williams-Renault FW17	1.44,932	1.44,385◂
2.	Michael Schumacher	Benetton-Renault B195	1.45,505	1.44,465◂
3.	David Coulthard	Williams-Renault FW17	1.45,306	1.44,540◂
4.	Gerhard Berger	Ferrari 412 T2	1.46,482	1.45,553◂
5.	Rubens Barrichello	Jordan-Peugeot 195	1.48,203	1.45,765◂
6.	Eddie Irvine	Jordan-Peugeot 195	1.46,916	1.45,846◂
7.	Mika Häkkinen	McLaren-Mercedes MP4/10B	1.46,291	1.45,849◂
8.	Mark Blundell	McLaren-Mercedes MP4/10B	1.47,854	1.46,221◂
9.	Johnny Herbert	Benetton-Renault B195	1.46,381	1.46,315◂
10.	Jean Alesi	Ferrari 412 T2	1.46,356◂	1.46,475
11.	Heinz-H. Frentzen	Sauber-Ford C14	1.47,769	1.46,801◂
12.	Olivier Panis	Ligier-Mugen JS41	1.47,372◂	1.47,528
13.	Mika Salo	Tyrrell-Yamaha 023	1.49,505	1.47,507◂
14.	Jean-Christophe Boullion	Sauber-Ford C14	1.48,526	1.47,636◂
15.	Max Papis	Footwork-Hart FA16	1.49,621	1.48,093◂
16.	Luca Badoer	Minardi-Ford M195	1.50,409	1.49,302◂
17.	Ukyo Katayama	Tyrrell-Yamaha 023	1.56,518	1.49,402◂
18.	Aguri Suzuki	Ligier-Mugen JS41	2.04,193	1.49,716◂
19.	Taki Inoue	Footwork-Hart FA16	1.50,451	1.49,892◂
20.	Pierluigi Martini	Minardi-Ford M195	1.51,368	1.49,990◂
21.	Pedro Diniz	Forti-Ford FG01	1.54,303	1.52,961◂
22.	Roberto Moreno	Forti-Ford FG01	1.53,456	1.53,405◂
23.	Andrea Montermini	Pacific-Ford PR02	1.53,492◂	disqual.
24.	Giovanni Lavaggi	Pacific-Ford PR02	1.54,625◂	1.56,335

STARTAUFSTELLUNG

5 Damon Hill 1.44,385	
	1 M. Schumacher 1.44,465
6 David Coulthard 1.44,540	
	28 Gerhard Berger 1.45,553
14 Rubens Barrichello 1.45,765	
	15 Eddie Irvine 1.45,846
8 Mika Häkkinen 1.45,849	
	7 Mark Blundell 1.46,221
2 Johnny Herbert 1.46,315	
	27 Jean Alesi 1.46,356
30 Heinz-Harald Frentzen 1.46,801	
	26 Olivier Panis 1.47,372
4 Mika Salo 1.47,507	
	29 Jean-Chr. Boullion 1.47,636
9 Max Papis 1.48,093	
	24 Luca Badoer 1.49,302
3 Ukyo Katayama 1.49,402	
	25 Aguri Suzuki 1.49,716
10 Taki Inoue 1.49,892	
	23 Pierluigi Martini 1.49,990
21 Pedro Diniz 1.52,961	
	22 Roberto Moreno 1.53,405
17 Andrea Montermini 1.53,492	
	16 Giovanni Lavaggi 1.54,625

Der Kanada-Sieger ist beleidigt und auf seinen Noch-Arbeitgeber gar nicht gut zu sprechen.
Die beiden deutschen Piloten haben andere Sorgen. Schumacher und Frentzen schmieden Pläne, wie sie – unbehelligt von Autogrammjägern – das Fahrerlager betreten und wieder verlassen können. Der Mönchengladbacher scherzt: »Ich komme als Schumacher-Fan verkleidet auf Rollschuhen.« Letztlich wird er sich für den »Kofferraumtrick« entscheiden. Schumacher hingegen spielt vier Tage lang den »Unbekannten Motorradfahrer«: Neutraler Helm auf dem Kopf, eine Honda zwischen den Beinen. Donnerstags läuft es bei der Anreise noch nicht ganz nach Plan. Schumacher-Manager Willi Weber verzichtet als Sozius auf ein dunkles Visier und wird erkannt. Messerscharf schließen die Fans: Wenn hinten der Weber sitzt, dann muß vorn doch der..., aber der gibt schon wieder Gas.
Während der Vortage testete der Weltmeister in Jerez einen neuen Unterboden. Als »Handgepäck« brachte er die Wunderwaffe an Bord seines Privatflugzeugs mit nach Deutschland. Zum Einsatz wird sie nicht kommen. Wie schon am zurückliegenden Montag, als Schumacher im heimischen Kerpen

Der Brite begreift, daß er zehn mögliche WM-Punkte verschenkt hat

300 geladenen Journalisten nach dem Verzehr von Delikatessen im Wert von 40.000 DM anvertraute, er fühle sich nicht zwingend als Favorit, sagt er jetzt: »Die Williams sind uns überlegen. Sie sind auf den Geraden schneller, ohne – dank des immensen mechanischen grip – in den langsamen Passagen Zeit zu verlieren.« Trotzdem träumt er natürlich vom Heimsieg: »Hier zu gewinnen, wäre das Größte.«
Als Größter fühlt sich Giovanni Lavaggi, der bei Pacific anstelle von Bertrand Gachot ins Lenkrad greift. Dem Italiener geht ein übler Ruf voraus: Ein Dutzend Mal versuchte er sich bisher in der Formel 3000 – zehnmal konnte er sich dabei nicht qualifizieren... Wieder einmal werden die FIA-Kriterien zur Vergabe der Super-Lizenzen in Frage gestellt! Letztlich wird sich Lavaggi allerdings, nicht zuletzt dank des simplen Pisten-Layouts, durchaus achtbar aus der Affäre ziehen.
Schon freitags wird deutlich, daß Ferrari nicht an eine Wiederholung des Vorjahrssieges denken darf. Der einst auf den langen Waldgeraden gefürchtete italienische Zwölfzylinder ist in puncto Power nicht mehr der Maßstab aller Dinge. Bernard Dudots jüngstes Kind – der seit Frankreich eingesetzte

Ein Streckenposten verhindert, daß der geschockte Williams-Fahrer »kopflos« über die Piste läuft

Michael Schumacher im siebten Himmel – als erster Deutscher seit Jochen Rindt im Jahr 1970 hat er den Großen Preis von Deutschland gewonnen

RS7B – macht Williams und Benetton auch auf der Hochgeschwindigkeits-Piste zu Favoriten. Als potent erweisen sich ebenfalls die erneut modifizierten Peugeot-V10 und die letzte Entwicklungsstufe – Häkkinens Silverstone-Motor – aus dem Haus Mercedes respektive Ilmor. Sogar Ford, an der Seite des enttäuschenden Partners Sauber bisher träge auf dem Modifikations-Sektor, ließ sich etwas einfallen: Die Zetec-R von Frentzen und Boullion leisten pro Minute 500 Umdrehungen mehr als bisher. Da hinter der Lebensdauer dieser Achtzylinder allerdings noch ein Fragezeichen steht, werden sie lediglich für die beiden Qualifying-Sitzungen eingebaut.

Im ersten freien Training fliegt Damon Hill im Motodrom von der Piste. Ein gellendes Pfeifkonzert macht ihm anschließend seinen bescheidenen Beliebtheitsgrad deutlich. Der Brite bedankt sich auf seine Art und wirft Kußhändchen ins Publikum. Ganz nach dem Motto »Wer zuletzt lacht...« hält er sich mittags während des ersten Qualifying schadlos und stellt seinen Williams auf die provisorische Pole-Position. Michael Schumacher folgt hinter Coulthard als dritter. Der Rheinländer ist wütend! Offiziell werden die Gründe für die Verstimmung nicht genannt. Aber die Nachricht sickert durch, es habe Ärger mit dem Unterboden gegeben. Die Bodenfreiheit habe weder den Vorstellungen des Champion noch dem Reglement entsprochen. Spa '94 läßt grüßen... Außerdem paßte die Abstimmung des Getriebes nicht. Schumacher: »Morgens im Nassen ließ sich nicht feststellen, ob wir mit der Abstufung richtig liegen. Mittags war dann schnell klar – alle Gänge sind zu lang, speziell der dritte.«

David Coulthard, der als zweiter allen Grund zur Freude hätte, wirkt nachdenklich. »Hoffentlich«, sagt er mit Sorgenfalten auf der Stirn, »regnet es während des Rennens nicht. Heute morgen war's grausam. Auf den Geraden im Wald, dort wo sich die Gischt-Tropfen lange über dem Asphalt halten und die Sicht rauben, kommt man leicht in die Versuchung, Gas wegzunehmen. Dann aber erinnert eine innere Stimme daran, daß man ja schließlich Rennfahrer ist... Während ich anschließend über beide Meinungen nachdachte, überfuhr ich den Bremspunkt der nächsten Schikane.«

Samstags muß die Entscheidung fallen, welcher Pilot des schnellen Renault-Triumvirats – Johnny Herbert ist zu langsam, um ganz vorn mitmischen zu können – den besten Startplatz für sich erobern kann. Morgens zirkulieren nur 23 Autos. Aguri Suzuki, erstmals seit dem GP von San Marino wieder im Einsatz, fehlt. Als Folge eines Unfalls am Vortag litt der Japaner vorübergehend an »Doppelt-Sehen«, was bei Tempo 300 km/h nicht nur aus medizinischer Sicht als hinderlich gilt. Mißverständnisse mit den behandelnden Doktores verzögern Suzukis »Comeback«. Mittags ist die japanische Fraktion mit drei Piloten allerdings wieder komplett.

Mit besserem Set-up im Bereich der Federn und Dämpfer sowie kleineren Modifikationen der Bremsanlage scheint Michael Schumachers Traum von der Pole-Position plötzlich realistische Formen anzunehmen. Der Kerpener dreht eine schnelle Runde, die ihn auf Platz eins katapultiert. 34 Minuten sind noch zu fahren, da schüttelt Hill eine Zeit von 1.44,3 Minuten aus dem Ärmel – damit steht er stolze vier Zehntel vor dem Deutschen. 17 Minuten später schiebt sich auch Coulthard an Schumacher vorbei.

Unmittelbar darauf zeigt Jubel im Motodrom an, daß »Schumi« von einer schnellen Runde aus dem Wald zurückkehrt. Vorn links brennt der Reifen, als er die leicht überhöhte Sachskurve anbremst. Für die Pole reicht's nicht, aber immerhin für einen Platz in der ersten Startreihe. »Es ging besser als erwartet«, sagt der Rheinländer. Mit aufgesetztem Pokerface versucht er, die Enttäuschung zu verbergen und erklärt: »Der Abstimmungs-Kompromiß, der den schnellen Passagen und den Motodrom-Kurven gerecht werden soll, liegt meinem Benetton nicht.«

Damon Hill gesteht einen kleinen Fahrfehler in der Ostkurve ein, der ihm vorübergehend alle Hoffnungen auf den besten Startplatz geraubt hatte. Der Brite: »Im Stadion merkte ich dann, so schlecht ist die Runde gar nicht und legte mich noch einmal mächtig ins Zeug.« Deprimiert hockt David Coulthard in der gegenüberliegenden Ecke der Williams-Box. Kopfschüttelnd gibt er zu Protokoll: »Ich fühlte die Reserven meines Autos und auch die eigenen – leider gelang es mir nicht, diese Potentiale innerhalb einer Runde auszuschöpfen...«

Gerhard Berger, der dienstälteste F1-Pilot, qualifiziert seinen roten Boliden für den Platz neben Coulthards Williams. Reihe drei geht geschlossen an das Team Jordan – Barrichello und Irvine schwärmen von der Power der jüngsten Spezifikation des Peugeot V10. Dahinter eine weitere Team-Phalanx: Die McLaren-Truppe erobert die Startplätze sieben und acht. Für Furore sorgen Blundell und Häkkinen speziell auf den Geraden – niemand fährt schneller durch die Lichtschranke am Bremspunkt der ersten Schikane als das rotweiße Duo aus Woking.

Am Feldende schließlich steht Gio-

Der zweitplazierte Schotte David Coulthard gibt Rubens Barrichello einen Lift zurück zu Start und Ziel

Unter dem Jubel des ausverkauften Motodroms lassen sich Schumacher, Coulthard und Berger feiern

vanni Lavaggi. Der Branchen-Neuling macht seinen Job allerdings besser als erwartet. Im Abschlußtraining ist er mit einem der alten Unterböden von Pacific unterwegs. Lavaggi: »Die Dinger taugen nichts – auf der Piste von Silverstone stellten wir fest, daß die neuen Böden dort Zeitverbesserungen von ungefähr zwei Sekunden pro Runde bringen.«

Sonntags kommt es Minuten vor dem Start zum Händedruck zwischen Damon Hill und Michael Schumacher! Die beiden wünschen sich gegenseitig viel Glück – in einem Fall wird's helfen...

Der Körperkontakt der permanenten Streithähne ist zwar überraschend, doch im Kreis der Augenzeugen gibt es überzogene Reaktionen: Das Mädchen, das in der Startaufstellung die Tafel mit David Coulthards Namenszug hält, fällt wortlos in Ohnmacht.

Alle Hoffnungen Michael Schumachers, er könne den Briten auf den ersten Metern überrumpeln, macht Hill durch einen fehlerfreien Start zunichte. Alles spricht dafür, daß es der Rheinländer sehr schwer haben wird, erstmals seinen Heimat-GP zu gewinnen, denn als die Spitze an den Boxen vorbei in Runde zwei fliegt, registrieren die Stoppuhren bereits einen Vorsprung von 1,2 Sekunden für Hill. Dann aber bricht der Spannungsbogen schlagartig in sich zusammen: Eingangs der Nordkurve stellt sich der Williams des Spitzenreiters quer, schießt über den Kies der Auslaufzone und schlägt hart in die Reifenstapel ein!

Michael Schumacher, der den Abflug seines Gegners »erste Reihe Mitte« miterlebt, hat nur einen Gedanken im Kopf: »So, das war's!«

Während er das Feld unter dem Jubel der Fans in Richtung Ostkurve führt,

schleicht Hill zurück an die Boxen. »Ich kann nicht glauben«, sagt er schockiert, »was passiert ist. Es sah alles so gut aus... Während der letzten Tage fuhr ich die Kurve so oft, daß ich einen Fahrfehler als Ursache ausschließen kann. Ich bewegte mich sicher innerhalb des Limits, als plötzlich die Hinterräder blockierten – vielleicht lag's an der Bremsbalance.«
Schumacher verrät später seine Theorie: »Alle Motoren verlieren im Gedränge nach dem Start in dieser Kurve viel Öl. Bei der nächsten Passage ist speziell dieser Streckenabschnitt sehr tückisch – ich bremse dort eingangs der zweiten Runde immer früher als üblich.« Nachdem es aus der Williams-Box zuerst heißt, der Ausritt sei nicht auf einen Defekt zurückzuführen, erklärt Designer Patrick Head wenige Tage später: »Die linke Halbwelle weist merkwürdige Spuren auf – möglicherweise verursachte sie den Unfall.«
Mit dem frühen Hill-Intermezzo ist die Entscheidung bereits gefallen. Zwar folgt David Coulthard dem Weltmeister mit nur geringem Abstand – eine »Kaffeefahrt« ist es deshalb für Schumacher nicht – aber echte Gefahr geht von dem Schotten nicht aus. Nach dem Rennen gesteht er: »Um Michael anzugreifen, hätte ich über meine Verhältnisse fahren müssen. Aber mit Blick auf mein mageres Punktekonto wollte ich die sechs Zähler für Platz zwei keinesfalls riskieren.«
Absolut ans Limit muß hingegen Gerhard Berger gehen, um seinen Ferrari nach drei Nullrunden wieder auf den »persönlichen Stammplatz« zu pilotieren. Für den Tiroler scheint alles verloren, als er wegen Frühstarts zehn Sekunden an den Boxen »nachsitzen« muß. Dann aber pflügt sich der Vorjahressieger bis auf den Podiumsplatz durchs Feld!
Im Schatten des Triumph-Zugs Michael Schumachers liefert sich Heinz-Harald Frentzen einen sehenswerten Zweikampf mit Silverstone-Sieger Johnny Herbert. Obwohl der Mönchengladbacher einen 70 PS-Nachteil kompensieren muß, hält er sich lange vor dem Benetton-Piloten. In den Kurven muß er alle Register seines Könnens ziehen, und beim Versuch, das Unmögliche möglich zu machen, wird er in Runde 27 im Bereich der Ostkurve zu weit nach außen getragen. Reflexschnell nutzt der Jäger die Chance und zieht an Frentzens Sauber vorbei auf Rang fünf! Aber der Deutsche – »Ich hoffte, den Spieß wieder umdrehen zu können« – läßt sich zunächst nicht abschütteln. In Runde 33 ist das Spiel jedoch aus: Ohne Vorwarnung krepiert der Achtzylinder im Heck des C14.
Aber zwei WM-Punkte gibt es trotzdem für Sauber. Jean-Christophe Boullion, den sie Jules nennen, »erbt« zunächst Frentzens Position. Dann rückt der Mann mit der Jockey-Figur und dem Äußeren, das gleichermaßen an Alain Prost wie an Ayrton Senna erinnert, einen weiteren Platz vor. Mika Häkkinen kommt nur eine Runde weiter als Frentzen. Dann entweicht Luft aus dem pneumatischen Ventilsystem, und der Finne muß aufgeben.
Nach der Zieldurchfahrt wird Schumacher mit geradezu südländischer Begeisterung gefeiert. Dem Sieger – »Ich fühle mich wie im siebten Himmel« – stehen Freudentränen in den Augen. Natürlich ist das Ergebnis nach dem Geschmack des Publikums, das die 96er Auflage des Rennens nun kaum erwarten kann: 24 Stunden später sind bereits 40 000 Tickets für den kommenden Hockenheim-GP abgesetzt, und knapp vier Wochen später melden die Veranstalter: Ausverkauft!

ERGEBNISSE UND AUSFÄLLE

1. Michael Schumacher	Benetton-Renault B195-06	1:22.56,043 = 222,120 km/h
2. David Coulthard	Williams-Renault FW17-5	5,988 Sekunden zurück
3. Gerhard Berger	Ferrari 412 T2 162	1.08,097 Minuten zurück
4. Johnny Herbert	Benetton-Renault B195-05	1.23,436 Minuten zurück
5. Jean-Christophe Boullion	Sauber-Ford C14-05	1 Runde zurück
6. Aguri Suzuki	Ligier-Mugen JS 41-05	1 Runde zurück
7. Ukyo Katayama	Tyrrell-Yamaha 023-06	1 Runde zurück
8. Andrea Montermini	Pacific-Ford PR02/2	3 Runden zurück
9. Eddie Irvine*	Jordan-Peugeot 195/005	4 Runden zurück/Motor
Mika Häkkinen	McLaren-Mercedes MP4/10B-5	34. Runde, Motor
Heinz-Harald Frentzen	Sauber-Ford C14-06	33. Runde, Motor
Luca Badoer	Minardi-Ford M195-02	29. Runde, Getriebe
Giovanni Lavaggi	Pacific-Ford PR02/1	28. Runde, Getriebe
Roberto Moreno	Forti-Ford FG01-03	28. Runde, Antriebswelle
Rubens Barrichello	Jordan-Peugeot 195/004	21. Runde, Motor
Mark Blundell	McLaren-Mercedes MP4/10B-6	18. Runde, Motor
Olivier Panis	Ligier-Mugen JS41-03	14. Runde, Kühlerleck
Jean Alesi	Ferrari 412 T2 161	13. Runde, Motor
Pierluigi Martini	Minardi-Ford M195-03	12. Runde, Motor
Taki Inoue	Footwork-Hart FA16-04	10. Runde, Getriebe
Pedro Diniz	Forti-Ford FG01-02	9. Runde, Bremsen
Damon Hill	Williams-Renault FW17-4	2. Runde, Unfall
Mika Salo	Tyrrell-Yamaha 023-05	1. Runde, Kupplung
Max Papis	Footwork-Hart FA16-03	1. Runde, Getriebe

* Nicht im Ziel, aber aufgrund der zurückgelegten Distanz gewertet

Schnellste Runde:
(22. Runde) – Michael Schumacher, Benetton-Renault B195, 1.48,824 = 225,711 km/h

MAGYARORSZÁG NAGYDÍJ
Mogyoród, 13. August

Unmittelbar nach seinem Ausfall verarbeitet Michael Schumacher die Enttäuschung – seine Mimik spricht Bände

Hill meldet sich zurück

Das Transferkarussell rotiert – Sauber-Piloten verschnupft – Ein Alesi kennt keinen Schmerz – Weltmeisterliche Pirouette – Mehr Respekt bitte – Vorfahrtsrecht à la Corsmit – Hill entkommt dank Coulthards Rückendeckung – Zehn Liter drin, 30 im Sinn – »Das mußt du Renault fragen« – Foto-Finish um Platz drei – Hill schöpft wieder Mut

Schon am Donnerstag wird Michael Schumacher mit Fragen bombardiert. Seine Vertragsverhandlungen mit Ferrari werden im Fahrerlager diskutiert. Der Kerpener wiegelt ab: »Nichts ist entschieden.« Tatsächlich ist der Deal mit den Italienern praktisch perfekt – es gilt lediglich, einige Kleinigkeiten auszusortieren, die der Unterschrift noch im Weg stehen.

Die Entscheidung des Deutschen, wenn auch erst sechs Tage später offiziell bestätigt, bringt augenblicklich Bewegung in das Transferkarussell: Gerhard Berger, der sich mit Frank Williams für die Saison 1996 bereits einig ist, erhält nun plötzlich eine Absage. Der Rollstuhl-General gibt Jacques Villeneuve und Damon Hill, der seinen Kontrakt am Samstag unterzeichnen wird, den Zuschlag. Die Überlegung des Williams-Chefs ist simpel. Eigentlich wollte er Hill vor die Tür setzen. Jetzt aber, da Schumacher zu Ferrari abwandern und damit ab Ende November für Renault »unbrauchbar« wird, hat der alte Fuchs mit dem ungeliebten Piloten plötzlich einen Trumpf gegenüber Renault in der Hand. Ihn können die Franzosen, falls er Meister werden sollte, auch 1996 PR-mäßig ausschlachten... Nach dem Rennen wird diese Theorie für viel Wirbel sorgen.

Im ersten Qualifying setzt sich Hill überraschend deutlich vor seinem schottischen Team-Kollegen Coulthard, dem Ferrari-Oldie Berger und Schumacher durch. »Ich muß hier auf die Pole-Position«, preßt Hill gestreßt hervor, »ich muß ganz nach vorn und ich muß siegen – sonst kann ich die WM abschreiben.« Dann fügt er nachdenklich hinzu: »Morgen wird Michael zurückschlagen – da bin ich mir ziemlich sicher.«

Schumacher, im Zwischenklassement mit 21 Punkten vor Hill führend, sieht sich – anders als sein Manager Willi Weber – noch lange nicht als Champion des Jahres 1995. Genervt sagt er: »Morgen will ich unbedingt in die erste Startreihe vorfahren. Hier kann man so schlecht überholen, daß die Ausgangsposition fast so wichtig ist, wie in Monaco.« Schumacher spricht von einigen »kleinen Abstimmungsproblemen«, speziell auf den welligen Streckenabschnitten läge sein Benetton gar nicht gut. Mit den Worten »es kann nur besser werden«, verabschiedet er sich in Richtung Hotel.

Aber nicht nur das Titelduell Schumacher contra Hill sorgt für Gesprächsstoff. Bei Sauber gibt es gleich

Die beiden Williams-Piloten behaupten sich während des Sprints zur ersten Kurve vor Schumacher

GROSSER PREIS VON UNGARN (Hungaroring)

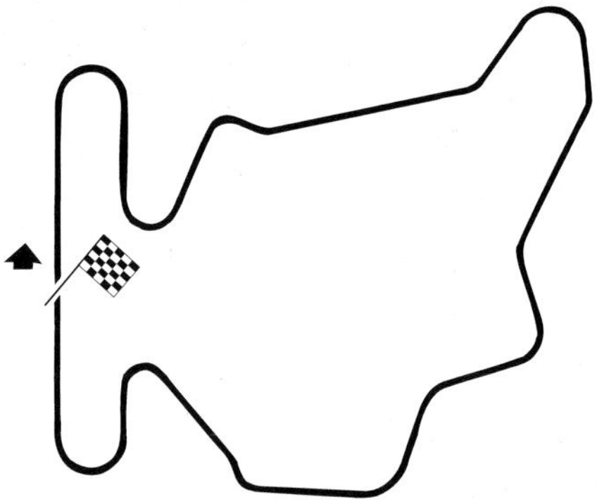

STRECKE

Ort und Datum	Mogyoród, 13. August
Wetter	heiß, leicht bewölkt
Streckenlänge	3,968 km
Runden	77
Renndistanz	305,536 km
Bestehender Rundenrekord	1.18,308 = 182,418 km/h Nigel Mansell, Williams-Renault FW14B; GP 1992
GP-Sieger 1994	Michael Schumacher, Benetton-Ford B194 1:48.00,185 = 169,737 km/h

TRAININGSZEITEN

		11. Aug.	**12. Aug.**
1. Damon Hill	Williams-Renault FW17	1.18,374	1.16,982◂
2. David Coulthard	Williams-Renault FW17	1.19,000	1.17,366◂
3. Michael Schumacher	Benetton-Renault B195	1.19,490	1.17,558◂
4. Gerhard Berger	Ferrari 412 T2	1.19,033	1.18,059◂
5. Mika Häkkinen	McLaren-Mercedes MP4/10B	1.20,577	1.18,363◂
6. Jean Alesi	Ferrari 412 T2	1.20,134	1.18,968◂
7. Eddie Irvine	Jordan-Peugeot 195	1.21,246	1.19,499◂
8. Martin Brundle	Ligier-Mugen JS41	1.21,818	1.19,748◂
9. Johnny Herbert	Benetton-Renault B195	1.21,878	1.20,072◂
10. Olivier Panis	Ligier-Mugen JS41	1.20,952	1.20,160◂
11. Heinz-H. Frentzen	Sauber-Ford C14	1.21,234	1.20,413◂
12. Luca Badoer	Minardi-Ford M195	1.22,345	1.20,543◂
13. Mark Blundell	McLaren-Mercedes MP4/10B	1.21,663	1.20,640◂
14. Rubens Barrichello	Jordan-Peugeot 195	1.21,874	1.20,902◂
15. Pedro Lamy	Minardi-Ford M195	1.22,600	1.21,156◂
16. Mika Salo	Tyrrell-Yamaha 023	1.24,440	1.21,624◂
17. Ukyo Katayama	Tyrrell-Yamaha 023	1.22,866	1.21,702◂
18. Taki Inoue	Footwork-Hart FA16	1.24,656	1.22,081◂
19. Jean-Christophe Boullion	Sauber-Ford C14	1.22,766	1.22,161◂
20. Max Papis	Footwork-Hart FA16	1.23,275◂	–
21. Roberto Moreno	Forti-Ford FG01	1.26,059	1.24,351◂
22. Andrea Montermini	Pacific-Ford PR02	1.25,465	1.24,371◂
23. Pedro Diniz	Forti-Ford FG01	1.25,934	1.24,695◂
24. Giovanni Lavaggi	Pacific-Ford PR02	1.27,342	1.26,570◂

STARTAUFSTELLUNG

5 Damon Hill 1.16,982

6 David Coulthard 1.17,366

1 Michael Schumacher 1.17,558

28 Gerhard Berger 1.18,059

8 Mika Häkkinen 1.18,363

27 Jean Alesi 1.18,968

15 Eddie Irvine 1.19,499

25 Martin Brundle 1.19,748

2 Johnny Herbert 1.20,072

26 Olivier Panis 1.20,160

30 Heinz-Harald Frentzen 1.20,413

24 Luca Badoer 1.20,543

7 Mark Blundell 1.20,640

14 Rubens Barrichello 1.20,902

23 Pedro Lamy 1.21,156

4 Mika Salo 1.21,624

3 Ukyo Katayama 1.21,702

10 Taki Inoue 1.22,081

29 Jean-Christophe Boullion 1.22,161

9 Max Papis 1.23,275

22 Roberto Moreno 1.24,351

17 Andrea Montermini 1.24,371

21 Pedro Diniz 1.24,695

16 Giovanni Lavaggi 1.26,570

zwei »Krankmeldungen«. Heinz-Harald Frentzen klagt über eine Sommergrippe, die ihm in den Knochen steckt. Jean-Christophe Boullion geht es noch schlechter: Der Franzose hat Fieber. Sofort macht der Spruch von der »heißen Boullion bei Sauber« die Runde.

Während in dem schweizer Team über lästige Bazillen geklagt wird, gilt es bei Ferrari, einen Verletzten zu pflegen. Jean Alesi knallte im ersten Qualifying mit gut 160 km/h in die Absperrung und wurde sofort per Helikopter in ein Budapester Krankenhaus geflogen. 1994 hatte sich der Franzose bei Testfahrten in Mugello zwei Nackenwirbel angeknackst, und jetzt will Rennarzt »Prof« Watkins checken lassen, ob Alesis Kopf noch richtig auf den Schultern sitzt...

Abends kommt der Franzose mit einer dicken Halskrause zurück ins Ferrari-Motorhome. Sorgenvollen Blicken begegnet er beschwichtigend: »Es geht schon wieder – morgen kann ich fahren.«

Samstags ist Alesi schon wieder ganz der Alte. Im freien Training dreht er wegen eines Getriebedefekts nur wenige Runden. Prompt schimpft er wie ein Rohrspatz. Ist die Zwangspause nicht nützlich, um die Nackenbeschwerden auszukurieren? »Ach, mein Hals«, sagt Alesi, als könne er sich kaum noch an den Unfall erinnern, »der ist okay – von Stunde zu Stunde lassen die Schmerzen mehr nach.«

Im Abschlußtraining gibt er erneut wie ein Besessener Gas – auf und neben der Piste! Nach einem Ausrutscher fängt er seinen Ferrari nach spektakulärer Querfeldein-Fahrt sicher wieder ab. Dann dreht er sich, und weil das Getriebe erneut bockt, ist sein Auftritt für heute beendet.

Vorn macht Hill – der zwischenzeitlich auf Rang vier zurückfiel – mit einer Superrunde alles klar. Coulthard, der ebenfalls auf den besten Startplatz hoffte, verzettelt sich: »Ich hätte es schaffen können. Eine Zeit von 1.16,7 Minuten lag in meinen Möglichkeiten. Aber ich konzentrierte mich auf jene Passagen, die Damon zuvor schneller als ich fuhr – das gelang mir auch, aber auf den anderen Teilstücken vergaß ich wohl, Dampf zu machen...«

Michael Schumacher verbessert sich gegenüber dem Vortag um einen Platz. Er kann sich an Gerhard Berger – der vorübergehend mit nur sieben Tausendstelsekunden Rückstand Platz zwei halten konnte – vorbei auf Rang drei schieben. Wenn er trotz dieses relativ bescheidenen Abschneidens als Held des Tages gefeiert wird, liegt das an einer sehenswerten Einlage: Als er noch einmal alles in die Waagschale warf, drehte er sich ausgangs der Zielkurve und... setzte seine Fahrt nach einem 360-Grad-Dreher vor den Boxen fort. Von der Zeit, die er trotz des Kreiselns inmitten einer riesigen Wolke verbrannten Gummis erzielte,

Der Motor im Rücken von Mika Häkkinen verabschiedet sich

Erstmals seit dem GP von Deutschland 1994 muß Michael Schumacher wegen eines technischen Defektes aufgeben. Seinen rauchenden Benetton, um den sich Streckenposten kümmern, würdigt er keines Blickes mehr

können andere Piloten nur träumen: Für einen Rang in den Top-Ten hätte sie locker gereicht!

»Ich wußte genau«, erklärt er nicht ohne Stolz, »daß mich das höllische Untersteuern in der letzten Kurve viel Zeit kostete. Also versuchte ich, dieses Problem mit dem Gasfuß zu kurieren. Das gelang mir auch, aber ich tat des Guten etwas zuviel.« Angst, seinen Benetton zu verlieren, hatte er nicht: »Als das Heck herum kam, merkte ich so-

Packendes Finale um Platz drei. Gerhard Berger behält im Pulk die Oberhand

fort, daß ich nicht korrigieren kann. Also blieb ich auf dem Gas, bis ich wieder in Fahrtrichtung stand.«

In der McLaren-Box freut sich Ron Dennis – oft gönnt er sich dieses Vergnügen nicht – über das Abschneiden von Mika Häkkinen. Der Finne eroberte sich den fünftbesten Startplatz. So weit stand noch kein McLaren-Mercedes nach einem »regulären« Qualifying auf trockener Piste vorn. Mansell-Ersatz Mark Blundell kann den Trainingsauftritt der Rotweißen allerdings nicht abrunden. Der 13. des Trainings: »Das Wochenende begann für mich mit einem Desaster – danach ging's bergab...«

Anläßlich der obligatorischen Pole-Pressekonferenz kündigt Hill an: »Jetzt stehe ich zum vierten Mal hintereinander auf dem besten Startplatz – ich meine, es ist Zeit, diese Ausgangsposition endlich in einen Sieg umzumünzen.« Ein Thema ist die neue Überholregel, die aus der Feder des greisen Funktionärs John Corsmit stammt. »Wenn ich das richtig verstehe«, sagt Schumacher, »dann muß der Vordermann Platz machen, sobald der Verfolger mit der Nase seines Autos in Höhe des Getriebes liegt. Das kann ja wohl nicht sein.« Darauf meldet sich Hill zu Wort und erklärt – in Erinnerung an Adelaide 1994 – mit hintergründigem Grinsen: »Ich habe auch ein Problem mit dieser Regel – sie kommt zehn Monate zu spät!« Bevor er sich verabschiedet, wagt er einen weiteren Ausfallschritt in Richtung Schumacher: »Ich hoffe, alle hier haben registriert, daß ich jetzt eine Pole mehr auf dem Konto habe als Michael!« Der Deutsche findet's gar nicht lustig. Auf dem Rückweg ins Fahrerlager greift er sich den Williams-Piloten und legt ihm unter vier Augen nahe, künftig doch etwas mehr Respekt vor dem amtierenden Champion zu zeigen...

Das Sauber-Lazarett kommt mit einem blauen Auge davon: Knapp verpaßt Frentzen einen Platz unter den ersten zehn. Boullion, der bei seinen sporadischen Einsätzen als Williams-Testfahrer nur unwesentlich langsamer ist als Damon Hill, folgt mit einem Respektabstand von knapp zwei Sekunden. Als sich das Fahrerlager leert, spricht nichts dafür, daß Sauber am folgenden Tag nur knapp am Siegerpodest »vorbeifahren« wird.

Die Corsmit'sche Schnapsidee vom Vorfahrtsrecht des angreifenden Piloten bei Überholmanövern ist Thema Nummer eins beim Briefing am Morgen des Renntags. Pedro Lamy, der bei Minardi den schnellen aber mittellosen Pierluigi Martini abgelöst hat, versteht anschließend die Welt nicht mehr: »Der neue Paragraph bleibt bestehen, aber niemand braucht ihn zu beachten – so habe ich es jedenfalls aufgefaßt.« Die wirre Aussage des Portugiesen ist nicht auf dessen eingeschränkte Englisch-Kenntnisse zurückzuführen. Andere Superlizenz-Inhaber bestätigen den lächerlichen Kompromiß: Das Corsmit-Papier wird nicht zurückgenommen, aber es wird überholt wie immer schon. Wer vorn liegt, darf in die nächste Kurve einlenken. Auf Geraden ist allerdings höchstens – auch das ist ein alter Hut – ein Richtungswechsel erlaubt, um dem Hintermann das Leben schwer zu machen. Zwei Wochen später wird dieser Passus plötzlich im Brennpunkt des Interesses stehen.

Vor dem Start ist Schumacher trotz seiner ungünstigen Ausgangsposition keineswegs pessimistisch: »Hier zu überholen, ist nicht leicht, aber es geht. Außerdem wird die Pit-Stop-Taktik auch eine Rolle spielen.« Der Plan des Rheinländers, schon auf den ersten Metern einen Platz gutzumachen, mißlingt. Hinter Hill und Coulthard lenkt er seinen Benetton in die Rechtskurve am Ende der Startgeraden. Weiter hinten trickst Brundle den Franzosen Alesi aus, und Frentzen macht Panis nieder, der abseits der sauberen Ideallinie keine Chance zur Gegenwehr hat.

An der Spitze zieht Hill seinem Team-Gefährten auf und davon. Nach zehn Runden trennen zwölf Sekunden die beiden Williams. Schumacher liegt weitere sechs Zehntelsekunden zurück. Coulthard wundert sich, daß er Hills Tempo nicht mitgehen kann, ist er doch ebenfalls mit Drei-Stopp-Taktik unterwegs. Schuld sind die Pneus: Erst mit dem letzten Satz wird er die gewünschte Balance haben. Während ihm Hill davonfährt, glaubt er andererseits, Schumacher fest im Griff zu haben. »Lediglich eingangs der letzten Kurve«, so wird er nach dem Rennen zu Protokoll geben, »und in der ersten Bergab-Linkskurve machte er ungemütlichen Druck...«

Runde 13 bringt dem Schotten kein Glück: In der Schikane auf der »Rückseite« des Kurses unterläuft ihm ein kleiner Fehler und schon ist der Verfolger vorbei. Dem fehlen inzwischen 15,5 Sekunden auf den Spitzenreiter, aber ohne den schottischen Bremsklotz zwischen sich und Hill macht Schumacher sofort Boden gut.

Hinter dem Triumvirat an der Spitze herrscht die Hungaroring-typische Monotonie: Überholen geht nicht! Sieht man von Mika Häkkinens frühem Aus ab, verändert sich die Reihenfolge von Platz vier bis 16 bis zum Beginn der Boxenstopps nicht: Einander belauernd, ziehen Berger, Brundle, Alesi, Irvine, Herbert, Frentzen, Panis, Blundell, Barrichello und Salo ihre Kreise.

Nach 17 Runden fahren Hill und Schumacher ihre Boxen an. Coulthard wurde bereits einen Umlauf zuvor abgefertigt. Anschließend fliegt der Deutsche um den Kurs. Die Coulthard-Hypothek scheint er spielend ablösen zu können. Nach 25 Runden beträgt sein Rückstand auf Hill nur noch sechs Sekunden. Mit Blick auf die Restdistanz darf er sich durchaus noch Hoffnungen auf die volle Punktzahl machen. So scheint es...

In der Benetton-Box herrscht seit dem Stopp des Champion allerdings helle Aufregung. Seit man jene merkwürdige

Benzinlache auf dem Beton entdeckte, wissen Flavio Briatore und seine Männer, daß Schumachers Aktien weitaus schlechter stehen, als die Fans auf den Tribünen glauben. Was war geschehen? Im versiegelten – Manipulation ist absolut ausgeschlossen – Teil des Einfüllstutzens kam es beim Tankvorgang zu einer Fehlfunktion. 30 der vorgesehenen 40 Liter flossen nicht in den Tank des Benetton! Durch einen Kanal, der lediglich Spritdämpfe aufnehmen soll, flossen sie zurück in einen Überlaufbehälter, dessen Fassungsvermögen jedoch überschritten wurde.

Hill wundert sich, daß Schumacher bereits im Anschluß an den 26. Umlauf erneut in die Boxengasse abbiegt. Zunächst glaubt er, der taktisch so oft den kürzeren zog, sogar an eine ganz besonders raffinierte Tankstopp-Strategie. Nun benutzen die Benetton-Mechaniker die Anlage von Johnny Herbert, und der Sprit schießt planmäßig in den Tank des Boliden. Aber jetzt ist das Rennen verloren.

Der Tankstopp-Rhythmus führt zwar zwischen Runde 40 und 47 dazu, daß der Deutsche formatfüllend in Hills Rückspiegeln auftaucht, aber als beide den letzten Service hinter sich haben, blickt der Brite auf ein Zeitpolster von gut zehn Sekunden zurück, das für die ausstehenden 19 Umläufe ausreichen sollte.

Hätte es auch. 11,6 Sekunden voneinander getrennt, geht das Führungs-Duo in die 74. der 77 Runden, und jetzt passiert etwas, was Michael Schumacher seit dem GP von Deutschland 1994 nicht mehr widerfuhr! Sein Benetton bleibt stehen. »Was ist los?«, er-

Rubens Barrichello – er hätte auf dem Treppchen stehen dürfen, wenn ihn sein Jordan nicht kurz vor dem Ziel im Stich gelassen hätte

kundigt er sich irritiert per Sprechfunk. Die Antwort ist die Wurzel der anschließenden Sabotage-Theorie. »Das mußt du Renault fragen«, gibt die Benetton-Crew zurück. Vorschnell wird gefolgert, der französische Motoren-Partner habe sich – getreu der Frank Williams-Überlegung – auf die Seite Hills geschlagen und Schumachers Auto durch »faules« Material gestoppt. Dieser Vorwurf wird schnell entkräftet: Der Rheinländer strandete wegen eines mechanischen Defekts der Benzinpumpe – keinesfalls ein manipulierter Schaden, wie die Untersuchung ergibt!

Der Ausfall des Deutschen ist nicht der letzte Höhepunkt des Rennens. Coulthard rückt auf Rang zwei vor, Barrichello auf Platz drei. Hinter dem Brasilianer rauft sich das Quartett Berger, Herbert, Frentzen und Panis um die drei Punkte für Platz vier. Dann, das Ziel vor Augen, verabschiedet sich der Peugeot-V10 in Barrichellos Rücken ohne Vorwarnung – das pneumatische Ventilsystem ist zusammengebrochen. Jetzt geht es für den Viererpulk um einen Platz auf dem Treppchen! Als die Schachbrettflagge fällt, trennen 0,244 Sekunden Berger von Herbert. Frentzen liegt weitere 0,269 zurück, Panis folgt 0,680 Sekunden später. Barrichello, der moralische Dritte, rollt kraftlos über die Linie – 5,622 Sekunden hinter dem Franzosen.

Berger darf damit bereits zum sechsten Mal in der laufenden Saison als dritter aufs Siegerpodest, und die britische Presse jammert: Hätte Herbert den Tiroler noch abfangen können, stünden nun drei Briten mit Champagner und Pokal im Mittelpunkt. Michael Schumacher fliegt zwei Stunden nach Ende des Rennens per Helikopter zum Airport Ferihegy, um die Heimreise anzutreten. Es sei nicht angenehm, daß der Vorsprung im WM-Zwischenklassement auf elf Punkte geschmolzen ist, doch er lasse den Kopf deshalb nicht hängen. In Spa könne alles schon wieder ganz anders aussehen.

Hill hingegen ist verständlicherweise überglücklich. Der erste Williams-Doppelsieg seit September 1994 zeige, daß sein Team im Aufwind ist. »Ich bin erleichtert«, sagt er nachdenklich – in Gedanken scheint er bereits in Spa-Francorchamps – ,»daß meine Pechsträhne endlich beendet ist. Silverstone und Hockenheim? Ich kann mich kaum noch an diese Rennen erinnern. Jetzt ist der Titelkampf wieder offen.«

Die Realität verliert er trotz aller Euphorie nicht aus den Augen: »Dreimal muß ich jetzt gewinnen, um – falls Michael jeweils zweiter wird – die Spitze im Zwischenklassement zu übernehmen. Das wird verdammt schwer, aber ich kann's packen.«

Sieger Damon Hill träumt wieder vom WM-Titel

ERGEBNISSE UND AUSFÄLLE

1. Damon Hill	Williams-Renault FW17-6	1:46.25,721 = 172,248 km/h
2. David Coulthard	Williams-Renault FW17-5	33,398 Sekunden zurück
3. Gerhard Berger	Ferrari 412 T2 162	1 Runde zurück
4. Johnny Herbert	Benetton-Renault B195-05	1 Runde zurück
5. Heinz-Harald Frentzen	Sauber-Ford C14-06	1 Runde zurück
6. Olivier Panis	Ligier-Mugen JS41-03	1 Runde zurück
7. Rubens Barrichello	Jordan-Peugeot 195/004	1 Runde zurück
8. Luca Badoer	Minardi-Ford M195-01	2 Runden zurück
9. Pedro Lamy	Minardi-Ford M195-03	3 Runden zurück
10. Jean-Christophe Boullion	Sauber-Ford C14-02	3 Runden zurück
11. Michael Schumacher*	Benetton-Renault B195-06	4 Runden zurück/Benzinpumpe
12. Andrea Montermini	Pacific-Ford PR02/2	4 Runden zurück
13. Eddie Irvine*	Jordan-Peugeot 195/005	7 Runden zurück/Kupplung
Martin Brundle	Ligier-Mugen JS41-05	68. Runde, Motor
Mika Salo	Tyrrell-Yamaha 023-06	59. Runde, Gaszug
Mark Blundell	McLaren-Mercedes MP4/10B-6	55. Runde, Benzinleitung
Ukyo Katayama	Tyrrell-Yamaha 023-05	47. Runde, Reifen
Max Papis	Footwork-Hart FA16-03	46. Runde, Bremsen
Jean Alesi	Ferrari 412 T2 163	43. Runde, Motor
Pedro Diniz	Forti-Ford FG01-04	33. Runde, Motor
Taki Inoue	Footwork-Hart FA16-04	14. Runde, Motor
Roberto Moreno	Forti-Ford FG01-03	9. Runde, Schalthebel
Giovanni Lavaggi	Pacific-Ford PR02/1	6. Runde, Dreher
Mika Häkkinen	McLaren-Mercedes MP4/10B-5	4. Runde, Motor

* Nicht im Ziel, aber aufgrund der zurückgelegten Distanz gewertet

Schnellste Runde:
(34. Runde) – Damon Hill, Williams-Renault FW17, 1.20,247 = 178,010 km/h

GRAND PRIX DE BELGIQUE
GROTE PRIJS VAN BELGIË
Spa-Francorchamps, 27. August

Für fast alle Piloten wäre Rang zwei ein Traumergebnis. Damon Hill scheint diese Plazierung in Spa als Alptraum zu empfinden...

Schumacher weltmeisterlich

Bergers großer Bluff – Bei acht g verliert man das Bewußtsein – Schumacher: »Ich war doch der Idiot...« – Drohende Wolken – Der Champion auf Startplatz 16 – Herberts Feuerwerk – Duell mit Ellenbogen – Fragwürdiger Safety-Car-Einsatz – Hill zu schnell – 10-Sekunden-Strafe entscheidet – Frentzen in Top-Form – Rüffel für den Sieger

Das Transfer-Karussell dreht sich in Spa unverändert. Donnerstags hält Gerhard Berger einen Monolog. Inhalt: Die künftige Zusammenarbeit mit Ferrari-Neuzugang Michael Schumacher. Jetzt glauben auch die letzten Zweifler, daß der Tiroler bei Ferrari bleiben wird. Damit liegen sie falsch. Am ersten September wird Berger in Monaco seine langjährige Lebensgefährtin Ana heiraten und sich am selben Tag mit Benetton auf einen Zwei-Jahres-Vertrag einigen. »Wunderbar«, sagt er dann, »zwei schöne Ereignisse innerhalb von nur 24 Stunden.«

Zwölf Millionen Dollar kassiert der Österreicher bei Benetton pro Saison. Alesi – »Werde ich diesen Berger denn niemals los?« – unterschrieb im August für die Hälfte dieser Gage...

Was die sportliche Seite des Weekend betrifft, steht zunächst die »Wiedergeburt« des Streckenabschnitts Eau Rouge im Mittelpunkt. Piloten und Zuschauer freuen sich gleichermaßen, daß die 1994 gefahrene Schikane spurlos verschwunden ist. Die Führung der Piste erlaubt in der berüchtigten Kurve wieder – Mut des Fahrers und ein perfektes Chassis vorausgesetzt – Geschwindigkeiten von circa 270 km/h. Am Pistenrand erinnert Blumenschmuck an das deutsche Rennfahrer-As Stefan Bellof, das hier vor zehn Jahren in den Trümmern eines Porsche-Sportwagens starb. Die Wiederholung eines solchen Dramas muß niemand fürchten: Jetzt sind erstmals jene Auslaufzonen vorhanden, die der Gießener am 1. September 1985 so dringend gebraucht hätte...

Freitags stellt Berger seinen Ferrari auf die provisorische Pole-Position. Auf nasser Piste belegt Michael Schumacher Platz zwei. Insgesamt zirkulieren nur 23 Rennwagen: Johnny Herbert ist nicht mit von der Partie. Morgens verlor er seinen Benetton ausgangs La Source aus der Kontrolle und knallte innen gegen die Betonmauer. »Beim Aufprall«, erklärt er später, »war ich zwölf g ausgesetzt – bei acht g verliert man das Bewußtsein...« Entsprechend gering sind seine Erinnerungen an den Unfall. Er weiß nicht einmal mehr, wie er in die kleine Streckenklinik gelangte: »Ich registrierte nicht so recht, was mit mir passierte. Ich fühlte mich, als sei ich auf einem fernen Planeten.« Einen Umstieg ins T-car verbietet das Reglement – einige Runden im Auto des Weltmeisters drehen zu dürfen, die Team-Führung.

Der heimliche Gewinner des ersten Trainingstags feiert bescheiden. Noch 24 Stunden zuvor stand Pacific das Wasser am Hals: Motor-Tuner Heini Mader, der im Vorjahr die Ilmor-V10 des Teams in Schuß hielt, wartet immer noch auf seine Bezahlung. Jetzt marschierte der Schweizer mit Rechtsvertretern und Polizei auf. Zur angedrohten Beschlagnahmung des Materials kam es allerdings nicht – Sponsor Catamaran verspricht, die Rechnung zu begleichen. Wie knapp das Team, das noch einmal den Kopf aus der Schlinge zog, bei Kasse ist,

Johnny Herbert führt vor Alesi, Berger und Coulthard – vom späteren Sieger keine Spur

GROSSER PREIS VON BELGIEN

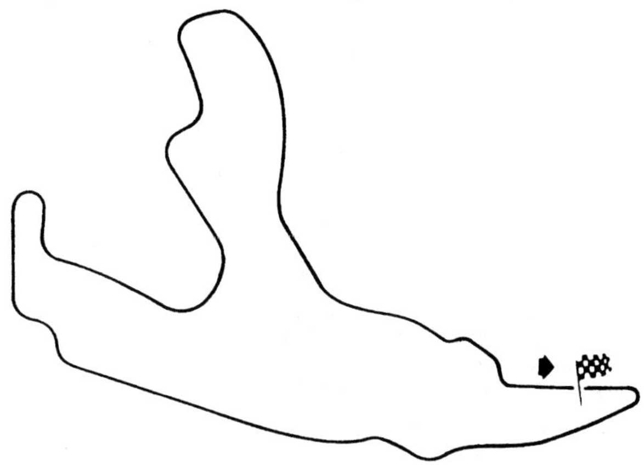

STRECKE

Ort und Datum	Spa-Francorchamps, 27. August
Wetter	mäßig warm, zeitweise Regen
Streckenlänge	6,974 km
Runden	44
Renndistanz	306,856 km
Bestehender Rundenrekord	1.57,117 = 215,200 km/h Damon Hill, Williams-Renault FW16B; GP 1994
GP-Sieger 1994	Damon Hill, Williams-Renault FW16B 1:28.47,170 = 208,170 km/h

TRAININGSZEITEN

			25. August	26. August
1.	Gerhard Berger	Ferrari 412 T2	2.14,744	1.54,392◂
2.	Jean Alesi	Ferrari 412 T2	2.15,077	1.54,631◂
3.	Mika Häkkinen	McLaren-Mercedes MP4/10B	2.15,848	1.55,435◂
4.	Johnny Herbert	Benetton-Renault B195	–	1.56,085◂
5.	David Coulthard	Williams-Renault FW17	2.15,232	1.56,254◂
6.	Mark Blundell	McLaren-Mercedes MP4/10B	2.18,136	1.56,622◂
7.	Eddie Irvine	Jordan-Peugeot 195	2.16,540	1.57,001◂
8.	Damon Hill	Williams-Renault FW17	2.15,143	1.57,768◂
9.	Olivier Panis	Ligier-Mugen JS41	2.17,579	1.58,021◂
10.	Heinz-H. Frentzen	Sauber-Ford C14	2.15,533	1.58,148◂
11.	Mika Salo	Tyrrell-Yamaha 023	2.18,104	1.58,224◂
12.	Rubens Barrichello	Jordan-Peugeot 195	2.17,144	1.58,293◂
13.	Martin Brundle	Ligier-Mugen JS41	2.17,207	1.58,314◂
14.	Jean-Christophe Boullion	Sauber-Ford C14	2.17,406	1.58,356◂
15.	Ukyo Katayama	Tyrrell-Yamaha 023	2.18,194	1.58,551◂
16.	Michael Schumacher	Benetton-Renault B195	2.14,962	1.59,079◂
17.	Pedro Lamy	Minardi-Ford M195	2.18,547	1.59,256◂
18.	Taki Inoue	Footwork-Hart FA16	2.23,311	2.00,990◂
19.	Luca Badoer	Minardi-Ford M195	2.17,335	2.01,013◂
20.	Max Papis	Footwork-Hart FA16	2.19,300	2.01,685◂
21.	Andrea Montermini	Pacific-Ford PR02	2.25,291	2.02,405◂
22.	Roberto Moreno	Forti-Ford FG01	2.23,417	2.03,817◂
23.	Giovanni Lavaggi	Pacific-Ford PR02	2.26,311	2.06,407◂
24.	Pedro Diniz	Forti-Ford FG01	2.25,699	2.09,537◂

STARTAUFSTELLUNG

28 Gerhard Berger 1.54,392
27 Jean Alesi 1.54,631
8 Mika Häkkinen 1.55,435
2 Johnny Herbert 1.56,085
6 David Coulthard 1.56,254
7 Mark Blundell 1.56,622
15 Eddie Irvine 1.57,001
5 Damon Hill 1.57,768
26 Olivier Panis 1.58,021
30 Heinz-Harald Frentzen 1.58,148
4 Mika Salo 1.58,224
14 Rubens Barrichello 1.58,293
25 Martin Brundle 1.58,314
29 Jean-Christophe Boullion 1.58,356
3 Ukyo Katayama 1.58,551
1 Michael Schumacher 1.59,079
23 Pedro Lamy 1.59,256
10 Taki Inoue 2.00,990
24 Luca Badoer 2.01,013
9 Max Papis 2.01,685
17 Andrea Montermini 2.02,405
22 Roberto Moreno 2.03,817
16 Giovanni Lavaggi 2.06,407
21 Pedro Diniz 2.09,537

Slick-Pilot Schumacher ist bei Les Combes vom rechten Weg abgekommen und Regenreifen-Hill übernimmt die Führung

macht ein Pacific-Sprecher deutlich: »Wir haben nicht einmal das Geld, um einen Skoda kaufen zu können.«
Am Morgen des zweiten Trainingstages erlebt Michael Schumacher ein böses Intermezzo. In den Schlußminuten des freien Trainings kracht er knapp unterhalb von Les Combes gegen die Leitplanken. Die Telemetrie verrät ein Einschlagtempo von 150 km/h! Der Kerpener hat Glück im Unglück – einen Meter neben der Unfallstelle enden die Altreifenstapel, die die Leitplanke polstern. Trotz der »weichen Landung« reicht die Aufprallenergie, um Schumachers Sturzhelm einen Knacks zu verpassen... Der Deutsche nimmt den Zwischenfall voll auf seine Kappe. Er verlor den Benetton aus der Kontrolle, weil er ihn zuvor versehentlich auf die kerbs lenkte. Der Zwischenfall hat Folgen.
Während die Vorbereitungen für das Abschlußtraining auf vollen Touren laufen, wandern die Blicke der Piloten und Teamchefs immer wieder zum Himmel. Die Bahn ist trocken, aber über Stavelot türmen sich dunkle, regenschwangere Wolken auf, die von Minute zu Minute bedrohlicher wirken. Bei Ferrari reagiert das Management am schnellsten: Bereits fünf Minuten, bevor Chef-Starter Roland Bruynseraede den Ausgang der Boxengasse freigibt, postieren sich Jean Alesi und Gerhard Berger vor der roten Ampel. Jetzt oder nie heißt die Devise, denn auf trockenem Asphalt lassen sich die Vortagszeiten mühelos unterbieten. Immer länger wird die »Autoschlange« hinter den zwei Ferrari, und als Bruynseraede die Piste freigibt, rollen in Sekundenabständen nacheinander fast alle Boliden hinaus auf die Bahn. Vermißt werden die beiden Benetton und auch die zwei Sauber. Schumacher macht seiner Crew keine Vorwürfe: »Die reparieren noch mein Auto, und ich war ja schließlich der Idiot, der es heute morgen rauswarf.« Herbert fehlt, weil sich das komplette Team schraubend auf den Wagen des Deutschen stürzt. Auch die Sauber-Truppe ist aus technischen Gründen verhin-

Bus-Stop-Schikane – Schumacher und Moreno folgen dem Safety-Car

Der Augenblick der Entscheidung: Hill biegt in die Boxengasse ab, um seine 10-Sekunden-Strafe abzusitzen, während Schumacher dem Sieg entgegenfährt

dert. An Frentzens Boliden muß ein Kühlerleck und ein Getriebedefekt behoben werden. Boullions Rennwagen wird nach einem morgendlichen Ausflug in ein Kiesbett gerichtet. Boß Peter Sauber: »Sein C14 sah anschließend aus wie eine Baustelle.«
Nicht zu den Männern der ersten Minuten zu zählen, wird böse bestraft: Innerhalb von nur sechs Minuten wird Schumacher vom zweiten auf den 17. Startplatz nach hinten durchgereicht! Inzwischen hat der Regen eingesetzt...
Eine halbe Stunde später beginnt die Piste abzutrocknen – bis auf Platz neun kämpft sich der Weltmeister wieder vor. Alles scheint sich für ihn zum Guten zu wenden, doch jetzt spielt sein Getriebe verrückt: Legt Schumacher den sechsten Gang ein, schaltet der Bordcomputer eigenmächtig in den fünften zurück! Der Renault-V10 im Benetton mit Startnummer eins betritt mit 19000 U/min Neuland... Die zuvor zurückeroberten Ränge gehen wieder verloren. Erst bei Platz 16 wird der freie Fall gestoppt. Dem Schumacher-Rivalen Damon Hill ergeht es nicht viel besser. Bevor es erneut zu regnen beginnt, will er sich von Rang acht aus ganz nach vorn fahren und landet – bei einem letzten Versuch – im Kies. Ferrari sichert sich die komplette erste Startreihe.
Der Ardennen-Kurs war schon oft Schauplatz kurioser und dramatischer Grand Prix. Die schwierige Streckenführung, das Hochgeschwindigkeits-

Layout und das unberechenbare Wetter der Region machten das möglich. In den Geschichtsbüchern sind deshalb gleich mehrere Rennen markiert. Der lustigste Zwischenfall ereignete sich 1925. Alfa Romeo-As Antonio Ascari siegte vor seinem Teamkollegen Giuseppe Campari. Das Besondere am Doppelsieg der Italiener: Während des letzten Tankstopps wurden ihre Rennwagen für den Zieleinlauf gewaschen, während die Piloten am gedeckten Tisch in den Boxen einen Imbiß zu sich nahmen! 1960 der tragischste Höhepunkt: Mit Chris Bristow und Alan Stacey bezahlten gleich zwei Fahrer ihren Start in Spa mit dem Leben. 1966 der turbulenteste Grand Prix: Kurz nach dem Start fuhr das Feld in einen Wolkenbruch, der die Teilnehmerzahl gewaltig dezimierte. Nur sieben (!) kamen aus der ersten Runde zurück. Die Vokabel »Abbruch« war damals noch ein Fremdwort in der Formel 1. Die »glorreichen Sieben« sahen übrigens allesamt die Zielflagge.

Auch der 95er-GP wird in die F1-Geschichte eingehen. Bereits die ersten Kilometer verlaufen völlig überraschend. Gerhard Berger kann den Vorteil der Pole-Position nicht nutzen. Der rote Bolide des Tirolers stellt sich beim Beschleunigen leicht quer, und Berger, der heute Geburtstag feiert, fällt hinter Jean Alesi und Johnny Herbert zurück. Im Kampfgetümmel beim Anbremsen der Haarnadelkurve La Source fällt unbemerkt eine Vorentscheidung. Die Nase des Irvine'schen Jordan berührt David Coulthards Williams am Heck und beschädigt eine Ölleitung…

Herbert will mehr als Platz zwei. Sofort versucht der Brite, sich auch noch den zweiten Ferrari zu schnappen. In der Abfahrt in die Senke Eau Rouge zieht er seinen Benetton neben den französischen Spitzenreiter. Er denkt, wie er später sagt, an seine F3-Duelle mit Bertrand Gachot. Mit den kleinen Wägelchen sind Manöver dieser Art im kritischsten Abschnitt der Piste möglich – für zwei F1-Autos wird's hier zu eng. Aus Angst vor einer möglichen Karambolage steckt Herbert zurück.

Aber sein Plan zur Attacke ist damit nur aufgeschoben. Am Ende der langen Geraden in Richtung Les Combes schlüpft der Benetton-Fahrer an Alesi vorbei in Front. Genau eine Runde lang führt er das Feld an, dann dreht Alesi den Spieß an exakt derselben Stelle wieder um. Der Beginn der zweiten Runde bringt das Aus für Mika Häkkinen. Im Bemühen, den Anschluß an Alesi, Herbert und Berger nicht zu verlieren, tritt der Finne ausgangs La Source das Gaspedal zu früh nieder – während sich der McLaren dreht, stirbt der Motor ab.

Runde vier bringt den nächsten Führungswechsel. Kampflos erhält Herbert das Kommando zurück, als Alesi in die Boxengasse abbiegt. Der Franzose glaubt zunächst an einen Slow-Puncture, doch die frischen Gummis verändern das Fahrverhalten seines Ferrari nicht. Er muß mit maroder Aufhängung aufgeben. Hill liegt nun auf Platz drei, Schumacher ist im Begriff, in die Punkteränge einzudringen.

Nur zwei Umläufe nach Alesis Ausscheiden erlebt Herbert sein Waterloo: Bei Les Combes macht Coulthard ernst, und unter dem massiven Druck des Schotten dreht sich der Spitzenreiter. Doch es kommt noch schlimmer für ihn: Eingangs der Bus-Stop-Schikane legt Herbert die nächste Pirouette auf den Asphalt. Auf Rang sechs fädelt er sich wieder in den fließenden Verkehr ein. In Führung liegt das Williams-Duo. Coulthard ist in Top-Form: Bis zur 13. Runde kann er seinen Vorsprung vor Hill von 1,4 auf 6,6 Sekunden ausbauen. Seit Ex-Champion Jackie Stewart seinem Landsmann riet, nicht mehr so extrem spät und hart zu bremsen, sondern stattdessen früh und gefühlvoll das Pedal zu treten, fährt Coulthard effektiver. Außerdem gewinnt er das Selbstvertrauen zurück, das er während seiner chronischen Mandelentzündung verloren hatte.

Lohn erhält Hills Leutnant für den Formanstieg nicht: In Runde 14 unterschreitet der Ölstand im Getriebe des führenden Williams das Minimum –

Inoue-Opfer Heinz-Harald Frentzen – Podest um 1,9 Sekunden verfehlt

nichts geht mehr. Führungswechsel Nummer fünf bringt Hill an die Spitze. Der Vizemeister scheint auf der Siegerstraße, denn 18,4 Sekunden Vorsprung auf Berger, dem Schumacher mit nur zwei Zehntelsekunden Rückstand im Nacken sitzt, sind ein komfortables Polster.

Es kommt anders. Die Serie der Service-Stopps beginnt, und weil Schumacher länger draußen bleibt als seine beiden Vorderleute, übernimmt er nach 16 Runden erstmals an diesem Tag die Führung. Startplatz 16, die Spitze nach 16 Umläufen erobert – damit hat er im Durchschnitt bisher einen Gegner pro Runde hinter sich gelassen. Tatsächlich profitierte er natürlich auch von Ausfällen, aber das schmälert die gigantische Leistung des Kerpeners nicht. »Ich fühlte mich«, sagt er später, »ans Go-Kart-Fahren erinnert. Da startete ich auch manchmal von ganz hinten und mußte mich durchs Feld kämpfen.«

Als auch der Deutsche Sprit und Gummi holt, fällt er auf Platz zwei hinter Hill zurück. Berger spielt keine Rolle mehr. Der Motor des Österreichers gibt nicht mehr die volle Leistung ab, weil der Kurbelwellen-Sensor abriß. Zum ersten Mal in der laufenden Saison bringt Ferrari kein Auto ins Ziel. Jetzt hofft Jean Todt auf Monza, aber dort muß die Scuderia erneut vorzeitig packen.

Erste Regentropfen fallen. Mit den Niederschlägen ist plötzlich ein neuer, unberechenbarer Gegner mit im Spiel. Hill reagiert vorschnell, als er seinen Williams zum Ende der 21. Runde auf profilierte Pneus umrüsten läßt. Jetzt ist Schumacher wieder in Front. Er erinnert sich an einen Auftritt Ayrton Sennas in den Ardennen, bei dem der Brasilianer lange auf Slicks zirkulierte, während seine Gegner Regenreifen fuhren. Nun will der Rheinländer die Nummer des Südamerikaners wiederholen.

Unterschiedlich bereift, liefern sich Schumacher und Hill ein wildes Duell. Um den Briten hinter sich zu lassen, wählt der Spitzenreiter eine ungewöhnlich »breite« Linie – das wird ihm Ärger einbringen. Trotz der Gegenwehr mit beiden Ellenbogen findet Hill in Runde 24 einen Weg am Benetton vorbei. Kurz darauf hat der Engländer auf einem trockenen Streckenabschnitt allerdings derartige Probleme, daß die Regenreifen ihre Bodenhaftung verlieren – Schumacher nutzt die Gunst der Sekunde und zieht an dem rutschenden Williams vorbei: Führungswechsel Nummer zehn!

Der strahlende Sieger. Erst machte er seine Gegner naß, dann Teamchef Flavio Briatore...

Hill kann den Anschluß nicht halten und läßt zwei Runden später erneut Slicks montieren. Der Halt wirft ihn scheinbar entscheidend zurück, denn nun trennt eine halbe Minute die beiden Titelanwärter.

In Runde 29 rollt das Safety-Car auf die Piste! Nahezu alle Piloten halten diesen Einsatz für völlig unnötig. FIA-Sicherheits-Chef Roland Bruynseraede spricht von »starkem Regen und schlechten Sichtverhältnissen«, und es ist merkwürdig, daß nur der Belgier diese Handicaps wahrnimmt. Mark Blundell verteidigt zwar später die FIA-

Maßnahme, und Heinz-Harald Frentzen meint, aus Gründen der Spannung sollte das Safety-Car ohnehin viel öfter ausrücken, aber zurück bleibt ein fader Beigeschmack: Der Verdacht, Hill solle die Gelegenheit zum Wettmachen seines Rückstands gegeben werden....

Schumacher und Hill nutzen die neutrale Phase reaktionsschnell, um Regenreifen zu holen. Dabei unterläuft dem Briten ein grober Fehler: Er überschreitet das Speedlimit von 80 km/h in der Boxengasse um mehr als 30 km/h. Endlich, in Runde 31 findet der Fahrer des umherirrenden Safety-Car den Spitzenreiter und setzt sich vor Schumacher, den überrundeten Moreno und Hill. Weiter hinten klafft eine Lücke von 31 Sekunden: Taki Inoue schließt nicht nach vorn auf. Unter den »abgeklemmten« Opfern des Japaners sind auch Blundell und Frentzen.

Die letzten zwölf Umläufe dürfen ungebremst abgespult werden. Aus dem erhofften Duell Schumacher contra Hill wird allerdings nichts, denn der Williams-Pilot muß eine Zehn-Sekunden-Strafe wegen »Speedings« absitzen. Er, der nach einem guten Viertel der Distanz bereits wie der Sieger aussah, liegt nun hinter Schumacher und Martin Brundle auf Platz drei!

Bis ins Ziel kann er sich zwar wieder an Brundle vorbeikämpfen, doch das ist nur ein schwacher Trost für ihn. Boden macht im Finale auch Frentzen gut, der wie entfesselt fährt. Das Podest verpaßt er nur um 1,9 Sekunden! Der Mönchengladbacher: »Eine Runde mehr, und ich hätte mir Brundle geschnappt. Hätte ich nicht unmittelbar vor dem Regen Slicks geholt und ohne Inoues dummes Verhalten wäre ich heute zweiter geworden.«

So stehen Schumacher, Hill und – erstmals 1995 – Brundle auf dem Podest. Hill ist ärgerlich: »Sofort nach dem Rennen sagte ich Michael, daß ich mit seiner Fahrweise nicht einverstanden bin. Im Infight berührten wir uns mit den Rädern. Er machte das mit Absicht!« Der Rheinländer sieht das gelassen: »Solange das bei langsamem Tempo passiert, ist es doch nicht schlimm. Im Go-Kart-Sport geschieht das oft.« Dieses Argument läßt Hill nicht gelten. »Hier sind wir in der F1, nicht bei den Go-Karts«, knurrt er.

Auch andere sind zornig. Ron Dennis fällt über Johnny Herbert her: »Weil du die Lücke zum Safety-Car nicht zugemacht hast, stand Mark Blundell nicht auf dem Siegerpodest.« Herbert lassen die Vorwürfe kalt. »Bist du blind?«, fragt er den McLaren-Chef. »Inoue ließ die Lücke...« Dennis zieht wie ein begossener Pudel ab, und der Benetton-Pilot schimpft: »Der soll mich in Ruhe lassen, ich bin ohnehin schlecht gelaunt. Nach der Zieldurchfahrt hatte ich noch 42 Liter Sprit im Tank... Ohne diesen Fehler meiner Crew wären heute für mich ein paar Punkte drin gewesen.«

Michael Schumacher, der in der ewigen Siegerliste mit seinem 16. GP-Erfolg den großen Stirling Moss eingeholt hat und nun Rang neun mit ihm teilt, wird am frühen Abend wegen gefährlicher Fahrweise für einen Grand Prix gesperrt. Die Strafe wird für vier WM-Läufe zur Bewährung ausgesetzt. »Ich habe kein Verständnis für das Urteil«, wettert er vor der Abreise, »natürlich gehen wir in Berufung.« Wenige Tage später zieht Benetton den Berufungsantrag zurück. Zu groß ist das Risiko, bei der Verhandlung noch härter bestraft zu werden.

ERGEBNISSE UND AUSFÄLLE

1. Michael Schumacher	Benetton-Renault B195-06	1:36.47,875 = 190,204 km/h
2. Damon Hill	Williams-Renault FW17-6	19,493 Sekunden zurück
3. Martin Brundle	Ligier-Mugen JS41-05	24,998 Sekunden zurück
4. Heinz-Harald Frentzen	Sauber-Ford C14-06	26,972 Sekunden zurück
5. Mark Blundell	McLaren-Mercedes MP4/10B-6	33,772 Sekunden zurück
6. Rubens Barrichello	Jordan-Peugeot 195/004	39,674 Sekunden zurück
7. Johnny Herbert	Benetton-Renault B195-04	54,048 Sekunden zurück
8. Mika Salo	Tyrrell-Yamaha 023-06	54,548 Sekunden zurück
9. Olivier Panis	Ligier-Mugen JS41-03	1.06,170 Minuten zurück
10. Pedro Lamy	Minardi-Ford M195-03	1.19,789 Minuten zurück
11. Jean-Chr. Bouillon	Sauber Ford C14-05	1 Runde zurück
12. Taki Inoue	Footwork-Hart FA16-04	1 Runde zurück
13. Pedro Diniz	Forti-Ford FG01-04	2 Runden zurück
14. Roberto Moreno	Forti-Ford FG01-03	2 Runden zurück
Ukyo Katayama	Tyrrell-Yamaha 023-05	29. Runde, Unfall
Giovanni Lavaggi	Pacific-Ford PR02/1	28. Runde, Getriebe
Luca Badoer	Minardi Ford M 195-02	24. Runde, Unfall
Gerhard Berger	Ferrari 412 T2 162	23. Runde, Elektronik
Eddie Irvine	Jordan-Peugeot 195/005	22. Runde, Brand
Max Papis	Footwork-Hart FA16-03	21. Runde, Dreher
Andrea Montermini	Pacific-Ford PR02/2	19. Runde, Benzinmangel
David Coulthard	Williams-Renault FW17-5	14. Runde, Getriebe
Jean Alesi	Ferrari 412 T2 163	5. Runde, Aufhängung hinten
Mika Häkkinen	McLaren-Mercedes MP4/10B-5	2. Runde, Dreher

Schnellste Runde:
(11. Runde) – David Coulthard, Williams-Renault FW17, 1.53,412 = 221,373 km/h
Rundenrekord – Strecke in dieser Form erstmals Schauplatz eines Grand Prix

GRAN PREMIO D'ITALIA
Monza, 10. September

Blick aus der Perspektive des Monza-Siegers

Die Stars gehen leer aus

Hill »pfeift im dunklen Wald« – Herbert läßt Dampf ab – »Schumi« und die »Uzi« – Schrecksekunden für Lamy und Badoer – Zweite Pole für Coulthard – Der Patzer des Schotten – Straßenblockade in der Ascari-Schikane – Neustart mit 22 Piloten – Erneuter Schumacher/Hill-Crash – Ferrari-Drama – Herberts zweiter Streich – Frentzen auf dem Podium

Längst ist es zur Tradition geworden, daß Damon Hill im Vorfeld eines WM-Laufs sein »Wort zum Grand Prix« predigt. Seine Ausführungen anläßlich des Rennens in Monza bedürfen der Interpretation. Einerseits verkündet der Brite zum wiederholten Mal, daß er sich selbst als den besten F1-Piloten der Gegenwart sieht. Ob er diese kühne Meinung auch im stillen Kämmerlein vertritt, wird ein ewiges Geheimnis bleiben...

Natürlich fehlt auch nicht die inzwischen rituelle Spitze gegen seinen Hauptgegner. »Hoffentlich«, sagt er mit Blick auf die mögliche Verpflichtung David Coulthards durch Ferrari, »wird David 1996 nicht der Knecht Michael Schumachers.« Scheinbar beiläufig fällt dann ein bedeutender Hinweis: »In der kommenden Saison habe ich die besten Karten. Meine wichtigsten Konkurrenten wechseln das Team. Ich aber bleibe in meiner gewohnten Umgebung – das wird 1996 den Ausschlag zu meinen Gunsten geben.« Hat Hill das laufende Championat bereits abgeschrieben, oder warum lenkt er bereits die Aufmerksamkeit auf das nächste Rennjahr?

Glaubt man dem alten Hasen Gerhard Berger, dann hat der Engländer keinerlei Grund zur Resignation. Damon Hill, das spekuliert er in kleinem Kreis, habe beste Titelchancen. Der Ferrari-Pilot kann sich jedenfalls nicht vorstellen, daß Renault Hill im Kampf gegen Schumacher nicht bevorzugen wird.

Donnerstags lenkt ein Tischtennis-Turnier im Fahrerlager kurzfristig vom Ernst des F1-Lebens ab. Benetton rief und 50 Teilnehmer meldeten sich. Weil es immer wieder in Strömen gießt, findet das Zelluloid-Happening im »Saale« statt – unter dem Motorhome-Vorzelt bei Motoren-Partner Renault. Johnny Herbert spielt »anstandshalber« in der ersten Runde mit und gewinnt. Dann steigt er aus. Der Brite ist nicht gut auf seinen Arbeitgeber zu sprechen. Schumachers Physiotherapeut Harry Hawelka springt für ihn ein. Wie schon in Silverstone, läßt Herbert Dampf ab: »Ich werde benachteiligt. Michael ist ausgesprochen egoistisch. Das geht in Ordnung – Lauda, Prost und Senna waren das auch. Aber es wäre die Aufgabe des Teams, mich etwas zu unterstützen und mir akzeptable Arbeitsbedingungen zu verschaffen.« Anstelle von Tim Wright stellte ihm Flavio Briatore immerhin mit sofortiger Wirkung Nick Wirth zur Seite, dessen eigenes Team, Simtek, im Juni die Tore geschlossen hatte.

Michael Schumacher dringt bis ins Halbfinale vor, dann schaltet ihn Franco Palazzoli aus. Der 61jährige Italiener, der bei Tyrrell die PR-Interessen von Fondmetal wahrnimmt, ist zwölffacher nationaler Senioren-Meister. »Schumi«, der Niederlagen haßt wie der Teufel das Weihwasser, nimmt

Martin Brundle – »Luftdruckprobleme« hinten links ...

GROSSER PREIS VON ITALIEN (Autodromo Nazionale di Monza)

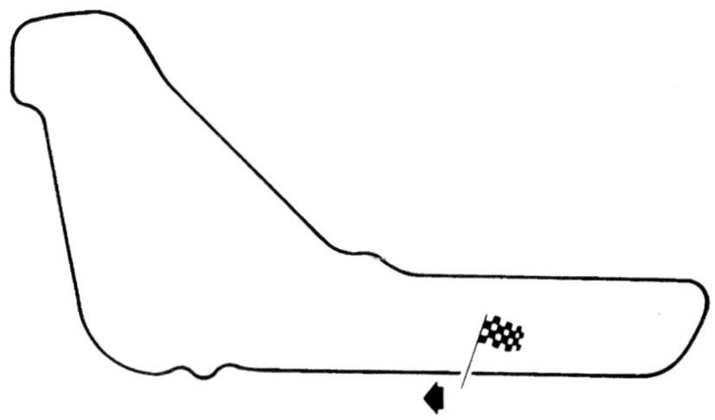

STRECKE

Ort und Datum	Monza, 10. September
Wetter	sehr warm, leicht bewölkt
Streckenlänge	5,770 km
Runden	53
Renndistanz	305,810 km
Bestehender Rundenrekord	1.25,930 = 242,988 km/h Damon Hill, Williams-Renault FW16B; GP 1994
GP-Sieger 1994	Damon Hill, Williams-Renault FW16B 1:18.02,754 = 236,322 km/h

TRAININGSZEITEN

		8. Sept.	9. Sept.
1. David Coulthard	Williams-Renault FW17	1.25,516	1.24,462◂
2. Michael Schumacher	Benetton-Renault B195	1.26,098	1.25,026◂
3. Gerhard Berger	Ferrari 412 T2	1.25,904	1.25,353◂
4. Damon Hill	Williams-Renault FW17	1.25,912	1.25,699◂
5. Jean Alesi	Ferrari 412 T2	1.26,323	1.25,707◂
6. Rubens Barrichello	Jordan-Peugeot 195	1.26,981	1.25,919◂
7. Mika Häkkinen	McLaren-Mercedes MP4/10B	1.28,895	1.25,920◂
8. Johnny Herbert	Benetton-Renault B195	1.26,631	1.26,433◂
9. Mark Blundell	McLaren-Mercedes MP4/10B	1.27,308	1.26,472◂
10. Heinz-H. Frentzen	Sauber-Ford C14	1.27,245	1.26,541◂
11. Martin Brundle	Ligier-Mugen JS41	1.29,200	1.27,067◂
12. Eddie Irvine	Jordan-Peugeot 195	1.27,573	1.27,271◂
13. Olivier Panis	Ligier-Mugen JS41	1.28,418	1.27,384◂
14. Jean-Christophe Boullion	Sauber-Ford C14	1.30,997	1.28,741◂
15. Max Papis	Footwork-Hart FA16	ohne Zeit	1.28,870◂
16. Mika Salo	Tyrrell-Yamaha 023	1.29,535	1.29,028◂
17. Ukyo Katayama	Tyrrell-Yamaha 023	1.31,399	1.29,287◂
18. Luca Badoer	Minardi-Ford M195	1.30,731	1.29,559◂
19. Pedro Lamy	Minardi-Ford M195	1.29,936◂	1.31,402
20. Taki Inoue	Footwork-Hart FA16	1.30,632	1.30,515◂
21. Andrea Montermini	Pacific-Ford PR02	1.32,121	1.30,721◂
22. Roberto Moreno	Forti-Ford FG01	1.32,491	1.30,834◂
23. Pedro Diniz	Forti-Ford FG01	1.32,540	1.32,102◂
24. Giovanni Lavaggi	Pacific-Ford PR02	1.32,935	1.32,470◂

STARTAUFSTELLUNG

6 David Coulthard 1.24,462	
	1 M. Schumacher 1.25,026
28 Gerhard Berger 1.25,353	
	5 Damon Hill 1.25,699
27 Jean Alesi 1.25,707	
	14 Rubens Barrichello 1.25,919
8 Mika Häkkinen 1.25,920	
	2 Johnny Herbert 1.26,433
7 Mark Blundell 1.26,472	
	30 H.-H. Frentzen 1.26,541
25 Martin Brundle 1.27,067	
	15 Eddie Irvine 1.27,271
26 Olivier Panis 1.27,384	
	29 Jean-Chr. Boullion * 1.28,741
9 Max Papis 1.28,870	
	4 Mika Salo 1.29,028
3 Ukyo Katayama 1.29,287	
	24 Luca Badoer 1.29,559
23 Pedro Lamy 1.29,936	
	10 Taki Inoue 1.30,515
17 Andrea Montermini ** 1.30,721	
	22 Roberto Moreno ** 1.30,834
21 Pedro Diniz 1.32,102	
	16 Giovanni Lavaggi 1.32,470

* Start aus der Boxengasse
** am 2. Start nicht teilgenommen

Aus der Traum. Wegen eines Radlagerschadens segelt Spitzenreiter David Coulthard von der Piste

diesen Mißerfolg relativ gelassen hin, zumal sich Palazzoli auch im Finale durchsetzt und damit seine »Unbesiegbarkeit« beweist.
Im Anschluß an die abschließende »Pasta-Party« drängt es Michael Schumacher und Corinna ins Hotel. Der Champion, seine Frau und Hawelka besteigen einen Renault Laguna, dann nimmt ein vierter Passagier im Fond Platz – ein Zivilpolizist mit Maschinenpistole... Als Schumacher anrollt, folgt ein unauffälliger Fiat Punta mit zwei weiteren Polizisten. Auch wenn Manager Willi Weber und Schumachers Pressesprecher Heiner Buchinger zunächst mauern, kommt die Wahrheit ans Licht: Die Uzi-Männer – Angehörige der Anti-Terroreinheit Digos – sind aufgrund eines dubiosen Anrufs im Einsatz. Weder ein Attentat nach Seles-Muster noch eine Entführung können ausgeschlossen werden. Die Profilaxe ist wirksam: Keinerlei gefährliche Zwischenfälle werden das Wochenende des Titelverteidigers stören.
Das erste Qualifying beginnt, als würden die Piloten fürs Nichtstun bezahlt: Andrea Montermini markiert gleich zu Beginn eine Zeit von 1.33,7 Minuten, dann kehrt wieder Ruhe ein. Ein Drittel der Sitzung ist vorüber, als sich folgender Stand auf den Monitoren ablesen läßt: Taki Inoue, für den das Schicksal eine tragende Rolle während des Grand Prix vorsieht, führt vor Montermini, Moreno, Diniz und Lavaggi. Alle anderen warten in den Boxen mit der Geduld des tibetanischen Bettelmönchs. Morgens wurden – auf regennasser Piste – nur wenige Runden gedreht. Entsprechend fehlt der Ideallinie die »Gummi-Patina«, die für grip sorgt. Abgesehen von den Hinterbänklern sind sich die Rennfahrer zu schade, den Wegbereiter für die Konkurrenz zu spielen...
23 Minuten und 15 Sekunden zeigt die Uhr, da rollt Coulthard auf die Piste, um die Grenzen des jetzt Möglichen auszuloten. 1.27,9 fährt der Schotte. Im Vorjahr stand Jean Alesi mit 1.23,8 auf der Pole, aber damals war die Bahn schneller. Sicherheits-Modifikationen in den Bereichen Curva Grande, Roggia und zweite Lesmo drosseln das Tempo, auch wenn der komplett neue Asphalt der nun um 30 Meter kürzeren Piste die Nachteile prozentual kompensiert.
Langsam kommt Bewegung ins Spiel: Häkkinen fliegt in der Variante Roggia recht linkisch in die Leitplanken und ist damit der erste große Verlierer des Freitags. Coulthard steigert sich auf 1.26,7. Hill kommt vorerst nicht über Rang fünf hinaus. Michael Schumacher, nach einem Jahr Zwangs-Abstinenz in Monza, fährt die viertbeste Zeit. Beim Versuch, sich zu steigern, kommt er in der zweiten Lesmo vom rechten Weg ab.
Noch 18 Minuten. Die Zeiten sind erneut gepurzelt. Vorn liegen nun mit Coulthard, Hill, Alesi, Schumacher, Herbert, Berger und Barrichello sieben Piloten innerhalb einer halben Sekunde!
Alesi ist plötzlich mit vielversprechenden Zwischenzeiten unterwegs. Die Tifosi auf der Haupttribüne springen auf. Wenig später nehmen sie wieder ernüchtert Platz – auf dem letzten Sektor verlor der Franzose entscheidende Zehntel. Coulthard zieht die Schraube noch weiter an: 1.25,5 Minuten. Und mit seiner allerletzten Runde rettet Berger die Ferrari-Ehre. Auch der Tiroler dringt mit 1.25,9 in die 25er-Sekunde ein – Platz zwei.
Schumacher erklärt als Vierter: »Mein Benetton untersteuert, außerdem muß ich mich an die geänderten Streckenabschnitte gewöhnen. Ich lerne zwar schnell, aber etwas Zeit brauche ich auch. Hätte ich 1994 hier fahren dürfen, wären sicherlich noch einige Zehntel möglich gewesen.« Optimi-

stisch wirkt der Rheinländer nicht. Wohl aber Hill: »Ich habe noch Reserven. Zwischen dem freien Training und dem Qualifying machten wir Set-up-Fortschritte – das Potential ist noch lange nicht ausgeschöpft.«

Auch der frustrierte Finne Häkkinen, der sich in den Schlußminuten in Blundells Auto noch auf Rang zwölf fahren konnte, hofft auf den Samstag. Es ihm gleich zu tun, ist Max Papis' einzige Chance: Wegen eines Getriebeschadens steht der Italiener noch völlig ohne Zeit da! Zu denen, die eher mit einem Abrutschen in der Startaufstellung rechnen, zählt Heinz-Harald Frentzen: »Platz acht ist natürlich ein tolles Resultat, wenn man bedenkt, daß hier Power gefragt ist. Die haben wir schließlich nicht... Aber Ferrari und Sauber sind die einzigen Teams, die hier testen dürfen. Morgen werde ich von all denen nach hinten durchgereicht, die im Abstimmungsbereich den Rückstand wettmachen.«

24 Stunden später wiederholt sich die Szenerie. Zwar versucht der bisher »zeitlose« Papis sofort, Versäumtes nachzuholen, doch dann beginnt wieder das große Warten. Die Taktik des gegenseitigen Belauerns erinnert atmosphärisch an Stehversuche der Radsprinter im Bahnsport. Aus der Gruppe der Hauptakteure wagt zunächst Hill in der 18. Minute sein Glück. Elf Minuten später bringt ihn sein erster »gültiger Versuch« auf Platz zwei hinter Coulthard. Kurz darauf unterbietet der Schotte seine Vortagszeit und verschafft sich damit etwas mehr »Luft« zum Hintermann.

Nur noch ein gutes Drittel des Abschlußtrainings bleibt, als Schumacher ins Geschehen eingreift. Unmittelbar darauf erlebt Pedro Lamy ausgangs der zweiten Lesmo-Kurve eine Schrecksekunde. Sein Minardi droht sich rückwärts zu überschlagen...

Damon Hill hat Michael Schumacher torpediert. Beide Autos landen im Kies, wo...

... der aufgebrachte Deutsche durch einen Marshal besänftigt wird

Schumacher gerät im selben Streckenabschnitt auf die kerbs und kann sich nicht steigern. Jetzt drängt die Zeit. Sieben Minuten sind noch zu fahren, und 16 Boliden befinden sich auf der Piste. Alesi fährt sich unter dem Jubel der Tifosi auf Platz zwei vor. Dann ein kritischer Augenblick: Beim Anbremsen der Ascari-Schikane – bei einem Tempo von mehr als 300 km/h – dreht sich Luca Badoers Minardi und rast rückwärts in die Leitplanken. Anschließend überschlägt sich der Italiener im Kies, landet aber auf den Rädern. Badoer bleibt unverletzt. Sein Minardi übersteht den unfreiwilligen Crash-Test und kann innerhalb weniger Stunden repariert werden.

Dann die turbulenten Schlußminuten. Schumacher schiebt sich auf Rang vier, dann sogar auf den zweiten Platz vor. Parallel steigert sich Coulthard. Nun zirkulieren 20 (!) Autos. 120 Sekunden vor Ende der Sitzung gelingt Schumacher eine 25,0-Runde. Die hätte für die Pole gereicht, wenn Coulthard nicht unmittelbar zuvor unglaubliche 1.24,4 Minuten auf den Asphalt gezaubert hätte. Der letzte Schlag gehört Berger, der zum Trost für die Tifosi die drittbeste Zeit markiert.

Allen Befürchtungen zum Trotz, darf auch Frentzen mit seinem Startplatz, Rang zehn, zufrieden sein. Auf dem Power-Kurs fehlen ihm im Vergleich mit den Piloten der Top-Teams gut zehn Prozent Leistung.

Vor dem Start wird die Monza-Standardfrage diskutiert: Gelingt das Einfädeln des Feldes bei Tempo 330 km/h in die Doppelschikane Variante Goodyear? Im Vorjahr klappte es nicht, weil Irvine seinen Bremspunkt überfuhr und ins Heck des Lotus von Herbert krachte. Diesmal geht es bereits rund, bevor Bruynseraede Grünlicht gibt: Pole-Man Coulthard fliegt während der Formationsrunde ausgangs Ascari in den Sand. »Da war Öl«, erklärt er später kleinlaut, »vermutlich eine Folge des zuvor ausgetragenen Clio-Rennens.«

Zwar kann sich der Schotte befreien, aber während sich die 23 Konkurrenten

für den Start formieren, schaufeln die Williams-Mechaniker in den Boxen den Kies aus den Sidepots seines Rennwagens. Jetzt hat Schumacher »freie Bahn«, und er nutzt das unfreiwillige Geschenk des Highlanders. Weiter hinten macht Herbert Boden gut – auf Platz vier schiebt er sich vor.
Zu Beginn der zweiten Runde geht Berger am Spitzenreiter vorbei in Front, dann ist zunächst einmal Feierabend. In der Ascari-Schikane ist die Piste nach Drehern von Papis, Montermini, Diniz, Moreno und Boullion unpassierbar. Rote Flaggen werden geschwenkt, und Herberts Stimmungsbarometer steht auf »Sturm«. Der Blitzstarter glaubt sich um die große Chance des Tages betrogen...
Beim Neustart ist die Welt für fast alle wieder in Ordnung. Coulthard, jetzt am Steuer des T-car, darf seine Pole-Position wieder einnehmen. Auch Diniz und Boullion sitzen in den Reserve-Autos ihrer Teams. Der Franzose muß allerdings aus der Boxengasse ins Rennen gehen. Der auf Frentzens Bedürfnisse hergerichtete Ersatz-Sauber konnte nicht fristgerecht umgebaut werden. Moreno und Montermini sind mangels einsatzfähigen Materials nicht mehr dabei.
Beim zweiten Versuch behält Coulthard die Nerven. Vor Berger, der sich eingangs der ersten Schikane an Schumacher vorbeiquetschen kann, dem Kerpener, Hill, Alesi und Herbert übernimmt er die Führung und verteidigt sie recht locker bis in die 14. Runde. Dann meldet er sich über Funk bei seiner Crew und kündigt einen Stopp an – ein Vorderrad »wackelt« wegen eines schadhaften Lagers. Es kommt nicht mehr zum geplanten Halt: In der Roggia-Schikane kann Coulthard sein Auto nicht mehr kontrollieren und rutscht von der Bahn. »Obwohl der Wagen für Damon abgestimmt war – man hatte lediglich meinen Sitz eingebaut – ,lief es wunderbar«, berichtet der Schotte enttäuscht, »ich hatte noch Reserven und die Situation im Griff.«
Martin Brundle, der Dritte von Spa, ist zu diesem Zeitpunkt bereits out. Hinten links platzte ein Reifen. Der Ligier-Fahrer: »Der Schaden kündigte sich bei Vollgas im sechsten Gang an! Eigentlich hätte sich in diesen Sekunden mein ganzes Leben vor meinen Augen wie ein Film abspielen müssen. So ist es doch, wenn man dem Tod ins Auge schaut...« Brundle schleppt seinen Wagen zwar noch in Schleichfahrt bis an die Boxen, aber auf dem Weg dorthin ruiniert er die Radaufhängung. Später wird seine Dreirad-Einlage als »gefährliche Fahrweise« interpretiert: Sperre für ein Rennen auf Bewährung. Brundles Kommentar: »Meine Entscheidung, trotz des Schadens weiterzufahren, war sicherlich nicht sehr sensibel... Dann kam mir Gilles Villeneuve in den Sinn – der fuhr in einer ähnlichen Situation auch weiter und wurde anschließend gefeiert.«
Berger, Schumacher, Hill und Alesi heißt die neue Reihenfolge an der Spitze, und die knappen Abstände lassen auf viel Spannung hoffen. Runde 24 halbiert das Führungs-Quartett. Vor der Roggia-Schikane laufen Schumacher und Hill auf den zur Überrundung anstehenden Japaner Inoue auf. Zunächst bleibt der Footwork-Pilot auf der Ideallinie. Der Weltmeister schert aus und überholt ihn links. Hill will folgen, doch in diesem Augenblick gibt ihm der Asiate die günstigere rechte Pistenhälfte frei. Der Williams-Fahrer nimmt die Einladung an und... knallt gegen den Benetton. Beide landen in der Auslaufzone.
Schumacher ist wütend und rennt zum Wagen des Konkurrenten, der noch im Cockpit sitzt. Bevor die Situation eskaliert, besänftigen Marshals den Rheinländer. Hill schimpft anschließend über den »unfähigen Papis«, dem die Lizenz entzogen gehört. »Aha«, korrigiert er, »dann eben dem Inoue.« Seine Fahrweise habe ihn irritiert, und anschließend sei Schumacher früher als in den Runden zuvor in die Bremsen gestiegen. Aber die Telemetrie-Daten von Benetton beweisen: Der Deutsche bremste sogar acht Meter später als zuvor. Hill fuhr 15 km/h schneller als Schumacher, als die Wagen kollidierten. Der Champion: »Damon entschuldigte sich zwar, aber er schob die Schuld auf Inoue. Eigene Fehler kann er nicht eingestehen.«
Die Folgen des Crashs der beiden Widersacher sind nach dem Geschmack der Tifosi: Im Anschluß an die Routine-Stopps, die nacheinander Alesi, Barrichello, Häkkinen und Herbert an die Spitze spülen, führt das Ferrari-Duo in der Reihenfolge Alesi vor Berger. Keine volle Sekunde trennt die beiden. In Runde 33 ist erneut der Streckenabschnitt Roggia Schauplatz einer Schlüsselszene: Die TV-Kamera löst sich vom Heckspoiler des erstplazierten Ferrari. Hintermann Berger: »Mir fuhr ein gewaltiger Schrecken in die Glieder, als ich die Kamera auf mich zufliegen sah. Hätte sie mich bei 300 km/h am Kopf getroffen, wäre ich in Estoril wohl nicht mehr an den Start gegangen...« Der Tiroler hat Glück: Das Projektil verfehlt ihn, trifft aber seinen Boliden. Der Aufschlag zertrümmert die Radaufhängung vorn links!
Aber immer noch darf das Publikum auf einen Ferrari-Sieg hoffen. Alesi liegt mit gut sieben Sekunden Vorsprung auf Herbert vorn, und dieser Abstand bleibt stabil. Der Traum vom ersten Monza-Sieg der Scuderia seit Bergers Erfolg im Jahr 1988 erfüllt sich jedoch nicht: In Runde 46 kollabiert die hintere Aufhängung am Wagen des Spitzenreiters, der anschließend weinend in den Armen von Sport-Direktor Jean Todt Trost sucht.
Damit ist der Weg für ein Trio frei, das sich bisher noch nie während der obligatorischen Champagner-Dusche begegnete: Herbert, Häkkinen und Frentzen! Jetzt vergießt auch Peter Sauber Tränen, der erstmals einen Sauber-F1-

Der unscharfe Beweis eines Jahrhundert-Ausfalls. Gerhard Bergers Ferrari ist durch Jean Alesis Onboard-Kamera getroffen worden – das linke Vorderrad läuft aus der Spur

Piloten auf dem Treppchen sieht und sich zudem über einen WM-Punkt für Boxen-Starter Boullion freuen darf. Während Herbert bereits über mögliche Titelchancen spekuliert – »Wenn Damon und Michael so weitermachen, könnte es für mich reichen« – ,schwärmt Frentzen vom Podium-Gefühl: »Ich hatte schon ganz vergessen, wie es dort oben aussieht. Es ist wundervoll.« Recht nüchtern hingegen der Kommentar Mika Häkkinens, dem ersten Mercedes-Fahrer der Neuzeit, der an der Siegerehrung teilnehmen darf: »Wir müssen weiterhin hart arbeiten, um den McLaren schnell zu machen. Wegen der vielen Ausfälle darf das heutige Ergebnis nicht überbewertet werden.«

ERGEBNISSE UND AUSFÄLLE

1. Johnny Herbert	Benetton-Renault B195-05	1:18.27,916 = 233,814 km/h
2. Mika Häkkinen	McLaren-Mercedes MP4/10B-5	17,779 Sekunden zurück
3. Heinz-Harald Frentzen	Sauber-Ford C14-06	24,321 Sekunden zurück
4. Mark Blundell	McLaren-Mercedes MP4/10B-6	28,223 Sekunden zurück
5. Mika Salo	Tyrrell-Yamaha 023-06	1 Runde zurück
6. Jean-Chr. Boullion	Sauber-Ford C14-02	1 Runde zurück
7. Max Papis	Footwork-Hart FA16-03	1 Runde zurück
8. Taki Inoue	Footwork-Hart FA16-04	1 Runde zurück
9. Pedro Diniz	Forti-Ford FG01-02	3 Runden zurück
10. Ukyo Katayama	Tyrrell-Yamaha 023-05	6 Runden zurück
Jean Alesi	Ferrari 412 T2 161	46. Runde, Aufhängung hi. li.
Rubens Barrichello	Jordan-Peugeot 195/004	44. Runde, Hydraulik
Eddie Irvine	Jordan-Peugeot 195/005	41. Runde, Motor
Gerhard Berger	Ferrari 412 T2 162	33. Runde, Aufhängung vorn li.
Luca Badoer	Minardi-Ford M195-02	27. Runde, Unfall
Michael Schumacher	Benetton-Renault B195-06	24. Runde, Unfall
Damon Hill	Williams-Renault FW17-6	24. Runde, Unfall
Olivier Panis	Ligier-Mugen JS41-01	21. Runde, Dreher
David Coulthard	Williams-Renault FW17-2	14. Runde, Radlager
Martin Brundle	Ligier-Mugen JS41-05	11. Runde, Reifen
Giovanni Lavaggi	Pacific-Ford PR02/1	7. Runde, Dreher
Pedro Lamy	Minardi-Ford M195-03	1. Runde, Differential

Schnellste Runde:
(24. Runde) – Gerhard Berger, Ferrari 412 T2, 1.26,419 = 240,363 km/h

GRANDE PREMIO DE PORTUGAL
Estoril, 24. September

Nach dem Training strahlen Damon Hill und David Coulthard (links) Zuversicht aus. Der Schotte wird tatsächlich siegen – Hill aber fällt im Titel-Duell gegen Schumacher zwei weitere Punkte zurück

»Schumi« mit besserem Gummi

Williams zieht FW17B aus dem Ärmel – McLaren nur im ersten freien Training schnell – Frentzen Superstar – Mysteriöse Lager-Schäden – Glück im Unglück für Katayama – Frentzen und der vierte Gang – Endloser Boxenstopp für Hill – Die Aufholjagd des »HHF« – Entscheidung in der Schikane – David Coulthard fehlerfrei – Zoff bei Ferrari

Ein mit schweren Anschuldigungen gegen Benetton gespickter anonymer Brief schreckt in Estoril die Mitglieder des F1-Zirkus auf. Boulevard-Zeitungen berichten bereits in aller Welt vom »Jahrhundert-Skandal«, da fliegt der Schwindel auf. Das Schreiben ist keinen Pfifferling wert, so wie Jean-Denis Delétraz, der bei Pacific Giovanni Lavaggi abgelöst hat. Der Schweizer PS-Amateur ist so langsam, daß er sogar in der Formel 3000 – die im Rahmenprogramm antritt – unter den Nachzüglern rangieren würde...

Eine beachtete Bereicherung ist hingegen der neue Williams-Renault vom Typ FW17B. Bei Tests in Silverstone fand Damon Hill am Steuer dieses Boliden eine volle Sekunde. Damit scheint der Engländer für das WM-Finale bestens gerüstet. Auch McLaren machte fleißig Hausaufgaben und präsentiert die C-Spezifikation des MP4/10. Unzureichend getestet, bringt der C-Typ nicht die gewünschten Leistungen.

Im ersten freien Training fährt Mika Häkkinen zwar die schnellste Runde, um dieses Show-Ergebnis zu erzielen, braucht er allerdings fünf Satz Reifen! Als es ernst wird, ist kein McLaren mehr unter den ersten zehn zu sehen. Vorn geben die Wunder-Williams den Ton an. Michael Schumacher muß sich mit Platz drei begnügen. »Ich hoffe«, überlegt er nach dem zweiten Qualifying, »daß David vor Damon ins Ziel kommt, dann verliere ich nur zwei anstatt sechs Punkte meines Vorsprungs.« Willi Weber, Manager des Rheinländers, sieht's gelassen: »Coulthard gewinnt, Hill fällt aus und Michael wird zweiter.«

Der geheime Held des Trainings heißt Heinz-Harald Frentzen. Der Mönchengladbacher hat seinen Sauber-Ford auf den fünftbesten Startplatz gestellt. Seinem Naturell entsprechend, bleibt er trotz der Glanztat cool: »Der C14 paßt gut zu der Piste von Estoril – hier stimmt's halt.«

Am Abend des zweiten Trainingstages wird in der Williams-Box eine Krisensitzung einberufen. In den neuen Getrieben haben sich einige Lager minimal verschoben. Patrick Head und seine Mannen diskutieren lange, dann fällt die Entscheidung: Es wird kein Ausfall-Risiko eingegangen – die Mechaniker erhalten den Auftrag, die Boliden auf den Stand von Monza zurückzurüsten! Hill hört das gar nicht gern... Auch bei McLaren wird umgebaut. Häkkinen soll wieder die B-Version fahren. Mark Blundell soll hingegen »einige Teile« der Modifikation im Renneinsatz auf Herz und Nieren testen. Aber dem Rennstall aus Woking bleibt selbst bei diesem relativ unwichtigen Schritt das Pech treu: Als Blundell am Morgen des Renntags seinen Koffer packt und zum Auto tragen will, verhebt er sich! Ein Nerv ist eingeklemmt, und Team-Physiotherapeut Jo Leberer hat alle Hände voll zu tun, den Piloten halbwegs fit zu machen. Mark Blundell nach dem Warm-up: »Irgend-

Turbulenter erster Start. Coulthard ist bereits entschwunden, Hill und der Champion folgen. Dahinter nimmt Frentzen Kurs aufs Grün, und am Feldende jagt Katayama den Zuschauern großen Schrecken ein

GROSSER PREIS VON PORTUGAL (Autódromo Fernanda Pires da Silva)

STRECKE

Ort und Datum	Estoril, 24. September
Wetter	sonnig, sehr warm, windig
Streckenlänge	4,360 km
Runden	71
Renndistanz	309,560 km
Bestehender Rundenrekord	1.22,446 = 190,379 km/h David Coulthard, Williams-Renault FW16B; GP 1994
GP-Sieger 1994	Damon Hill, Williams-Renault FW16B 1:41.10,165 = 183,589 km/h

TRAININGSZEITEN

		22. Sept.	**23. Sept.**
1. David Coulthard	Williams-Renault FW17B	1.21,423	1.20,537◂
2. Damon Hill	Williams-Renault FW17B	1.21,322	1.20,905◂
3. Michael Schumacher	Benetton-Renault B195	1.21,885	1.21,301◂
4. Gerhard Berger	Ferrari 412 T2	1.22,281	1.21,970◂
5. Heinz-H.Frentzen	Sauber-Ford C14	1.23,485	1.22,226◂
6. Johnny Herbert	Benetton-Renault B195	1.23,786	1.22,322◂
7. Jean Alesi	Ferrari 412 T2	1.22,656	1.22,391◂
8. Rubens Barrichello	Jordan-Peugeot 195	1.23,142	1.22,538◂
9. Martin Brundle	Ligier-Mugen JS41	1.23,244	1.22,588◂
10. Eddie Irvine	Jordan-Peugeot 195	1.22,957	1.22,831◂
11. Olivier Panis	Ligier-Mugen JS41	1.23,284	1.22,904◂
12. Mark Blundell	McLaren-Mercedes MP4/10C	1.24,583	1.22,914◂
13. Mika Häkkinen	McLaren-Mercedes MP4/10C	1.23,064◂	1.23,114
14. Jean-Chr.Boullion	Sauber-Ford C14	ohne Zeit	1.23,934◂
15. Mika Salo	Tyrrell-Yamaha 023	1.24,942	1.23,936◂
16. Ukyo Katayama	Tyrrell-Yamaha 023	1.24,631	1.24,287◂
17. Pedro Lamy	Minardi-Ford M195	1.26,210	1.24,657◂
18. Luca Badoer	Minardi-Ford M195	1.25,746	1.24,778◂
19. Taki Inoue	Footwork-Hart FA16	1.24,883◂	1.25,031
20. Max Papis	Footwork-Hart FA16	1.25,696	1.25,179◂
21. Andrea Montermini	Pacific-Ford PR02	1.27,659	1.26,172◂
22. Pedro Diniz	Forti-Ford FG01	1.29,137	1.27,292◂
23. Roberto Moreno	Forti-Ford FG01	1.28,672	1.27,523◂
24. Jean-Denis Delétraz	Pacific-Ford PR02	disqual.	1.32,769◂

STARTAUFSTELLUNG

6 David Coulthard 1.20,537	
	5 Damon Hill 1.20,905
1 Michael Schumacher 1.21,301	
	28 Gerhard Berger 1.21,970
30 Heinz-Harald Frentzen*** 1.22,226	
	2 Johnny Herbert 1.22,322
27 Jean Alesi 1.22,391	
	14 Rubens Barrichello 1.22,538
25 Martin Brundle 1.22,588	
	15 Eddie Irvine 1.22,831
26 Olivier Panis 1.22,904	
	7 Mark Blundell 1.22,914
8 Mika Häkkinen 1.23,064	
	29 Jean-Chr. Boullion 1.23,934
4 Mika Salo 1.23,936	
	3 Ukyo Katayama * 1.24,287
23 Pedro Lamy 1.24,657	
	24 Luca Badoer 1.24,778
10 Taki Inoue 1.24,883	
	9 Max Papis * 1.25,179
17 Andrea Montermini ** 1.26,172	
	21 Pedro Diniz 1.27,292
22 Roberto Moreno 1.27,523	
	16 Jean-Denis Delétraz 1.32,769

* am 2. Start nicht teilgenommen
** Start aus der Boxengasse
*** Start aus der letzten Reihe

Heinz-Harald Frentzen (30) pflügt sich mit Bravour nach vorn

wie wird's schon gehen, aber im Augenblick habe ich bei jedem Atemzug starke Schmerzen.«

Die Erinnerung an die erste Formationsrunde von Monza ist noch hellwach, als sich die 24 Autos auf dem Startplatz formieren. Coulthard, der Trainingsschnellste, will sich keinesfalls noch einmal zum Gespött der Zuschauer machen und kündigt an: »Gleich werden wir die langsamste Einführungsrunde der Formel 1-Geschichte erleben...«

Tatsächlich gelingt es dem Schotten anschließend, das Feld fehlerfrei zurück zu Start-und-Ziel zu führen. Der erste Start mißlingt. Vorn kommt das Feld gut weg, doch weiter hinten lenkt Uyko Katayama seinen Tyrrell bei Tempo 220 km/h – das zeigen die Telemetrie-Daten – gegen den Minardi des Italieners Luca Badoer. Die Folgen sind spektakulär: Der Tyrrell steigt auf und überschlägt sich mehrfach. Sofort wird das Rennen abgebrochen, um den Japaner bergen zu können. Per Helikopter wird er nach Lissabon in die Francisco Xavier Klinik geflogen, wo er bis zum nächsten Morgen bleiben muß. Verletzt ist Katayama nicht, aber er klagt über ein »steifes Genick« – deshalb wird ihn Tyrrell-Testfahrer Gabriele Tarquini am nächsten Sonntag in der Eifel vertreten.

Augenzeuge Luca Badoer gibt vor dem Neustart über die volle Distanz zu Protokoll: »Ich weiß nicht, weshalb er sein Auto in meine Richtung lenkte. Vielleicht unterlief ihm ein Fehler, vielleicht wollte er jemand ausweichen. Dann verhakten sich die Räder unserer Rennwagen, er stieg auf und flog über meinen Kopf davon...«

Der Supercrash lenkt von einem zweiten Zwischenfall ab: In der Startkurve fuhr Martin Brundle auf Heinz-Harald Frentzens Sauber auf, und der Mönchengladbacher kreiselte von der Piste. Katayamas Unfall hat er es jetzt zu verdanken, daß er eine unerwartete zweite Chance erhält. Nach der Montage einer neuen Nase auf dem Startplatz scheint Frentzen startbereit, als Coulthard seine Kollegen in die zweite Einführungsrunde führt. Der Sauber ruckt jedoch lediglich kurz, dann steht er mit abgestorbenem Motor still. Hinter ihm muß Jean Alesi anhalten, der im Übereifer zu dicht aufgefahren war und deshalb jetzt blockiert ist.

Die Ursache für das Malheur wird erst nach dem Grand Prix rekonstruiert: Um nach dem Dreher aus dem Kies geborgen werden zu können, hatte Frentzen das – im vierten Gang steckende – Getriebe per Knopfdruck neutralisiert. Als der Motor für den Vorstart gezündet wurde, lag automatisch wieder jene vierte Welle auf... Der Deutsche gab Gas und prompt starb der Motor ab.

Entgegen den Vorschriften stürzen sich die Sauber-Mechaniker auf Frentzens Boliden und erwecken den Motor zu neuem Leben. Korrekterweise hätten sie mit ihren Erste-Hilfe-Maßnahmen warten müssen, bis alle Konkurrenten den Havaristen passiert haben. Der Deutsche muß jetzt aus der letzten Reihe ins Rennen gehen, Alesi aber – dem Opfer »höherer Gewalt« – wird gestattet, vom Platz in der vierten Reihe zu starten.

35 Minuten zuvor hatte Damon Hill beim Einlenken in die erste Kurve Platz zwei hinter seinem Teamkollegen belegt. Jetzt aber überrumpelt ihn der Weltmeister. Damit ist eine wichtige Vorentscheidung im Titelkampf gefallen. Während Coulthard an der Spitze im Verlauf der ersten Runde einen Vorsprung von 1,2 Sekunden auf Schumacher herausfahren kann, pflügt sich »HHF« vom 21. – Montermini startete hinter ihm aus der Boxengasse – auf den 14. (!) Platz vor. Der Sauber-Pilot

ist wieder einmal in absoluter Top-Form.
Nur fünf Piloten werden die Zielflagge nicht sehen. Als ersten Vertreter dieses Quintetts erwischt es ausgerechnet den einzigen Portugiesen im Feld: Pedro Lamy. Der nächste überfährt aus lauter Wut seinen Bremspunkt und dreht sich – Olivier Panis, der notorische Frühstarter, hat gerade seine Zehn-Sekunden-Strafe abgesessen, als er übereifrig versucht, das verlorengegangene Terrain zurückzuerobern. Ausfallgrund Nummer drei ist der ungewöhnlichste: Delétraz, der pro Runde durchschnittlich elf Sekunden mehr braucht als der führende Schotte, wirft das Handtuch. Krämpfe im linken Arm foltern den überforderten Westschweizer. Spötter glauben den Grund hierfür zu kennen – das ständige Vorbeiwinken schnellerer Konkurrenten...
An der Spitze nimmt Coulthard dem Titelverteidiger bis in die 13. Runde mehr als sechs Sekunden ab. Hill folgt dem Deutschen mit knappem Rückstand. Der Brite ist gefordert, er ist es, der im Kampf um die Meisterschaft zurückliegt. In seiner Not nimmt er Funkverkehr mit seiner Box auf. Gemeinsam mit seinen Helfern überlegt er, was zu tun ist. Hill nach dem Rennen: »Michael verlor Zeit auf David. Gleichzeitig fiel es mir leicht, ihn zu pushen. Wir schlossen daraus, daß er mit einer Zwei-Stopp-Taktik unterwegs ist.« Hill entschließt sich deshalb, auch nur zweimal Service machen zu lassen – ursprünglich wollte er dreimal halten. Als er nach 18 Runden in die Boxengasse abbiegt, traut er seinen Augen nicht: Auch Schumacher nimmt Gas weg! Er will also doch dreimal stoppen. Für die Williams-Crew kommt die Erkenntnis zu spät. Schumacher wird schnell abgefertigt. Sein Gegner aber steht 16,1 Sekunden lang still! Zum einen muß relativ viel Sprit eingefüllt werden, zum anderen braucht der Pilot »zwei, drei Versuche«, um den ersten Gang einzulegen... Als vierter, hinter Alesi, reiht er sich wieder ins Geschehen ein.
Der französische Ferrari-Fahrer ist pro Runde gut eine Sekunde langsamer als Hill, aber dank der flachgestellten Spoiler ist Alesi auf den Geraden so schnell, daß sein Verfolger fünf Runden lang vergeblich gegen die rote Festung anrennt, bevor er sich endlich vorbeiquetschen kann.
Aufholjäger Frentzen liegt zu diesem Zeitpunkt bereits auf Rang neun. Auf Ausfälle schnellerer Gegner wartete er bisher vergeblich. Konkurrent um Konkurrent muß niedergekämpft werden, und daran wird sich bis ins Ziel nichts ändern.
Seit August 1973 siegte kein Schotte mehr in der Formel 1. Jetzt spricht alles dafür, daß diese Durststrecke beendet wird: Coulthard führt nicht souverän, aber deutlich genug, um von zehn Punkten träumen zu dürfen.
Schumachers zweiter Stopp nach 35 Umläufen bringt Hill erstmals an diesem Tag auf Rang zwei. Als der Spitzenreiter ebenfalls hält, übernimmt der amtierende Vizemeister sogar kurzfristig die Führung. Weiter hinten tobt ein Bruderkrieg um Platz vier: Drei-Stopp-Berger bedrängt Zwei-Stopp-Alesi. Der Tiroler ist gerade auf relativ frischen Pneus unterwegs, deren Vorteil er im Sinne der Taktik nun gern nutzen würde... Wiederholt befiehlt Jean Todt über Radio, Alesi solle den Team-Kollegen passieren lassen. Aber der stellt seine Ohren auf Durchzug...
Nun legt sich Hill die Karten für das Finale zurecht. Nach 44 Runden gibt er die Führung ab und fällt auf Rang drei hinter Coulthard und Schumacher zurück, weil er seinen Williams für die Restdistanz auftanken und bereifen läßt. Jetzt wird sich zeigen, was seine Not-Strategie wert ist: Ihm bleibt eine Chance, aber nur, wenn er – im Anschluß an dessen letzten Stopp – vor Schumacher liegt. Das schafft er. Nach 54 der 71 Runden hält Schumacher ein letztes Mal – wieder wird er in weniger als acht Sekunden abgefertigt, aber Hill schlüpft vorbei.
Anfangs hat er einen Vorsprung von knapp fünf Sekunden. Aber das Polster wird dünner. Vom Gewicht her sind die Boliden der Rivalen nahezu identisch – beide haben Sprit für die ausstehenden Umläufe gebunkert. Aber Schumacher fährt mit fast unverbrauchten Gummis, Hills Pneus tun seit der 45. Runde ihren Dienst. Immer näher schiebt sich der Deutsche an seinen Herausforderer im Titelkampf heran. In der 60. Runde beträgt sein Rückstand bereits weniger als eine Sekunde. Nur einen Umlauf später will er in der Schikane spontan zuschlagen, steckt dann

Schumacher nimmt Maß und schiebt sich an Hills Williams vorbei auf Rang zwei

aber zurück. Schumacher: »Ich wußte genau, daß ich ihn dort packen kann. Aber ich wollte nichts übers Knie brechen, sondern den Angriff sorgfältig vorbereiten.«
Heinz-Harald Frentzen hat sein Ziel bereits erreicht: Er liegt in den Punkterängen. Zwar wird er sich später über sein Pech beim Vorstart, das ihn Platz vier kostete, ärgern, aber er ist auch stolz auf das bisher beste Formel 1-Rennen seiner Karriere. Nach dem Rennen ist er ausgebrannt. Seine Kraft reicht nicht einmal mehr zu dem Ruf »Ich will Spaghetti«, den er nach seiner Glanztat in Spa ausstieß. Vor der Mahlzeit wird er sich diesmal massieren lassen. »Ich gab 100 Prozent«, berichtet er zufrieden, während seine Muskeln gelockert werden, »und ging beim Überholen recht hohe Risiken ein – jede Runde war wie im Qualifying.«
In Runde 62 greift Schumacher wie geplant in der Schikane an und überholt Hill. Der Engländer verzichtet darauf, die »Notbremse« zu ziehen. »Nach allem, was zwischen uns beiden bisher vorfiel«, sagt er im Ziel, »konnten wir doch nicht schon wieder im Kies landen. Die Öffentlichkeit hätte uns ja als Deppen eingestuft...« Schumacher beurteilt den Vorgang eindeutig: »Natürlich war ich aufgrund meiner Reifen schneller. Hätte Damon eine etwas geschicktere Linie gewählt, wäre ich nicht vorbeigekommen. In umgekehrter Situation hätte es kein Überholmanöver gegeben.«
Im »Schatten« des Duells der Titelaspiranten fährt Coulthard fehlerfrei seinen ersten Grand Prix-Sieg heim. Nach der Siegerehrung zeigt er sich erleichtert: »Ich wußte immer, daß ich es kann – aber es ist sehr beruhigend, den Beweis in der Tasche zu haben.« Schumacher denkt erstmals laut darüber nach, daß er »sehr gute Chancen« hat, den Titel zu verteidigen. Hill hingegen kapituliert: »Wenn kein Wunder geschieht, werde ich nicht Meister.« In wenigen Tagen wird er wieder Feuer fangen und neuen Mut fassen. Das Feuer bei Ferrari hat sich bis dahin gelegt. Jetzt aber fliegen die Fetzen im Motorhome. Jean Todt macht Alesi Vorwürfe wegen Befehlsverweigerung. Der Pilot läßt das nicht auf sich sitzen. Er versucht, sich zu rechtfertigen und lehnt sich weit aus dem Fenster: »Jean Todt schadet dem Team!« Eine saftige Geldbuße bringt Burgfrieden bei Ferrari.

Willkommen im Club der GP-Sieger! Michael Schumacher gratuliert David Coulthard. Der Schotte ist bereits der fünfte Gewinner der Saison 1995

ERGEBNISSE UND AUSFÄLLE

1. David Coulthard	Williams-Renault FW17-5	1:41.52,145 = 182,319 km/h
2. Michael Schumacher	Benetton-Renault B195-06	7,248 Sekunden zurück
3. Damon Hill	Williams-Renault FW17-6	22,121 Sekunden zurück
4. Gerhard Berger	Ferrari 412 T2 162	1.24,879 Minuten zurück
5. Jean Alesi	Ferrari 412 T2 161	1.25,429 Minuten zurück
6. Heinz-Harald Frentzen	Sauber-Ford C14-06	1 Runde zurück
7. Johnny Herbert	Benetton-Renault B195-05	1 Runde zurück
8. Martin Brundle	Ligier-Mugen JS41-05	1 Runde zurück
9. Mark Blundell	McLaren-Mercedes MP4/10C-4	1 Runde zurück
10. Eddie Irvine	Jordan-Peugeot 195/005	1 Runde zurück
11. Rubens Barrichello	Jordan-Peugeot 195/004	1 Runde zurück
12. Jean-Christophe Boullion	Sauber-Ford C14-05	1 Runde zurück
13. Mika Salo	Tyrrell-Yamaha 023-05	2 Runden zurück
14. Luca Badoer	Minardi-Ford M195-01	3 Runden zurück
15. Taki Inoue	Footwork-Hart FA16-04	3 Runden zurück
16. Pedro Diniz	Forti-Ford FG01-04	5 Runden zurück
17. Roberto Moreno	Forti-Ford FG01-02	7 Runden zurück

Andrea Montermini	Pacific-Ford PR02/2	54. Runde, Getriebe
Mika Häkkinen	McLaren-Mercedes MP4/10B-3	45. Runde, Motor
Jean-Denis Delétraz	Pacific-Ford PR02/1	15. Runde, Aufgabe/Krämpfe
Oliver Panis	Ligier-Mugen JS41-01	11. Runde, Dreher
Pedro Lamy	Minardi-Ford M195-03	8. Runde, Getriebe

Schnellste Runde:
(2. Runde) – David Coulthard, Williams-Renault FW17, 1.23,220 = 188,608 km/h

GROSSER PREIS VON EUROPA
Nürburg, 1. Oktober

Nach zehnjähriger Abwesenheit gibt der Formel 1-Zirkus wieder ein Gastspiel in der rauhen Eifel-Landschaft

Vorentscheidung

Verneigung vor der Nordschleife – Williams gibt den Ton an – Der Titelverteidiger ist pessimistisch – Ein Team-Besitzer mit hellseherischen Fähigkeiten – Jean Alesis Reifen-Poker – Offener Schlagabtausch der Titelaspiranten – Nasen-Tausch wirft Hill zurück – Schumacher »überhört« Funkbefehl – Nur noch drei Punkte fehlen

Erstmals seit 1985 gastiert die Formel 1 im Schatten der Nürburg. Dieses Ereignis wird von den Medien bereits im Vorfeld bundesweit gefeiert. Dabei wird meist »übersehen«, daß natürlich nicht auf der legendären Nordschleife – 20,8 Kilometer dieser Berg-und-Tal-Bahn sind glücklicherweise immer noch erhalten – gefahren wird. Der Schauplatz des GP von Europa hat mit dem historischen Kurs lediglich den Namen gemein.

Nur mittwochs haben die Piloten Zeit, sich auf dem Kurs der Vorväter umzuschauen. Mika Häkkinen nutzt die Gelegenheit und dreht einige Runden am Steuer eines Mercedes C36. Zehn Jahre ist es her, daß der Finne eine Umrundung der Nürburg-Ruine wagte. Damals fuhr er einen Lieferwagen... Seine Erinnerungen an den Streckenverlauf sind ausgelöscht, aber jetzt gibt er Gas, als kenne er jeden Zentimeter des Asphaltbandes. Immer wieder muß er »zaubern«, um das Auto auf der regennassen Piste zu halten. Aber Häkkinen genießt jede Minute. Wäre es möglich, hier mit einem F1-Boliden zu fahren? »Natürlich«, antwortet der McLaren-Fahrer spontan, »von mir aus sofort – zehn Runden Training und ich wüßte, wo's langgeht.«

Auch Damon Hill, dessen Vater hier 1962 bei strömendem Regen gewann, dreht eine Runde. Zehn Minuten braucht er, der einen Clio-Williams fährt. Anschließend wirkt er nachdenklich. »Es ist unglaublich, was die Fahrer früher leisteten. Diese Strecke ist die größte Herausforderung, die ich kenne.« Lachend gesteht er dann, er hätte während seiner Jungfernrunde etwas schneller fahren können, wenn er sich nicht ständig vor Gegenverkehr gefürchtet hätte...

Michael Schumacher lobt die lange Piste mit ihren 300 (!) Metern Höhenunterschied, verzichtet aber auf eine Sightseeing-Tour. Der Kerpener hat andere Sorgen. Mittwochs fuhr er im Bereich des Autobahnkreuzes Köln-Ost auf einen Lkw auf. Es habe gekracht, erklärt der Champion, weil er am Radio einen anderen Sender einstellen wollte und deshalb nach unten blickte. »Unfug«, sagt David Coulthard, »ich fahre den gleichen Dienstwagen von Renault – die Radioknöpfe sind oben am Lenkrad...« Und Schumacher-Rivale Hill meint: »Ich bat den Lkw-Fahrer, früher als normal zu bremsen.«

Freitags ist der Spaß vorüber: Fünf Tage nach dem Rennen in Estoril dröhnen die Motoren erneut. Williams setzt wieder auf die B-Version, die in Portugal im Training überzeugte. McLaren-Mercedes gibt dem C-Modell eine neue Chance. Das Dennis-Team blieb zwei Tage länger in Estoril, um die jüngste Modifikation ausgiebig zu testen. Beim zweiten »Heimspiel« des Jahres will man gut abschneiden. Rechtzeitig für den GP von Euro-

Montermini im Training. Auch während des Rennens wird dem Pacific-Piloten etwas fehlen – Benzin...

GROSSER PREIS VON EUROPA (Nürburgring)

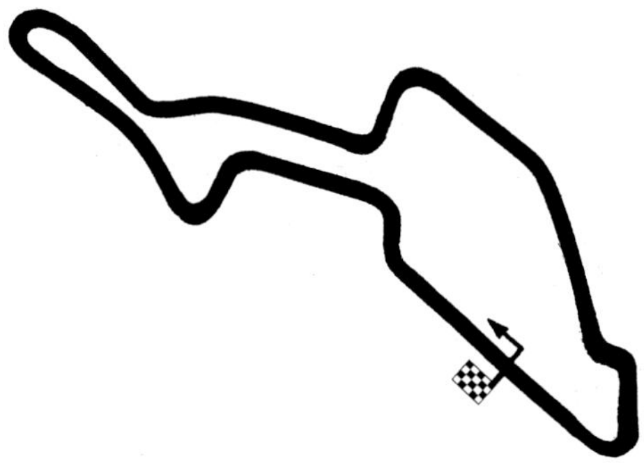

STRECKE

Ort und Datum	Nürburg, 1. Oktober
Wetter	kalt, bewölkt, windig, anfangs naß
Streckenlänge	4,556 km
Runden	67 – nach Startabbruch und einer zweiten Formationsrunde um einen Umlauf gekürzt
Renndistanz	305,252 km
Bestehender Rundenrekord	1.40,26 = 163,591 km/h Sandy Grau, DTM-Mercedes, 1995
GP-Sieger 1994 (GP von Europa/Jerez)	Michael Schumacher, Benetton-Ford B194; 1:40.26,689 = 182,507 km/h

TRAININGSZEITEN

			29. Sept.	30. Sept.
1.	David Coulthard	Williams-Renault FW17B	1.18,738◂	1.19,913
2.	Damon Hill	Williams-Renault FW17B	1.18,972◂	1.19,607
3.	Michael Schumacher	Benetton-Renault B195	1.19,470	1.19,150◂
4.	Gerhard Berger	Ferrari 412 T2	1.19,821◂	1.21,083
5.	Eddie Irvine	Jordan-Peugeot 195	1.20,488◂	1.21,426
6.	Jean Alesi	Ferrari 412 T2	1.20,521	1.20,510◂
7.	Johnny Herbert	Benetton-Renault B195	1.20,653◂	1.21,236
8.	Heinz-H. Frentzen	Sauber-Ford C14	1.20,762	1.20,749◂
9.	Mika Häkkinen	McLaren-Mercedes MP4/10C	1.20,866◂	1.20,968
10.	Mark Blundell	McLaren-Mercedes MP4/10C	1.20,909◂	1.21,583
11.	Rubens Barrichello	Jordan-Peugeot 195	1.21,350	1.21,211◂
12.	Martin Brundle	Ligier-Mugen JS41	1.21,541◂	1.22,062
13.	Jean-Christophe Boullion	Sauber-Ford C14	1.22,059◂	1.34,210
14.	Olivier Panis	Ligier-Mugen JS41	1.22,062◂	1.22,565
15.	Mika Salo	Tyrrell-Yamaha 023	1.23,058◂	1.23,079
16.	Pedro Lamy	Minardi-Ford M195	1.23,328◂	1.24,087
17.	Max Papis	Footwork-Hart FA16	1.23,689◂	1.24,134
18.	Luca Badoer	Minardi-Ford M195	1.23,760◂	1.26,406
19.	Gabriele Tarquini	Tyrrell-Yamaha 023	1.24,286◂	1.24,352
20.	Andrea Montermini	Pacific-Ford PR02	1.24,696◂	1.26,102
21.	Taki Inoue	Footwork-Hart FA16	1.26,667	1.24,900◂
22.	Pedro Diniz	Forti-Ford FG01	1.25,647	1.25,157◂
23.	Roberto Moreno	Forti-Ford FG01	1.26,784	1.26,098◂
24.	Jean-Denis Delétraz	Pacific-Ford PR02	1.27,853◂	1.29,677

STARTAUFSTELLUNG

6 David Coulthard
1.18,738

5 Damon Hill
1.18,972

1 Michael Schumacher
1.19,150

28 Gerhard Berger
1.19,821

15 Eddie Irvine
1.20,488

27 Jean Alesi
1.20,510

2 Johnny Herbert
1.20,653

30 H.-H. Frentzen
1.20,749

8 Mika Häkkinen
1.20,866

7 Mark Blundell
1.20,909

14 Rubens Barrichello
1.21,211

25 Martin Brundle
1.21,541

29 Jean-Chr. Boullion
1.22,059

26 Olivier Panis
1.22,062

4 Mika Salo
1.23,058

23 Pedro Lamy
1.23,328

9 Max Papis
1.23,689

24 Luca Badoer
1.23,760

3 Gabriele Tarquini
1.24,286

17 Andrea Montermini
1.24,696

10 Taki Inoue
1.24,900

21 Pedro Diniz
1.25,157

22 Roberto Moreno *
1.26,098

16 Jean-Denis Delétraz
1.27,853

* Start aus der Boxengasse

pa wurde die Mercedes-Tribüne errichtet – 8000 Gäste der Untertürkheimer sind geladen...

Im ersten Qualifying gibt das Williams-Duo den Ton an. David Coulthard fährt vor seinem Team-Kollegen Bestzeit. Michael Schumacher muß sich mit Rang drei begnügen. »Ich fuhr auf der letzten Rille«, sagt er, »mehr ist nicht drin. Es wird sehr schwierig, an diesem Wochenende vor den Williams ins Ziel zu kommen.« McLaren-Mercedes spielt nicht einmal eine Nebenrolle.

Erst nach dem ersten Zeittraining taucht Bertrand Gachot im Fahrerlager auf. Der Belgier informiert sich über die Ereignisse des Tages und hört so, was Schumacher erklärte. »Michael macht sich doch wegen Damon keine ernsthaften Sorgen«, winkt Gachot grinsend ab, »der weiß doch genau, daß er den Deppen schlagen wird – das ist doch viel zu einfach.«

Als das Abschlußtraining beginnt, ist die Bahn naß. Bei niedrigen Temperaturen verdunstet das Regenwasser nur sehr, sehr langsam. Lange Zeit tut sich nichts: Niemand ist bereit, die Piste für die Gegner trockenzufahren. Als erster der Stars geht Damon Hill drei Minuten vor »Halbzeit« auf eine Schnupper-Runde. Unterm Strich verbessern nur sieben Fahrer ihre Vortagszeiten, denn bis in die Schlußminuten – jetzt versuchen 16 Piloten gleichzeitig ihr Glück – bleibt es im Castrol-S und in der Zieleingangskurve feucht. Höhepunkt der undramatischen Sitzung ist Andrea Monterminis Fahrt auf drei Rädern. Die Pacific-Mechaniker hatten, wie schon bei Gachot in Monaco, den Zentralverschluß nur lieblos festgeschraubt.

Jetzt steht Schumachers Taktik für das Rennen fest. Die Devise heißt: Schadensbegrenzung. Er hofft wie in Estoril, daß Coulthard vor Hill ins Ziel kommt. Bei Williams ist von einer Stallregie keine Rede. Auf die Frage, ob er Hill helfen wird, antwortet Coulthard: »Ich bin kein Arzt – weshalb soll ich helfen?« Rennfahrer sei er, und Rennfahrer wollen siegen. Hill spielt mit, obwohl ihn ein kooperativer Team-Kollege jetzt ruhiger schlafen lassen würde: »Ich will den Titel aus eigener Kraft holen. Geschenke von David möchte ich nicht.« Nachdem er in Estoril bereits resigniert hatte, zeigt der Engländer plötzlich wieder die Zähne: »Am Sonntag werden sich einige Leute wundern. Knapp 25 Prozent der Meisterschaft liegen noch vor mir, das reicht aus, um Schumacher noch abfangen zu können.«

Erst spät am Abend fällt bei Williams die Entscheidung, die B-Typen auch im Rennen einzusetzen. Diesmal gab es keine verdächtigen Lager im Getriebe – die Wunderwaffe soll für einen Doppelsieg sorgen.

Am Morgen des Renntags zeigt sich die Region erneut von ihrer unfreundlichsten Seite: 7,1 Grad Lufttemperatur, der Asphalt ist kein Zehntelgrad wärmer. Das Barometer zeigt 939,5 hpa bei fallender Tendenz. Der Wind weht – vorläufig mit müden 5,2 km/h – aus süd-, südwestlicher Richtung. An die gute alte Zeit mit ihren Hitze-

Jean Alesi – pfeilschnell, aber nicht immer auf dem rechten Weg

Beinahe-Zusammenstoß – Rubens Barrichello nutzt die Lücke, Mika Salos Tyrrell kreiselt. Im Hintergrund der geparkte McLaren des Briten Mark Blundell

schlachten in Rio de Janeiro erinnert lediglich der Luftfeuchtigkeitswert: 92 Prozent!
Weil tiefhängende Wolken die Sicht rauben, weigern sich die Piloten, pünktlich ins Warm-up zu starten. Das große Zittern beginnt. Bei Ligier und Sauber montieren die Mechaniker aus Jux Scheinwerfer auf die Frontspoiler der Autos... Was passiert, wenn sich die Nebelschwaden nicht verflüchtigen? Zuletzt stand 1991 ein WM-Lauf wegen schlechten Wetters vor der Absage – das Gruppe C-Rennen im japanischen Autopolis. Damals wurde mit mehrstündiger Verspätung gestartet, Gewinner waren die beiden Sauber-Piloten Schumacher und Wendlinger.
Jetzt gerät der Zeitplan weit weniger durcheinander: Mit nur 35 Minuten Verspätung werden die letzten Trainingsrunden gedreht. Eigentlich müßte nun die Startzeit entsprechend von 14 auf 14.35 Uhr verlegt werden, aber mit Blick auf die weltweite TV-Berichterstattung wird die vorgeschriebene Mittagspause kurzerhand »eingedampft«.
Der erste Höhepunkt ist bereits während der letzten Check-Runden zu verzeichnen, bevor die Boliden auf ihren Startplätzen »geparkt« werden: David Coulthard dreht sich von der Piste. Damit sinken die Chancen des Schotten, der nun in den Reserve-Williams umsteigen muß, der auf Hills Bedürfnisse abgestimmt ist.
Die Bahn ist naß, aber es regnet nicht mehr. Damit wird die Reifenwahl zum Poker. Schumachers und Hills Helfer belauern sich gegenseitig. Aber kein Team nimmt die Heizdecken so früh von den Pneus, daß der Gegner anschließend noch reagieren könnte. Endlich werden die Geheimnisse gelüftet und es steht fest: Abgesehen von Jean Alesi und den beiden McLaren-Fahrern gehen alle Piloten auf Nummer Sicher – Reifen mit Drainage-Rillen.
Als die 24 Piloten auf die Reise geschickt werden sollen, signalisiert Max Papis Probleme – die Prozedur wird abgebrochen. Anstatt den Footwork zügig wegzubugsieren, schieben ihn die Marshals von hinten nach vorn durchs Startfeld. Eine zweite Einführungsrunde wird notwendig. Jetzt gerät Roberto Moreno in Not, der das Rennen mit Verspätung aus der Boxengasse aufnehmen wird. Erneut schwenkt ein Footwork-Fahrer alarmierend seine Arme: Jetzt ist es der Japaner Taki Inoue. Weil er – dank Morenos Abwesenheit – in der linken Reihe ganz hinten steht, nimmt Starter Roland Bruynseraede keine Rücksicht auf den Asiaten und gibt endlich das erlösende Grünlicht!
Erinnerungen an Gachots spöttische Worte werden wach, als sich Schumacher schon auf den ersten Metern an Hill vorbeischieben kann. Coulthard, Schumacher, Hill, Irvine, Herbert und Alesi heißt die Reihenfolge auf den ersten sechs Plätzen. Alesi kommt trotz des schmierig glatten Belags blendend zurecht. Ganz anders die beiden McLaren-Piloten, die nach mäßigen Trainingsleistungen mit »Zwittern« unterwegs sind, die aus den Spezifikationen B und C aufgebaut wurden. Häkkinen und Blundell rutschen auf Slicks hilflos auf der Piste herum und balgen sich auf den hintersten Rängen mit Forti-Pilot Pedro Diniz.
Als Schumacher und Hill nach elf und Coulthard im Anschluß an die zwölfte Runde ihre ersten Boxenstopps einlegen, hat das Rennen mit Alesi einen neuen, überraschenden Spitzenreiter. Und der Franzose bleibt vorn, denn er läßt zunächst keinen Service machen. Alesi ist mit Ein-Stopp-Taktik unterwegs.
Hinter dem Slick-Ferrari, der zeitweise einen Vorsprung von mehr als 40 Sekunden halten wird, fighten die zwei Williams-Fahrer und Schumacher. Am Steuer des T-car fällt der Schotte recht schnell hinter die beiden Titelanwärter zurück, die sich einen offenen Schlagabtausch liefern. Den Höhepunkt erlebt das hochklassige Duell in Runde 16 mit gleich zwei Überholmanövern. Zunächst kämpft Hill den Rheinländer nieder, doch dann wird er in der Zielkurve zu weit nach außen getragen, dreht sich beinahe, und innen schlüpft Schumacher wieder vorbei. Entschieden ist dieser Kampf allerdings nicht vor der 40. Runde. Jetzt ist auch Alesi endlich auf neuen Reifen unterwegs. Knapp vor Hill, der aufgrund des Boxenstopp-Rhythmus vor Schumacher liegt, kam Alesi zurück auf die Piste. Immer näher kämpft sich Hill an den Franzosen heran... Zu nahe, denn in der neuen engen Schikane zerbricht der Frontflügel des Williams am Heck des Ferrari.
Ohnehin muß der Engländer an die Boxen, aber ein Halt von »endlosen« 32,2 Sekunden – aufgrund der Spoiler-Reparatur – war natürlich nicht Bestandteil des Hill'schen Schlachtplans. Vierter ist er nun hinter Alesi, Schumacher und Coulthard. Aus eigener Kraft kann er jetzt bestenfalls noch dritter werden. Das ist der Rang, auf den insgeheim Heinz-Harald Frentzen gehofft hatte. Doch der Mönchengladbacher ist längst nicht mehr mit von der Partie. Als er Pedro Diniz überrunden wollte, schlug ihm der Brasilianer die Tür vor der Nase zu. Frentzen nimmt's relativ gelassen: »Der hat mich nicht gesehen – böse Absicht war das nicht.«
Während Hill verzweifelt bemüht ist, Anschluß an Coulthard zu finden, denkt Schumacher erstmals über den möglichen Sieg nach. »15 Sekunden Rückstand auf Jean«, wird er später zu Protokoll geben, »das schien bei mehr als 20 Runden Restdistanz keine unlösbare Aufgabe zu sein. Dann gab man mir per Funk die Nachricht, ich müsse noch einmal an die Boxen...«
Als der Weltmeister diesen Stopp nach 52 Runden einlegt, folgt er dem Ferrari bereits mit weniger als einer Sekunde Rückstand. Der Halt macht aus 0,8 satte 22,3 Sekunden Abstand.
In Runde 59 – vorn fehlen Schumacher

jetzt noch 10,9 Sekunden auf Alesi – fliegt Hill in die Reifenstapel. »Seit der Kollision mit Alesi«, entschuldigt er sich, »war meine Lenkung schwergängig.« Schumacher sieht den Williams des Gegners im Abseits und überlegt: Hill kann keinen Punkt mehr holen. Mir aber ist Platz zwei sicher. Im Helm-Lautsprecher hört er: »Take it easy!« Offensichtlich hat die Boxen-Crew die gleichen Überlegungen angestellt. Aber der Rheinländer »überhört« die Regie-Anweisung und geht aufs Ganze. Er bläst zur zweiten Attacke gegen Alesi. Sollte er bei der Jagd abfliegen, bleibt ihm immer noch sein 17-Punkte-Polster.

Immer näher kommt der Benetton dem roten Spitzenreiter. Der wird ständig durch Nachzügler aufgehalten. Allein in Runde 61 verliert er 5,4 Sekunden, weil er über die Wiese muß... Später schimpft er: »Da müssen blaue Flaggen geschwenkt werden, wenn einer Überrunden will – aber ich sah nichts Blaues.« Zum Ende der drittletzten Runde schiebt sich Schumacher in der engen Schikane – es kommt zum »Körperkontakt« der Boliden – spektakulär an Alesi vorbei. Wie am Vorsonntag in Estoril, hat der Kerpener zum rechten Zeitpunkt noch brauchbare Reifen. Alesis Pneus tun hingegen seit der 35. Runde ihren Dienst.

Als Schumacher in der Auslaufrunde die RTL-Kurve passiert, steht Hill applaudierend am Streckenrand. Der Deutsche will anhalten, um einen Lift zu geben, aber während seiner privaten Jubelfeier im Cockpit zerschlug er zuvor mit der geballten Rechten den Kupplungsknopf auf dem Lenkrad. Der Deutsche: »Vielleicht war's gut so, bei der Kälte hätte er sich wahrscheinlich eine Grippe geholt.« Weltmeister dürfe er sich jetzt noch nicht nennen, sagt er anschließend, aber die drei fehlenden Punkte werde er auch noch holen. Als er Hill für den fairen Beifall danken will, findet er den Briten nicht. Hill läßt durch »Prof« Watkins seine Knie

Im Stau der Nachzügler ist Jean Alesis Vorsprung geschmolzen. Michael Schumacher hat den Anschluß an den Spitzenreiter gefunden, den er wenig später niederkämpft. Erstmals seit 1939 gewinnt ein deutscher Rennfahrer einen Grand Prix im Zeichen der Nürburg

checken, die er sich beim Crash anschlug. Vor der Untersuchung lobte er den Gegner: »Michael fuhr ausgezeichnet – Hut ab vor seiner Leistung. Den Titelkampf habe ich heute endgültig verloren, aber Achtung: 1996 schlage ich zurück, dann werde ich Champion!«

ERGEBNISSE UND AUSFÄLLE

1. Michael Schumacher	Benetton-Renault B195-06	1:39.59,044 = 183,180 km/h
2. Jean Alesi	Ferrari 412 T2 161	2,684 Sekunden zurück
3. David Coulthard	Williams-Renault FW17 B-2	35,382 Sekunden zurück
4. Rubens Barrichello	Jordan-Peugeot 195/004	1 Runde zurück
5. Johnny Herbert	Benetton-Renault B195-05	1 Runde zurück
6. Eddie Irvine	Jordan-Peugeot 195/005	1 Runde zurück
7. Martin Brundle	Ligier-Mugen JS41-05	1 Runde zurück
8. Mika Häkkinen	McLaren-Mercedes MP4/10BC-1	2 Runden zurück
9. Pedro Lamy	Minardi-Ford M 195-03	3 Runden zurück
10. Mika Salo	Tyrrell-Yamaha 023-05	3 Runden zurück
11. Luca Badoer	Minardi-Ford M195-02	3 Runden zurück
12. Max Papis	Footwork-Hart FA 16-01	3 Runden zurück
13. Pedro Diniz	Forti-Ford FG01-04	5 Runden zurück
14. Gabriele Tarquini	Tyrrell-Yamaha 023-03	6 Runden zurück
15. Jean-Denis Delétraz	Pacific-Ford PR02/1	7 Runden zurück
Damon Hill	Williams-Renault FW17B-6	59. Runde, Unfall
Andrea Montermini	Pacific-Ford PR02/2	46. Runde, Benzinmangel
Jean-Chr. Boullion	Sauber-Ford C14-05	45. Runde, Unfall
Gerhard Berger	Ferrari 412 T2 162	41. Runde, Elektrik
Roberto Moreno	Forti-Ford FG 01-03	23. Runde, Antriebswelle
Heinz-Harald Frentzen	Sauber-Ford C 14-06	18. Runde, Unfall
Oliver Panis	Ligier-Mugen JS41-03	15. Runde, Dreher
Mark Blundell	McLaren-Mercedes MP4/10BC-4	15. Runde, Dreher
Taki Inoue	Footwork Hart FA 16-04	1. Runde, Elektronik

Schnellste Runde:

(57. Runde) – Michael Schumacher, Benetton-Renault B195, 1.21,180 = 202,039 km/h
Neuer Rundenrekord

PACIFIC GRAND PRIX
Aida, 22. Oktober

Start aus der Vogelperspektive

Die »blaue Nacht« von Aida

Fünf Cockpits neu besetzt – Vierte Pole-Position in Folge für Coulthard – Schumacher freut sich über dritten Startplatz – Kumiko in Not – Geflügelsalat bei McLaren – Coulthards Flucht nach vorn – Zweiter Titel für Schumacher – Neuer Zoff – Frentzen und die »Saukerle« – Die Gedanken des Gerhard B. – Land unter im Tanaka-Building

Was die personelle Besetzung betrifft, bleibt ausgerechnet im Erdbebenland Japan kein Stein auf dem anderen. Gleich fünf Cockpits sind im Vergleich mit dem Vorrennen in der Eifel neu besetzt. Weil Jean-Denis Delétraz angeblich in Zahlungsrückstand ist – in Wahrheit ist aber wohl die katastrophale sportliche Leistung des Schweizers das Motiv – , hat sich Pacific längst nach finanzkräftigem Ersatz umgeschaut. Und tatsächlich hatte man mit Katsumi Yamamoto schnell einen wohlhabenden »Goldfisch« an der Angel. Aber die Pacific-Truppe freute sich zu früh: Ausnahmsweise zeigt sich die FIA nicht von ihrer großzügigen Seite – Yamamoto-San erhält keine Super-Lizenz. In der Not wird Miteigner Bertrand Gachot genannt, was den Kassenpegel natürlich nicht positiv beeinflußt.

Weitaus dramatischer verläuft das Stühlerücken bei Arrows. Frohgelaunt reist – laut Vertrag kommt er für den Ticketpreis persönlich auf – Max Papis an. Im Fahrerlager teilt ihm Team-Chef Jackie Oliver kurz angebunden mit, daß seine Dienste nicht benötigt werden! Der Italiener, der das Cockpit für Gianni Morbidelli räumen muß, versteht die Welt nicht mehr. Sofort glühen die Telefondrähte in die Heimat: Der Anwalt des Piloten soll die Rechtslage prüfen. Wenig später erklärt Papis: »Eigentlich ist alles eindeutig. Oliver müßte mich fahren lassen, aber er tut es nicht. Es ist Pech, an jemand zu geraten, der unmoralisch ist und außerdem keinen Respekt vor Abmachungen hat. Sollte er sagen, ich hätte nicht gezahlt, dann lügt er!« Papis tröstet sich damit, daß es auch »anständige Geschäftspartner« gibt und macht sich für die Saison 1996 auf die Suche nach einem Vertreter dieser Spezies.

Fahrerwechsel Nummer drei ist reine Formsache. Ukyo Katayama, dessen Looping von Estoril noch lange für Gesprächsstoff sorgen wird, ist wieder fit. Gabriele Tarquini hat seine Stellvertreter-Rolle ausgespielt. Auch der Einsatz des dänischen DTM-Piloten Jan Magnussen ist keine Überraschung. McLaren-Stammfahrer Mika Häkkinen mußte sich am vergangenen Samstag den Blinddarm entfernen lassen. Der Finne liegt seitdem flach. Im Frühjahr hatte sich Andrea Montermini wenige Tage vor dem GP von San Marino von diesem Körperteil verabschieden müssen und startete trotzdem, aber dieses »Wunder« kann sich aus medizinischen Gründen nicht wiederholen: Den Italiener hatten die Doktores nach dem key-hole-Prinzip von seinem Wurmfortsatz befreit. Im Fall Häkkinen war die Entzündung hingegen schon so weit fortgeschritten, daß nicht nach dieser Methode, die nur einen chirurgischen Minischnitt erfordert, verfahren werden konnte.

Schließlich sitzt Aguri Suzuki wieder im Auto von Martin Brundle, aber der Einsatz des Japaners in seinem Heimatland war seit Saisonbeginn eine bekannte Forderung von Ligiers Motoren-Partner Mugen. Boß Tom Walkinshaw hat trotzdem Probleme mit dem Wechsel: »Wenn ich an den Stand in der Konstrukteurs-WM denke, dann paßt es mir gar nicht, daß Martin hier

Briatore und Schumacher jubeln nach dem Titelgewinn

PACIFIC GRAND PRIX (TI Circuit Aida)

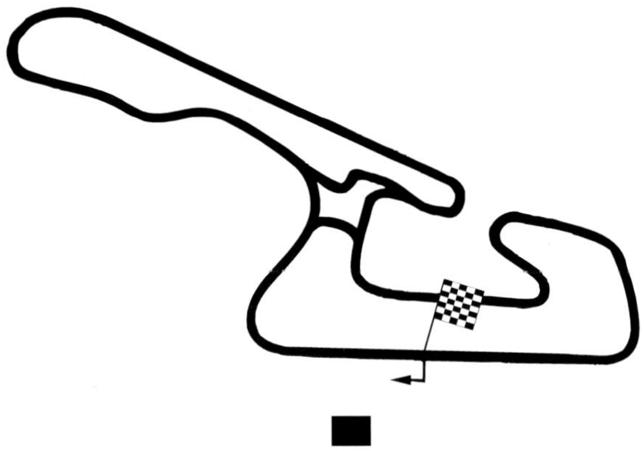

STRECKE

Ort und Datum	Aida, 22. Oktober
Wetter	aufgelockert bewölkt, warm
Streckenlänge	3,703 km
Runden	83
Renndistanz	307,349 km
Bestehender Rundenrekord	1.14,023 = 180,053 km/h Michael Schumacher, Benetton-Ford B194; GP 1994
GP-Sieger 1994	Michael Schumacher, Benetton-Ford B194 1:46.01,693 = 173,925 km/h

TRAININGSZEITEN

			20. Okt	21. Okt.
1.	David Coulthard	Williams-Renault FW17B	1.14,182	1.14,013◄
2.	Damon Hill	Williams-Renault FW17B	1.14,289	1.14,213◄
3.	Michael Schumacher	Benetton-Renault B195	1.14,524	1.14,284◄
4.	Jean Alesi	Ferrari 412 T2	1.14,919◄	1.15,131
5.	Gerhard Berger	Ferrari 412 T2	1.14,974◄	1.15,125
6.	Eddie Irvine	Jordan-Peugeot 195	1.15,696	1.15,354◄
7.	Johnny Herbert	Benetton-Renault B195	1.15,561	1.15,556◄
8.	Heinz-H. Frentzen	Sauber-Ford C14	1.15,942	1.15,561◄
9.	Olivier Panis	Ligier-Mugen JS41	1.17,071	1.15,621◄
10.	Mark Blundell	McLaren-Mercedes MP4/10B	1.15,652◄	1.16,166
11.	Rubens Barrichello	Jordan-Peugeot 195	1.16,263	1.15,774◄
12.	Jan Magnussen	McLaren-Mercedes MP4/10B	1.16,339◄	1.16,368
13.	Aguri Suzuki	Ligier-Mugen JS41	1.17,019	1.16,519◄
14.	Pedro Lamy	Minardi-Ford M195	1.17,224	1.16,596◄
15.	Jean-Chr. Boullion	Sauber-Ford C14	1.16,646◄	1.23,791
16.	Luca Badoer	Minardi-Ford M195	1.17,612	1.16,887◄
17.	Ukyo Katayama	Tyrrell-Yamaha 023	1.17,265	1.17,014◄
18.	Mika Salo	Tyrrell-Yamaha 023	1.17,213◄	1.17,235
19.	Gianni Morbidelli	Footwork-Hart FA16	1.18,288	1.18,114◄
20.	Taki Inoue	Footwork-Hart FA16	1.19,471	1.18,212◄
21.	Pedro Diniz	Forti-Ford FG01	1.20,555	1.19,579◄
22.	Roberto Moreno	Forti-Ford FG01	1.19,745◄	1.19,779
23.	Andrea Montermini	Pacific-Ford PR02	1.22,096	1.20,093◄
24.	Bertrand Gachot	Pacific-Ford PR02	1.22,710	1.21,405◄

STARTAUFSTELLUNG

6 David Coulthard
1.14,013

5 Damon Hill
1.14,213

1 Michael Schumacher
1.14,284

27 Jean Alesi
1.14,919

28 Gerhard Berger
1.14,974

15 Eddie Irvine
1.15,354

2 Johnny Herbert
1.15,556

30 H.-H. Frentzen
1.15,561

26 Olivier Panis
1.15,621

7 Mark Blundell
1.15,652

14 Rubens Barrichello
1.15,774

8 Jan Magnussen
1.16,339

25 Aguri Suzuki
1.16,519

23 Pedro Lamy
1.16,596

29 Jean-Chr. Boullion
1.16,646

24 Luca Badoer
1.16,887

3 Ukyo Katayama
1.17,014

4 Mika Salo
1.17,213

9 Gianni Morbidelli
1.18,114

10 Taki Inoue
1.18,212

21 Pedro Diniz
1.19,579

22 Roberto Moreno
1.19,745

17 Andrea Montermini
1.20,093

16 Bertrand Gachot
1.21,405

und in Suzuka nicht fahren darf.« Verrückte Formel 1: Da ärgert sich ein Team-Chef über die Besetzung eines seiner eigenen Cockpits...
Drei WM-Punkte fehlen Michael Schumacher zur erfolgreichen Titelverteidigung. Bei drei ausstehenden Rennen zweifelt niemand daran, daß der Rheinländer diese Minihürde meistern wird, zumal Damon Hill das Blatt nur durch drei aufeinanderfolgende Siege zu seinen Gunsten wenden kann. Und diese Rechnung würde auch nur dann aufgehen, wenn sein deutscher Gegner bis zum Saisonende nur noch maximal zwei Punkte einfahren würde...
Entsprechend ist »Schumi« ausgesprochen gelassen. »Ob ich auf Sieg gehe«, sagt er, »oder taktisch die drei fehlenden Punkte anvisieren werde, mache ich vom Rennverlauf abhängig.« Keinesfalls kommt es für ihn in Frage, die WM durch eine freiwillige »Nullrunde« künstlich spannend zu machen: »Ich muß meine eigenen Interessen in den Vordergrund stellen und werde daher alles tun, um den Titel hier schon unter Dach und Fach zu bringen.«
Donnerstags ist die Saison für den Renault-Elektronikspezialisten Jean-Marc Brepson überraschend bereits beendet. Gemeinsam mit einigen Renault-Kollegen und Mechanikern des Teams Williams frönt der Franzose hochprozentigem Alkohol. Im Rausch wird er mutig. Erstmals in seinem Leben wagt er sich auf Roller-Blades. Minutenlang zeigt er trotz bedrohlicher Promille-Werte Talent, aber dann riskiert er zuviel und stürzt. Rechts halten weder Schien- noch Wadenbein dem unfreiwilligen Crashtest stand. Dank der alkoholischen Halbnarkose spürt Brepson den Schmerz nicht: Lachend liegt er auf einer Tragbahre, während ein japanischer Arzt die Augen verdreht. Zwei Monate lang wird der tollkühne Mann Gips tragen müssen, um den komplizierten Bruch auszuheilen. Samstags begegnet er seinem sofort

Schumacher fährt mit erhobener Hand an den Boxen vorbei

alarmierten Vertreter auf dem Flughafen von Osaka...
Im ersten Qualifying dreht erneut David Coulthard die schnellste Runde. Dahinter folgt Damon Hill, dann der Doppel-Weltmeister in Lauerstellung. Von der 14. bis in die 57. Minute konnte Schumacher Rang eins halten, dann flog das Williams-Duo an ihm vorüber. Der Schotte will den Tag nicht vor dem Abend loben, rechnet sich nun aber große Chancen für die Pole-Position aus. Der Champion hingegen, dessen Benetton mit einer modifizierten Hinterachse ausgerüstet ist, ärgert sich: »Nach meinem ersten Turn dachte ich, ich könnte noch ein bißchen mehr herausholen. Aber dann wurde klar, daß ich dem Limit bereits wesentlich näher war, als ich vermutet hatte. Morgens lief es gut, zu Beginn des Qualifying auch – und dann Platz drei. Das ist nicht unbedingt zufriedenstellend.«
Corinna, die erst in Adelaide zu ihrem Mann stoßen wird, weiß noch nichts vom Ausgang des ersten Zeittrainings. Bei acht Stunden Zeitverschiebung zu Monaco ist es für einen Anruf noch zu früh. »Ich werde sie später anrufen«, kündigt Schumacher an. Den Hinweis, da werde sich die japanische Telefongesellschaft KDD wegen der vermutlich langen Gesprächsdauer sicherlich freuen, beantwortet der Kerpener ironisch: »Nein, Benetton wird sich freuen...«
Samstags ändert sich vorn nichts mehr. Nur mühsam können die Zeiten verbessert werden. Michael Schumacher zirkuliert lange auf alten Pneus – zum einen sucht er nach der optimalen Rennabstimmung, zum anderen will er Reifen schonen. Auf dem Gummi-mordenden Kurs geht der Deutsche mit Blick auf den Renntag sparsam ans Werk. Erst in den Schlußminuten macht er ernst. Auch Coulthard geht noch einmal aufs Ganze, während Hill bereits resignierend seine Handschuhe ins Cockpit geworfen hat. Tatsächlich werden noch Sekundenbruchteile gefunden. Hill fällt ein Stein vom Herzen – trotz Schumachers Steigerung behält er Rang zwei. Der Deutsche ist darüber gar nicht so unglücklich: »Vielleicht ist es besser, auf der linken Pistenseite zu stehen. Dort hat der Asphalt grip – Hill steht als zweiter des Trainings beim Start neben der Ideallinie.«
Trotz aufwendigem aerodynamischen Set-up – die McLaren sehen mit ihren unzähligen Zusatzflügeln aus wie japanische Tempel – läuft bei der Dennis-Truppe nicht viel. Die erforderliche Downforce erzielen die Ingenieure von Williams und Benetton mit weitaus

Kein Krieg in der Welt – Gerhard Bergers Estoril-Helm. Das Design stammt von einem jungen Römer, der bei einem Preisausschreiben des Helm-Produzenten Bieffe den ersten Platz belegte

Der Weltmeister und sein Boß Flavio Briatore – seht her, wir sind die Größten

MILD
RENAULT
elf MINOL
elf
MINOL
MILD
SEVEN
KicKers
Bitburger
BENETTON
SPORTSYSTE
M. Schumacher
MILD
SEVEN
Benetton
Formula 1
RENAULT

Spät bremst er, doch er bremst – Mark Blundell tastet sich auf der Piste von Estoril an die Grenzen des Möglichen

BOSS
HUGO BOSS
Marlboro
Marlboro
Mobil
1
COURTAULDS

Oben:
Die Mitglieder des F1-Zirkus sind notorische Frühaufsteher – Morgensonne scheint in die Tyrrell-Box

Rechts oben:
Auch Formel 1-Fans sind nicht zwingend Gegner von Geschwindigkeits-Begrenzungen

Rechts:
Pedro Lamy lenkt seinen Minardi während des Trainings in Monza durch die Parabolica. Sein Bolide ist nach einem Intermezzo ausgangs der zweiten Lesmo-Kurve nicht mehr im Original-Zustand

Unten:
Kampf gegen die Uhr – zeitgleich fertigen auf dem Hungaroring Jordan- und McLaren-Mechaniker ihre Kunden ab

Who is that boy? Formel 1-Neuling Jacques Villeneuve testet in Silverstone den Williams-Renault – wenig später unterschreibt der Kanadier für 1996

Wie an einer Perlenschnur aufgezogen, beenden Berger, Herbert, Frentzen und Panis den GP von Ungarn. Am linken Bildrand der unglückliche Barrichello, den das Quartett auf den letzten Metern abfängt

Während die Mechaniker seinen Williams für den GP von Belgien startklar machen, scheint Damon Hill zu ahnen, daß er seine Leistung von Mogyoród nicht wiederholen kann

McLAREN INTERNATIONAL
TENCEL
BELL
KO
F128

Nach seinem Ausfall auf der GP-Piste des Nürburgrings bleibt Mark Blundell der mühsame Fußmarsch an die Boxen erspart

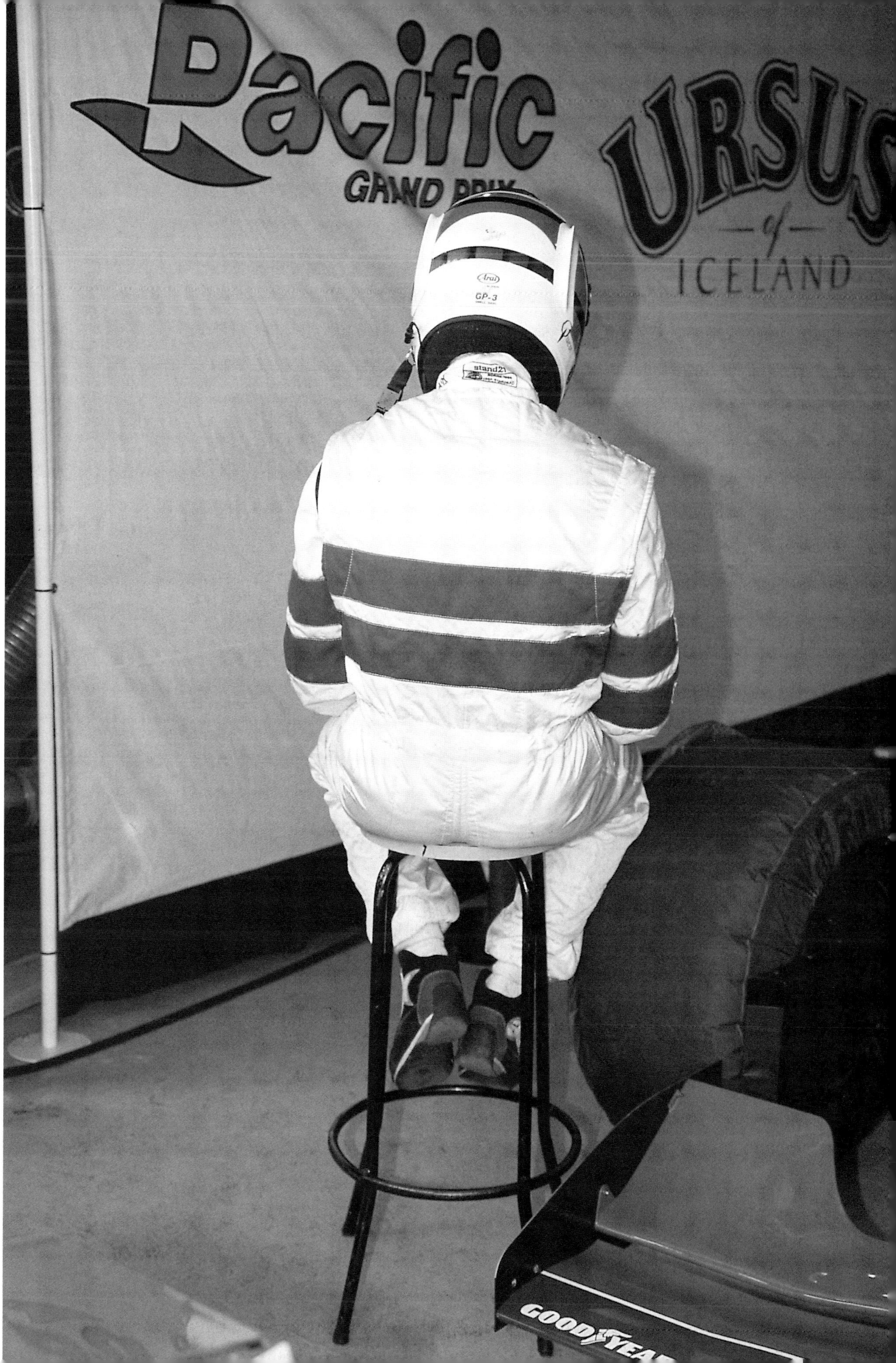

Andrea Montermini strahlt auf seinem »Barhocker« nicht gerade Optimismus und Siegeswillen aus, während er in den Boxen von Interlagos auf seinen Einsatz wartet

Suzuka, 29. Oktober

日本 グランプリ

Die Sieger gratulieren einander: Konstrukteurs-Weltmeister Briatore und sein Fahrerweltmeister Schumacher

Austerlitz für Benetton – Waterloo für Williams

Mugello-Tests bringen Wendlinger in Erinnerung – Boullion fällt in Ungnade – Champion will Versprechen einlösen – Häkkinen ohne Blinddarm, aber mit Maskottchen – Vierte Pole des Jahres für Schumacher – Kein Punkt für Williams – McLarens Auferstehung – »Schumi« wie »Nige« – Schwarzer Sonntag für Sauber – Hoch die Tassen

Bereits am Sonntag des Pacific GP meldet der österreichische Rundfunksender ORF, daß Karl Wendlinger in Suzuka für Sauber starten wird. Diese Nachricht entspricht zunächst nicht der Wahrheit. Richtig ist, daß Chef Peter Sauber den Ex-Stammfahrer telefonisch bat, nach Japan zu kommen. Der Tiroler hatte zuvor bei Testfahrten in Mugello die 90-Sekunden-Grenze unterschritten und sich damit nachhaltig für ein Comeback empfohlen. Aber noch besitzt Boullion einen Vertrag, der bis zum Ende der Saison gültig ist.

Als Peter Sauber am Nachmittag des 23. Oktober nach vierstündiger Autofahrt gemeinsam mit Team-Sprecher Gustav Büsing in Suzuka eintrifft, erfährt er von der Rundfunkmeldung im fernen Österreich. Sauber ist sauer: »Boullion hat einen Vertrag – wenn er nicht aussteigen will, dann können wir gar nichts tun.« Nach dem Abendessen im Circuit-Hotel bittet Team-Manager Max Welti den Franzosen mit dessen Frau und Managerin Alexandra zu einem Meeting. Erst nach Mitternacht ist man sich einig. Bei »vollem Lohn bis Jahresende« wird Boullion freigestellt. Wer nun mit einer Flucht des Franzosen rechnet, wird eines Besseren belehrt. »Wir bleiben«, erklärt Alexandra, »sonst sieht es ja so aus, als seien wir die großen Verlierer.«

Immer noch ist Peter Sauber wegen der frühen Radiomeldung ungehalten. Hat Wendlinger »gequatscht«, obwohl der Deal noch nicht unter Dach und Fach war? Der Boß will nicht voreilig urteilen: »Wir können Karli ja nicht erschießen, bevor er hier ist.«

Dienstags kommt die Wahrheit ans Licht: Wendlinger hatte einen mit dem ORF vereinbarten Termin mit dem Hinweis abgesagt, er müsse nach Japan reisen. Etwas voreilig, aber letztlich korrekt, wurde dies als Comeback-Ankündigung interpretiert. Auf diese Weise erfuhr sogar Team-Miteigner und Red Bull-Chef Dietrich Mateschitz aus dem Radio von den Plänen seines Rennstalls. Nach seiner Ankunft spuckt Wendlinger keine großen Töne, aber er ist optimistisch: »Ich bin jetzt lockerer als im Frühjahr und habe mehr Selbstvertrauen. Ich glaub' schon, daß ich's packen kann.« Der Tiroler hadert nicht mit dem Schicksal, ausgerechnet in Suzuka – der Leib- und Magen-Piste seines Teamkollegen – wieder ins Cockpit zu steigen: »Wenn man Rennen fahren will, dann muß man die Chance nutzen. Ich kann's mir ja nicht aussuchen, wo.«

Michael Schumachers Motivation ist trotz des vorzeitigen Titelgewinns ungebrochen. Aber er wirkt auch entspannt. »Ich freue mich auf das Rennen, denn ich kann es relativ locker an-

Häkkinen, Schumacher und Herbert auf dem Siegespodest

GROSSER PREIS VON JAPAN (Suzukaland Circuit)

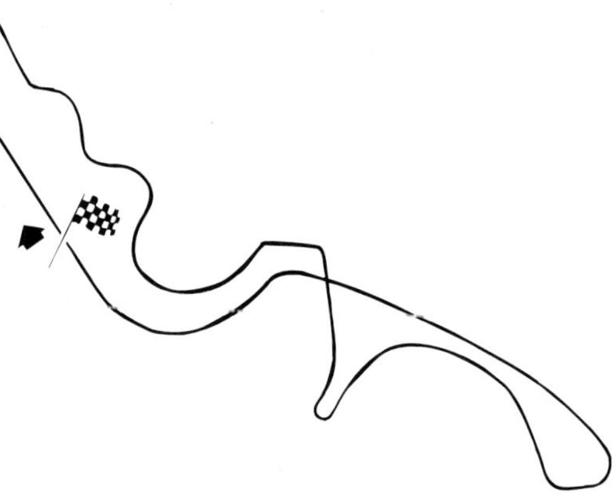

STRECKE

Ort und Datum	Suzuka, 29. Oktober
Wetter	anfangs naß, warm, später vereinzelte Regentropfen
Streckenlänge	5,864 km
Runden	53
Renndistanz	310,792 km
Bestehender Rundenrekord	1.40,646 = 209,749 km/h Nigel Mansell, Williams-Renault FW14B; GP 1992
GP-Sieger 1994	Damon Hill, Williams-Renault FW16B 1:55.53,532 = 151,796 km/h

TRAININGSZEITEN

			27. Okt.	28. Okt.
1.	Michael Schumacher	Benetton-Renault B195	1.38,428	1.38,023◂
2.	Jean Alesi	Ferrari 412 T2	1.39,142	1.38,888◂
3.	Mika Häkkinen	McLaren-Mercedes MP4/10B	1.39,127	1.38,954◂
4.	Damon Hill	Williams-Renault FW17B	1.39,032◂	1.39,156
5.	Gerhard Berger	Ferrari 412 T2	1.40,305	1.39,040◂
6.	David Coulthard	Williams-Renault FW17B	1.39,155◂	1.39,368
7.	Eddie Irvine	Jordan-Peugeot 195	1.40,153	1.39,621◂
8.	Heinz-H.Frentzen	Sauber-Ford C14	1.40,010◂	1.40,380
9.	Johnny Herbert	Benetton-Renault B195	1.40,349◂	1.40,391
10.	Rubens Barrichello	Jordan-Peugeot 195	1.40,381◂	1.40,413
11.	Olivier Panis	Ligier-Mugen JS41	1.40,838◂	1.41,081
12.	Mika Salo	Tyrrell-Yamaha 023	1.41,355◂	1.41,637
13.	Aguri Suzuki	Ligier-Mugen JS41	1.42,561	1.41,592◂
14.	Ukyo Katayama	Tyrrell-Yamaha 023	1.41,977◂	1.42,273
15.	Gianni Morbidelli	Footwork-Hart FA16	1.42,623	1.42,059◂
16.	Karl Wendlinger	Sauber-Ford C14	1.43,634	1.42,912◂
17.	Pedro Lamy	Minardi-Ford M195	1.43,387	1.43,102◂
18.	Luca Badoer	Minardi-Ford M195	1.43,940	1.43,542◂
19.	Taki Inoue	Footwork-Hart FA16	1.44,386	1.44,074◂
20.	Andrea Montermini	Pacific-Ford PR02	1.46,869	1.46,097◂
21.	Pedro Diniz	Forti-Ford FG01	1.46,654◂	1.47,166
22.	Roberto Moreno	Forti-Ford FG01	1.50,097	1.48,267◂
23.	Bertrand Gachot	Pacific-Ford PR02	1.48,824	1.48,289◂
24.	Mark Blundell	McLaren-Mercedes MP4/10B	ohne Zeit	–

STARTAUFSTELLUNG

1 M. Schumacher 1.38,023	
	27 Jean Alesi 1.38,888
8 Mika Häkkinen 1.38,954	
	5 Damon Hill 1.39,032
28 Gerhard Berger 1.39,040	
	6 David Coulthard 1.39,155
15 Eddie Irvine 1.39,621	
	30 H.-H. Frentzen 1.40,010
2 Johnny Herbert 1.40,349	
	14 Rubens Barrichello 1.40,381
26 Olivier Panis 1.40,838	
	4 Mika Salo 1.41,355
3 Ukyo Katayama 1.41,977	
	9 Gianni Morbidelli 1.42,059
29 Karl Wendlinger 1.42,912	
	23 Pedro Lamy 1.43,102
24 Luca Badoer 1.43,542	
	10 Taki Inoue 1.44,074
17 Andrea Montermini 1.46,097	
	21 Pedro Diniz 1.46,654
22 Roberto Moreno * 1.48,267	
	16 Bertrand Gachot 1.48,289
7 Mark Blundell ohne Zeit	

* Start aus der Boxengasse

Aguri Suzuki, Ligier-Mugen JS41, wegen Trainingsunfall nicht am Start

gehen. Trotzdem habe ich noch ein Ziel vor Augen: Den Konstrukteurs-Titel, den ich Flavio vor Saisonbeginn versprach.« Den will auch Williams, und Damon Hill ist zuversichtlich, diesen »Trostpreis« für sein Team zu holen. Innerhalb der eigenen Mauern muß der Brite etwas für sein Image tun. Längst ist durchgesickert, daß es Frank Williams bereut, ihm einen Vertrag für 1996 gegeben zu haben. Hinter den Kulissen macht der Teamchef Jagd auf Gerhard Berger und Heinz-Harald Frentzen. Der Tiroler winkt ab: »Ich will für 1996 ein Auto, auf dem ich gewinnen kann. Das bekomme ich von Benetton.« Insgeheim aber wird er sich über den verspäteten Antrag ärgern, denn noch im August war Williams seine erste Wahl. »HHF« äußert sich offiziell gar nicht. Aber er versteht die Welt nicht mehr. Im Sommer hätte Williams ihn haben können – jetzt sei es wohl zu spät, denn alle Verträge für 1996 seien ja längst unterzeichnet.

Wie angekündigt, nimmt Mika Häkkinen wieder seinen Stammplatz bei McLaren ein. Rennarzt »Prof« Watkins hat keine Bedenken, daß die Operationswunde unter Einwirkung von bumps und g-forces wieder aufreißt. Dungl-Schüler Jo Leberer tut ein übriges: Der McLaren-Physiotherapeut legt dem Finnen einen Spezialverband an, der vor den Fliehkräften schützen soll. Überraschend blickt Häkkinen sehr positiv auf seine Blinddarm-Entzündung zurück: »Die zehn Tage Ruhe taten mir wirklich gut. Endlich konnte ich einmal abschalten. Nach den vielen Rennen und den intensiven Testfahrten war das dringend notwendig.«

Im Training läßt Häkkinen den Worten Taten folgen. McLaren ist gegenüber dem Vorsonntag nicht wiederzuerkennen. Unerwartet ist das Team aus Woking konkurrenzfähig, und das liegt nicht an dem Plüsch-Maskottchen, das treu auf dem Zeiten-Monitor des Skandinaviers hockt. Häkkinen mit Blick auf die jüngste Entwicklungsarbeit: »Ein alter Spruch von Ron Dennis bewahrheitete sich – manchmal muß man zwei Schritte zurückgehen, um einen nach vorn machen zu können.« Der Motor bekam seit dem Pacific GP weitere PS eingehaucht, und der recht schnelle Kurs liegt dem MP4/10 weitaus mehr als der winklige Tanaka Circuit. Mark Blundell kann den Formanstieg nicht nutzen. Freitags landet er während des Qualifying im Verlauf seiner ersten schnellen Runde im Abseits. Dann fliegt er im freien Samstags-Training erneut ab. Diesmal verliert er seinen Boliden bei knapp 300 km/h aus der Kontrolle, weil er mit den rechten Rädern aufs Gras gerät. Mit 250 km/h knallt er in die Planken – Kräfte von sieben g müssen verdaut werden... Am Abschlußtraining kann der Brite nicht teilnehmen. »Ohne Zeit« muß er aus der letzten Reihe starten. Offiziell steht er mit einer Qualifying-Leistung von 16.42,6 Minuten in den Listen – das entspricht einem Stundenmittel von 21,0 km/h...

Wendlinger wieder im Sauber

Aguri Suzuki erwischt es noch schlimmer. Am Samstagnachmittag will der Japaner seinen Rücktritt vom F1-Sport bekanntgeben. Dazu kommt er nicht mehr: Am Fuße der ersten Bergauf-Passage verliert er im zweiten Qualifying die Kontrolle über seinen Ligier und schlägt sehr unsanft gegen die Streckenbegrenzung. Mit einem Rippenbruch und einer Lungenprellung kommt er glimpflich davon. An eine Teilnahme am Rennen ist natürlich nicht zu denken, Suzuki liegt im Chuo Sogo-Hospital von Suzuka.

Der Weltmeister tritt hingegen wieder einmal fehlerfrei auf, und erstmals seit Juni ist er im Qualifying auch wieder schnell. Freitags stellt er seinen B195 auf die provisorische Pole, die er 24 Stunden später souverän verteidigt. Satte 0,8 Sekunden ist er schneller als Jean Alesi, der wieder einmal beweist, daß Suzuka eine Piste ist, die Ferrari liegt. Beide Williams-Piloten finden nicht die richtige Abstimmung für den anspruchsvollen Kurs, der zudem für David Coulthard – zuletzt viermal in

Japanischer Feuerwehrmann

Folge auf dem besten Startplatz – Neuland bedeutet. Es ist wohl kaum mehr als das berühmte »Pfeifen im dunklen Wald«, als Hill nach dem Abschlußtraining verkündet: »Wenn Schumacher glaubt, er könne mich durch eine schnelle Qualifying-Runde einschüchtern, dann täuscht er sich!«
Heinz-Harald Frentzen – freitags noch sechster – rutscht am folgenden Tag um zwei Plätze ab. »Zuviel Untersteuern«, erklärt er, »ein, zwei Zehntel wären eventuell noch möglich gewesen, aber die hätten mich auch nicht weiter nach vorn gebracht.« Wendlinger fehlen 2,9 Sekunden auf den Teamkollegen. »Das ist zuviel«, meint der Tiroler selbstkritisch, »aber vielleicht klappt's ja im Rennen besser.« An seine überzeugenden Mugello-Runden erinnert, gesteht er offen: »Testfahrten und Rennen – das sind eben ganz unterschiedliche Herausforderungen.«
Nach dem Qualifying beginnt es zu regnen – zum ersten Mal seit Dienstag. Bis zum folgenden Mittag gehen immer wieder Regenschauer nieder. Im nassen Warm-up rutscht Frentzen wäh-rend der Schlußminuten in die Reifenstapel. Es zeichnet sich ab, daß dies nicht sein Tag ist...
Weil der Asphalt unverändert naß ist, stehen alle Boliden auf Regenreifen, als das Grünlicht aufleuchtet. Schumacher nutzt den Vorteil des besten Startplatzes fehlerfrei: Als Spitzenreiter führt der Champion seine 21 Verfolger durch die erste Rechtskurve. Roberto Moreno ist noch nicht unterwegs. Verzweifelt bemühen sich die Forti-Mechaniker in den Boxen, das im sechsten Gang feststeckende Getriebe zu reparieren.
Bereits nach wenigen hundert Metern ist Gianni Morbidelli »out«. Wendlingers Sauber berührt den Footwork, der dreht sich und dabei stirbt der Hart-V8 ab. Der Tiroler hat Glück – nach einem Abstecher durchs Gelände findet er den Weg zurück auf die Piste.
Vorn kann Schumacher Jean Alesi nicht abschütteln. Der Ferrari liegt gut auf der schmierigen Bahn, und der Franzose läßt sich durch tückische Bedingungen bekanntlich ohnehin nicht abschrecken.
Nach drei Runden greift endlich auch Moreno ins Geschehen ein. Nur einen Umlauf später verabschiedet er sich wieder – jetzt steckt der vierte Gang fest...
2,7 Sekunden Vorsprung hat der Champion inzwischen auf Alesi herausfahren können, als ihm seine Crew »Entwarnung« signalisiert: Sein Verfolger bekommt von der Rennleitung – ebenso wie dessen Teamkollege Berger – wegen Frühstarts ein Zehn-Sekunden-Penalty verpaßt. »Automatisch« rückt der bis dahin drittplazierte Häkkinen in die Verfolger-Position auf. Aber der Finne hat bereits 11,3 Sekunden gegenüber dem deutschen Spitzenreiter verloren, der nun scheinbar keinen Gegner mehr zu fürchten braucht.
Aber Schumacher hat die Rechnung ohne Alesi gemacht. Der Ferrari-Pilot ließ sich durch die Zeitstrafe nicht demoralisieren: Nach sieben Runden hält er den Zeitpunkt für einen Wechsel auf Slicks für gekommen. Die Entscheidung ist richtig, wie ein Vergleich der Zeiten zeigt: 1.54,4 Minuten braucht der Franzose für den neunten Umlauf – Schumacher benötigt 2.01,1. Eine Runde später heißt es 1.54,4 : 2.02,4 zugunsten Alesis. Dann holt auch der Deutsche profillose Gummis. Später sagt der Kerpener über diese Phase des Rennens: »Ich bat meine Crew per Funk aufzupassen, wer zuerst auf Slicks wechselt. Dann sollten sie die Rundenzeiten vergleichen, damit wir uns ein Urteil bilden können.« Das fällt dann sehr eindeutig aus.
Dank seines Pneu-Pokers kommt Alesi – obwohl ihn Pedro Lamy kurzfristig ins Kiesbett schickt – noch einmal bis auf eine Sekunde heran. Wie auf dem Nürburgring passen die Slick-bereiften Ferrari und der immer noch leicht feuchte Asphalt ideal zusammen. In der 25. Runde findet das blau-rote Duell ein Ende: Rauch am Heck des Ferrari kündigt den Ausfall des Jägers an. Damit hat der Weltmeister freie Fahrt in Richtung Saisonsieg Nummer neun!
Noch sieht es so aus, als könnte einer der beiden Williams-Piloten Mika Häkkinen Platz zwei streitig machen. Aber die Blau-Weißen aus Didcot erleben in Suzuka ein Waterloo: Gegen Ende der 30er-Runden fallen vereinzelte Regentropfen – bei Start-und-Ziel weniger, hinten in der Spoon-Curve, wo eine Ölspur für zusätzliche Schwierigkeiten sorgt, mehr. Zunächst erwischt es David Coulthard. Der Schotte kann sich zwar aus dem Kies befreien, kommt aber nicht weit. Als er die folgende Kurve anbremst, fliegen Kies und beste japanische Muttererde aus den Sidepots vor die Räder. Coulthard stellt sich damit selbst ein Bein, rutscht aus und landet in den Leitplanken. Hills Abgang geht ebenfalls in zwei Akten über die Bühne. Auch er verliert in der »Löffel-Kurve« die Gewalt über seinen Boliden. Im Kiesbett ruiniert er sich den Frontflügel, und der fällige Boxenstopp wird zur Lachnummer. Chaotisch wirbeln die Williams-Mechaniker um das Auto. Gegenseitig stehen sie sich im Weg.
Endlich gibt Hill mit neuer Nase wieder Gas. Beim Beschleunigen hält sich der frustrierte Pilot nicht an das vorgeschriebene Speedlimit von 120 km/h, das er um 19,6 km/h überschreitet. Zum Absitzen der prompt fälligen Zehn-Sekunden-Strafe kommt er nicht mehr: Wieder rutscht er in der Spoon-Curve von der Strecke – diesmal endgültig. Die nicht verbüßte Zeitstrafe wird in ein »10000-$-Knöllchen« umgewandelt...
Als Schumacher den gestrandeten Williams am Pistenrand entdeckt, gratuliert er seinem Team über Funk zum Gewinn des Konstrukteurs-Championats. An den Boxen wird der Enthusi-

asmus des Deutschen vorläufig noch nicht geteilt. Die Antwort fällt recht knapp aus: »Mach' jetzt keinen Quatsch – konzentriere dich auf dein Rennen!«
Das muß der Rheinländer tatsächlich: Mika Häkkinen hindert den Spitzenreiter am Einschlafen. Schumacher nach dem Rennen: »Der ließ mir keine Ruhe und machte weitaus mehr Druck, als ich erwartet hatte.« Keinerlei Druck geht hingegen von Heinz-Harald Frentzen aus. Der Mönchengladbacher erwischt einen rabenschwarzen Tag. »Weil der dort immer so früh bremste«, so der Sauber-Fahrer, griff er Eddie Irvine ungeduldig vor der Haarnadelkurve an und verlor dabei den Frontflügel seines C14. Eine weitere »Nase« wurde fällig, als er – natürlich in der Spoon-Curve – durch den Kies pflügte. Diesmal verzögerte sich die Reparatur: Karl Wendlinger stand bereits an den Boxen. Dem Tiroler wurden einen Umlauf zuvor versehentlich – seine Funkmeldung »es regnet« war mißverstanden worden – Regenreifen aufgezogen. Dieser Patzer wurde jetzt rückgängig gemacht. Schließlich drehte sich Frentzen vor der Schikane. Nach den Ausfällen beider Ferrari und beider Williams hätte der Mönchengladbacher auf dem Podest landen können – Herbert hatte er bereits abgehängt, bevor die Schnitzer-Serie begann – ‚nun wird er als achter abgewinkt. Während sich Frentzen in depressives Schweigen hüllt, fragt sein Chef: »Soll ich deswegen heulen?« Dann fährt er fort: »Es ist zum Heulen.« Auch mit Wendlingers Leistung ist der Hinwiler nicht zufrieden, obwohl sich »Karli« während des GP kontinuierlich steigerte. »Er fuhr«, so Sauber, »ein braves Rennen. Das Wort »gut« möchte ich nicht gebrauchen...«
Auf dem Siegerpodest treffen sich Schumacher, Häkkinen und Herbert. Die Stimmung ist ausgelassen. Johnny Herbert geht mit seinem Champagner relativ sparsam um. Gut 60 Prozent

Panis vor Coulthard

des Flascheninhalts hält er zurück. »That's for the boys«, erklärt er – das ist für die Mechaniker. Häkkinen teilt hingegen bereits auf dem Podest. Jo Leberer schleudert das Plüsch-Maskottchen des Skandinaviers hoch auf die Jubel-Plattform, wo der McLaren-Pilot das bunte Tier wie ein Baby in den Arm nimmt – dann gibt er ihm das »Schampus-Fläschchen«!
»Erst der Fahrer-Titel«, schwärmt Michael Schumacher anschließend, »jetzt die Konstrukteurs-Meisterschaft. Schließlich Saisonsieg Nummer neun. Das schaffte bisher nur Nigel Mansell im Jahr 1992. Ich bin wahnsinnig glücklich – es ist wie im Traum.« »Aus dem wirst du 1996 aufwachen«, ruft ihm ein italienischer Journalist mit Blick auf Schumachers Zukunft bei Ferrari lachend zu. Der Kerpener läßt sich die Stimmung durch die düstere Prophezeiung nicht verderben. »Ich werde feiern wie in Aida«, kündigt er an, »aber diesmal mache ich nicht den Fehler, daß ich schon besoffen bin, bevor es richtig anfängt.« Stunden später nimmt Mercedes-Sportchef Norbert Haug – der nun ebenso blau wie der Champion ist – den Deutschen in der Karaoke-Bar des Circuit Hotels auf den Schoß! »Du bist«, sagt er mit Blick auf Schumachers Vergangenheit als Mercedes-Junior, »unser Produkt!«

ERGEBNISSE UND AUSFÄLLE

1. Michael Schumacher	Benetton-Renault B195-06	1:36.52,930 = 192,349 km/h
2. Mika Häkkinen	McLaren-Mercedes MP4/10B-5	19,337 Sekunden zurück
3. Johnny Herbert	Benetton-Renault B195-05	1.23,804 Minuten zurück
4. Eddie Irvine	Jordan-Peugeot 195/005	1.42,136 Minuten zurück
5. Olivier Panis	Ligier-Mugen JS41-06	1 Runde zurück
6. Mika Salo	Tyrrell-Yamaha 023-05	1 Runde zurück
7. Mark Blundell	McLaren-Mercedes MP4/10B-6	1 Runde zurück
8. Heinz-Harald Frentzen	Sauber-Ford C14-07	1 Runde zurück
9. Luca Badoer	Minardi-Ford M195-02	2 Runden zurück
10. Karl Wendlinger	Sauber-Ford C14-05	2 Runden zurück
11. Pedro Lamy	Minardi-Ford M195-03	2 Runden zurück
12. Taki Inoue	Footwork-Hart FA16-04	2 Runden zurück
Damon Hill	Williams-Renault FW17B-4	41. Runde, Unfall
David Coulthard	Williams-Renault FW17B-5	40. Runde, Unfall
Pedro Diniz	Forti-Ford FG01-04	33. Runde, Dreher
Jean Alesi	Ferrari 412 T2 161	25. Runde, Differential
Andrea Montermini	Pacific-Ford PR02/2	24. Runde, Dreher
Gerhard Berger	Ferrari 412 T2 163	17. Runde, Elektronik
Rubens Barrichello	Jordan-Peugeot 195/004	16. Runde, Unfall
Ukyo Katayama	Tyrrell-Yamaha 023-06	13. Runde, Unfall
Bertrand Gachot	Pacific-Ford PR02/1	7. Runde, Antriebswelle
Roberto Moreno	Forti-Ford FG01-03	2. Runde, Getriebe
Gianni Morbidelli	Footwork-Hart FA16-01	1. Runde, Dreher

Schnellste Runde:
(33. Runde) – Michael Schumacher, Benetton-Renault B195, 1.42,976 = 205,003 km/h

AUSTRALIAN GRAND PRIX
Adelaide, 12. November

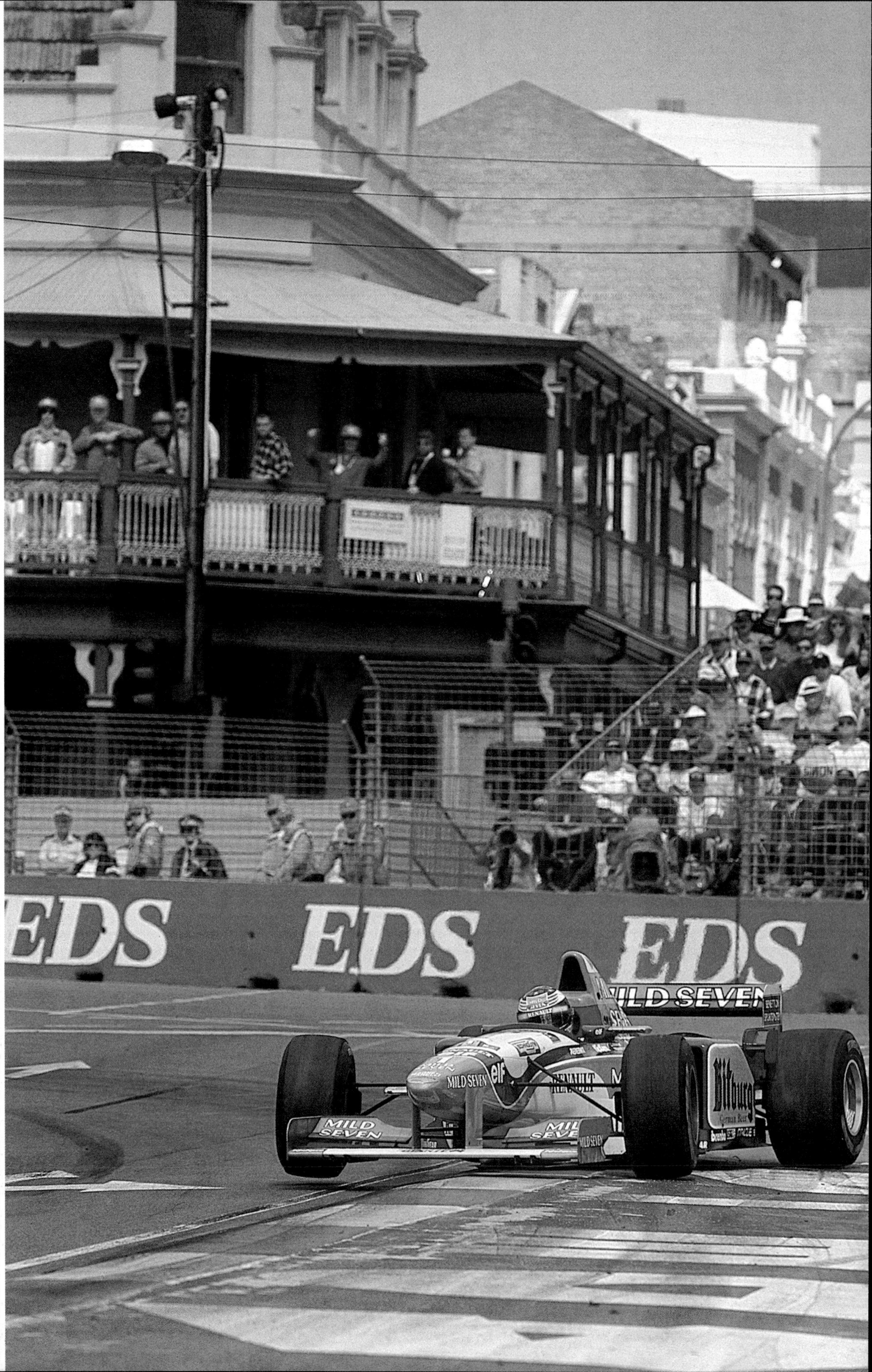

Am Limit – gegensteuernd fängt der Champion seinen ausbrechenden Benetton wieder ein

Finale kurioso

Adelaide steht Kopf – Sorgen um Mika Häkkinen – Was wußte der Streckenposten? – »Dr. Cox« wird abgeblockt – Gute Nachricht aus dem Hospital – 11.11. mit 11. Pole – Alesi erst angriffslustig, dann lustlos – Frentzen und der Mittelfinger – Morbidellis Sorgen wegen Panis' Stinkbombe – Big Party

Auch im elften Jahr lieben die Bewohner der Hauptstadt Südaustraliens den F1-Sport noch genauso, wie beim Debut 1985. Damals hieß das offizielle Motto »Adelaide Comes Alive«, jetzt lautet der Slogan »The Grand Finale«. Wie in jeder Saison lauern auch jetzt wieder Radio- und TV-Journalisten am Flughafen, um den F1-Piloten erste Fragen zu stellen. Jede Ankunft wird gemeldet – auf die Einreise der Super-Stars schon ein, zwei Tage vorher hingewiesen.

»Welches Ziel peilen Sie am Sonntag an?«, wird Weltmeister Michael Schumacher gefragt. Die Antwort ist nüchtern, aber überzeugend: »Ich möchte siegen.« Zusatzfrage: »Wie ist Ihr Verhältnis zu Damon Hill?« – »Ausgezeichnet, wir sind Freunde!« – »Stimmt das wirklich?« – »Ich sage immer die Wahrheit.«

Während der viertägigen Veranstaltung, das Training für die zahlreichen Rahmenrennen beginnt bereits donnerstags, werden mehr als 400.000 Zuschauer erwartet. Die Zahl ist nicht übertrieben. Bernie Ecclestone spricht deshalb mit Recht vom größten Publikums-Aufkommen, das es weltweit je bei einem separat ausgetragenen Sport-Ereignis gegeben hat. Angeblich stellen die 205.000 Fans am Sonntag eine Rekordkulisse im Verlauf der F1-Geschichte dar. Wo der alte Bestwert lag, kann einem allerdings niemand verraten... Objektiv betrachtet darf diese Behauptung bezweifelt werden. Selbst wenn man die meist kühnen Schätzungen – akkurates Zählen war in jenen Tagen nicht usus – gewaltig eindampft, waren am 1. August 1954 rund um den Nürburgring deutlich mehr Besucher versammelt.

Michael Schumacher ist Champion, Benetton hat den Konstrukteurs-Titel in der Tasche. Eigentlich geht es um nichts mehr, aber das schmälert das Interesse der Fans nicht im Ansatz. Sie wollen ein letztes Mal die F1-Boliden auf den Straßen der Stadt erleben. Jeder möchte mit dabeigewesen sein. Ein T-Shirt, das an jeder Straßenecke verkauft wird, macht deutlich, was die Bürger der Stadt ab 1996 erwarten: Das Hemd zeigt eine Laterne, daneben ein F1-Auto mit einem Piloten, der eine lange Stange mit Haken in einer Hand hält. Aufschrift: Der Letzte macht das Licht aus. Das Versprechen der Politiker, mit der Organisation eines großen Militärmusik-Konzerts auch künftig eine internationale Großveranstaltung in Adelaide anzubieten, erscheint dem Gros der Befragten kein gleichwertiger Ersatz für den GP von Australien, der künftig in Melbourne ausgetragen wird.

Freitags lähmt eine Schreckensnachricht aus »Turn 10« die Party-Stimmung: Mika Häkkinen fliegt in der 13. Minute des ersten Qualifying mit einem Tempo von gut 180 km/h von der Piste. Dreher ereigneten sich in dem schnellen Rechtsknick, der die Jones- mit der Brabham-Geraden verbindet, seit 1985 immer wieder. Ein derartiger Sturz aber wurde dort bisher nicht registriert. Kam Häkkinen zuvor am In-

Ausgelassene Stimmung vor dem Start des Final-GP

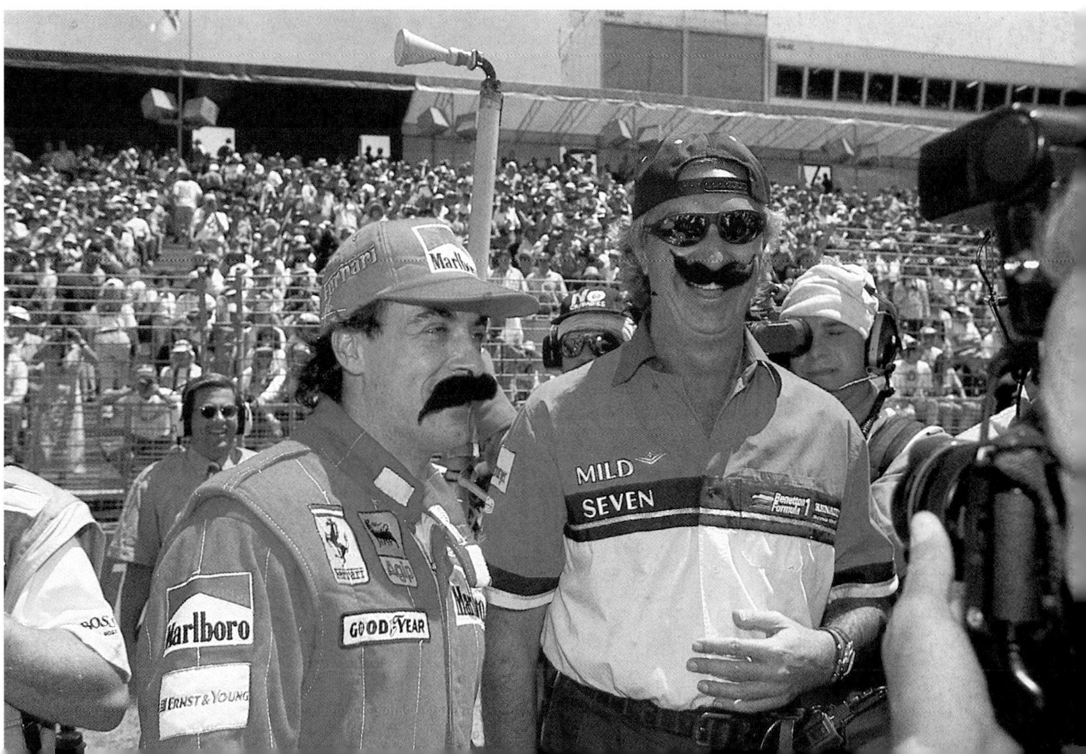

GROSSER PREIS VON AUSTRALIEN (ADELAIDE GRAND PRIX CIRCUIT)

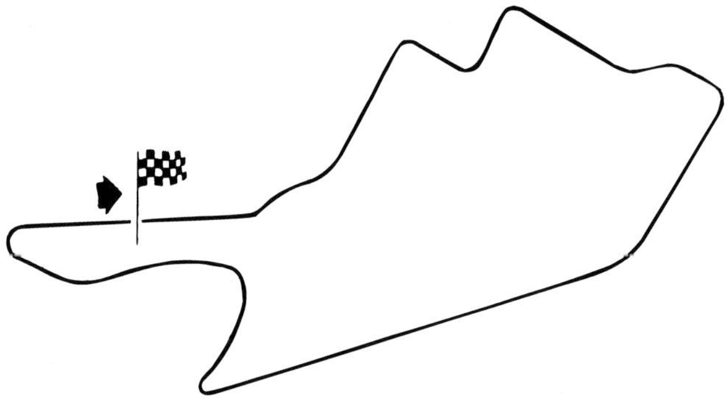

STRECKE

Ort und Datum	Adelaide, 12. November
Wetter	sonnig, heiß
Streckenlänge	3,780 km
Runden	81
Renndistanz	306,180 km
Bestehender Rundenrekord	1.15,381 = 180,523 km/h Damon Hill, Williams-Renault FW15C; GP 1993
GP-Sieger 1994	Nigel Mansell, Williams-Renault FW16B 1:47.51,480 = 170,323 km/h

TRAININGSZEITEN

			10. Nov.	11. Nov.
1.	Damon Hill	Williams-Renault FW17B	1.15,505◂	1.15,988
2.	David Coulthard	Williams-Renault FW17B	1.15,628◂	1.15,792
3.	Michael Schumacher	Benetton-Renault B195	1.16,039	1.15,839◂
4.	Gerhard Berger	Ferrari 412 T2	1.15,932◂	1.16,994
5.	Jean Alesi	Ferrari 412 T2	ohne Zeit	1.16,305◂
6.	Heinz-H.Frentzen	Sauber-Ford C14	1.16,837	1.16,647◂
7.	Rubens Barrichello	Jordan-Peugeot 195	1.16,725◂	1.16,971
8.	Johnny Herbert	Benetton-Renault B195	1.17,289	1.16,950◂
9.	Eddie Irvine	Jordan-Peugeot 195	1.17,197	1.17,116◂
10.	Mark Blundell	McLaren-Mercedes MP4/10B	1.17,348◂	1.17,721
11.	Martin Brundle	Ligier-Mugen JS41	1.17,788	1.17,624◂
12.	Olivier Panis	Ligier-Mugen JS41	1.18,033◂	1.18,065
13.	Gianni Morbidelli	Footwork-Hart FA16	1.18,814	1.18,391◂
14.	Mika Salo	Tyrrell-Yamaha 023	1.18,604◂	1.19,083
15.	Luca Badoer	Minardi-Ford M195	1.19,285	1.18,810◂
16.	Ukyo Katayama	Tyrrell-Yamaha 023	1.18,828◂	1.19,114
17.	Pedro Lamy	Minardi-Ford M195	1.18,875◂	1.19,484
18.	Karl Wendlinger	Sauber-Ford C14	1.19,561◂	—
19.	Taki Inoue	Footwork-Hart FA16	1.19,764	1.19,677◂
20.	Roberto Moreno	Forti-Ford FG01	1.21,419	1.20,657◂
21.	Pedro Diniz	Forti-Ford FG01	1.22,154	1.20,878◂
22.	Andrea Montermini	Pacific-Ford PR02	1.21,659◂	1.21,870
23.	Bertrand Gachot	Pacific-Ford PR02	1.22,881	1.21,998◂
24.	Mika Häkkinen	McLaren-Mercedes MP4/10B	1.37,998◂	—

STARTAUFSTELLUNG

5 Damon Hill
1.15,505

6 David Coulthard
1.15,628

1 Michael Schumacher
1.15,839

28 Gerhard Berger
1.15,932

27 Jean Alesi
1.16,305

30 H.-H. Frentzen
1.16,647

14 Rubens Barrichello
1.16,725

2 Johnny Herbert
1.16,950

15 Eddie Irvine
1.17,116

7 Mark Blundell
1.17,348

25 Martin Brundle
1.17,624

26 Olivier Panis
1.18,033

9 Gianni Morbidelli
1.18,391

4 Mika Salo
1.18,604

24 Luca Badoer *
1.18,810

3 Ukyo Katayama
1.18,828

23 Pedro Lamy
1.18,875

29 Karl Wendlinger
1.19,561

10 Taki Inoue
1.19,677

22 Roberto Moreno
1.20,657

21 Pedro Diniz
1.20,878

17 Andrea Montermini
1.21,659

16 Bertrand Gachot
1.21,998

* wegen Motorschadens nicht am Start

Mika Häkkinen, McLaren-Mercedes MP4/10B, nach Trainingsunfall nicht am Start

nenrand der Kurve auf die kerbs und verlor seinen McLaren deshalb aus der Kontrolle?

Die Unfallursache ist zunächst sekundär. Ein Marshal stützt den Kopf des Finnen, der benommen scheint. Bereits 40 Sekunden nach dem Crash sind Ärzte zur Stelle. Unter ihnen – das ist keineswegs eine Selbstverständlichkeit – ein Neurochirurg. Als sich der Zustand des Piloten dramatisch verschlechtert, entschließt der sich, in Absprache mit GP-Arzt »Prof« Watkins, zu einem Luftröhrenschnitt. Kurz darauf fällt der McLaren-Fahrer ins Koma. Erinnerungen an Monaco 1994 werden wach… Gleich zwei Tröpfe werden angelegt, dann – 30 Minuten nach dem Unfall – setzt sich der Krankenwagen langsam rollend in Bewegung. Sein Ziel ist das, nur 1,5 Kilometer entfernte Royal Adelaide Hospital, wo bereits ein alarmiertes Spezialisten-Team den Suzuka-Zweiten erwartet.

Die Stimmung im Fahrerlager ist bedrückend. Heinz-Harald Frentzen ist bestürzt, obwohl Häkkinen »nicht gerade zu meinen Freunden zählt«. Karl Wendlinger, der morgens gewaltig in der Senna-Schikane abflog und sich die linke Hand verletzte, ist noch stiller als gewöhnlich. »Hoffentlich«, sagt er leise, »wacht er bald wieder auf.« Der Tiroler lag im Vorjahr 19 Tage im Koma und fand seitdem nicht mehr zu seiner alten Super-Form zurück. Michael Schumacher verspürt eine »innere Leere – so wie 1994 in Imola, als Roland und Ayrton verunglückten«. Der Champion steigt erst wieder in seinen Benetton, als die Unfallursache geklärt ist: Ein circa zehn Zentimeter langer Schnitt ließ das Gas aus dem linken Hinterreifen des MP4/10B entweichen. Schumacher: »Wenn man dort wegen eines Fahrfehlers derart verunglücken kann, hätte ich hier vorläufig keine Runde mehr gedreht. Aber ein technischer Defekt kann immer und überall auftreten – gegen derart unberechenbare Zwischenfälle kann man sich nicht umfassend absichern.«

Daß Hill Bestzeit vor Coulthard, Berger, Schumacher, Barrichello und Frentzen fährt, interessiert vor dem Hintergrund der Sorge um Häkkinen fast nur am Rande. Alesi steht wegen eines erneuten Fehlers am Kurbelwellen-Sensor seines Ferrari noch ohne Zeit da – keine einzige Runde konnte der Franzose drehen. Beinahe würde ihm Gerhard Berger ganz hinten Gesellschaft leisten. Vorübergehend wird der Österreicher disqualifiziert, weil er 13 anstatt der erlaubten zwölf Runden drehte. Die Strafe wird wenig später aufgehoben: Berger hatte eine Runde wegen des Abbruchs nach dem Häkkinen-Unfall verloren, die durfte er tatsächlich »wiederholen«.

Da zwei weitere Reifenschäden hinten links – an Lamys Minardi und Herberts Benetton – auftraten, beginnt die Suche nach dem scharfkantigen Gegenstand, der die drei Pneus aufschlitzte. Unsaubere Schweißnähte der Gully-Deckel geraten zunächst in Verdacht, doch die Piste weist keine Kanaldeckel auf... Möglicherweise haben sich zwei kerbs so gegeneinander verschoben, daß ein »Messer« aus Beton entstand? Sicherheits-Chef Roland Bruynseraede begibt sich um 17 Uhr persönlich mit Schumacher, Hill und Berger auf die Suche. Aber die vier Männer finden nichts Verdächtiges. Schließlich einigt man sich darauf, daß es Schrott-Stückchen gewesen sein müssen, die die Schäden verursachten – irgendwelche kleinen Metall-Partikel, die nach einem Unfall nicht weggekehrt wurden. Drei Teilchen, die jeweils linken Hinterrädern im Weg lagen? Das ist unwahrscheinlich. Nur ein einziges »piece of debris« aber hätte die Schäden nicht verursachen können – es wäre nach dem ersten Überrollen »mitgenommen« oder weggeschleudert worden. Glaubwürdiger ist da schon die Aussage des Streckenpostens, der seinen Namen nicht genannt wissen will. Der sprach von Nägeln, die auf der Piste lagen. Vielleicht trainierten die Gegner des GP in Melbourne für die angekündigten Anschläge im Albert Park. Dort soll die Piste am 10. März 1996 – dem Datum der Saison-Eröffnung des kommenden Jahres – mit Glasscherben und Nägeln bedeckt werden…

Nachts öffnet Mika Häkkinen für wenige Minuten seine Augen, als er gewaschen wird. Doch die Folgen der Hirnprellung lassen ihn sofort wieder eindämmern. Um den Patienten vor

Eddie Irvine, Liebling der holden Weiblichkeit, schneidet seinen Geburtstagskuchen an.

»Überfällen« zu schützen, müssen am Portal die merkwürdigsten Zeitgenossen abgewimmelt werden. Neben Menschen, die unverblümt um Einlaß in Häkkinens Zimmer bitten, gibt es da jenen mysteriösen »Rennarzt Dr. Cox«, der unbedingt ans Krankenbett will, und eine von Weinkrämpfen gebeutelte Blondine, die sich eiskalt als »Mrs. Häkkinen« ausgibt...

Als das zweite Qualifying gefahren wird, sitzt der verunglückte Pilot bereits in seinem Bett – Mika Häkkinen ist außer Gefahr! Damit steht der erste Gewinner des Wochenendes fest.

Nur zwölf der verbliebenen 23 Piloten können im Abschluß-Training ihre Vortagszeiten unterbieten – angestiegene Asphalt-Temperaturen machen den Piloten das Leben schwer. Auf den beiden ersten Rängen ändert sich nichts. Damit sichert sich Hill am 11. 11. die elfte Pole-Position seiner F1-Karriere. Er will dank eines weiteren Sieges mit »guter Moral« in die Winterpause gehen. Prognosen sind ihm allerdings nicht zu entlocken. »81 Runden bei vermutlich heißem Wetter auf einem Straßenkurs – da kann so viel passieren, was sich nicht vorhersehen läßt.« Schumacher, der sich an Berger vorbei auf Platz drei vorarbeiten kann, hat auch ein Ziel: »Ich bin zwar absolut kein Statistik-Narr, aber zehn Siege innerhalb einer Saison sind verlockend.« Heinz-Harald Frentzen würde sich schon über einige WM-Punkte freuen. Als Trainings-Sechster hat er gute Chancen auf eine Plazierung innerhalb der Punkteränge. Der Renn-Ingenieur des Mönchengladbachers, Willi Rampf, hofft auf »ausgleichende Gerechtigkeit«. Nach dem Pech in Aida und Suzuka müßte es hier doch wieder einmal klappen. Während des Rennens spricht dann lange Zeit viel dafür, daß Rampfs Theorie Realität wird.

Auf den ersten Metern zeigt Coulthard, daß er sich mit einem Sieg von Williams verabschieden möchte. Der Schotte kommt optimal von der Linie weg und übernimmt die Führung, obwohl Hill versucht, dem Team-Kollegen den Weg abzuschneiden. Hinter dem Williams-Duo bremsen sich Berger und Alesi in die Senna-Schikane ein. Erst dann folgt der Champion, der den Start verschlief.

Damit ist eine Vorentscheidung gefallen. Mehr als vier Runden braucht Schumacher, um die beiden Ferrari zu überholen. Jetzt klafft nach vorn bereits eine Lücke von mehr als acht Sekunden zu den beiden Williams. Obwohl der Deutsche – »Im Duell gegen Berger litten meine Reifen zu stark« – nun freie Fahrt hat, wächst sein Rückstand. Aber noch ist nicht aller Tage Abend. Schumacher rückt auf Rang zwei vor, als Hill an die Boxen fährt. Die Positionsverbesserung täuscht, denn wenn er selbst Sprit und Reifen holen wird, muß er – bei inzwischen mehr als 18 Sekunden Rückstand – wieder hinter den Rivalen zurückfallen.

Aber es kommt – wie so vieles an diesem Tag – anders: Noch bevor Schumacher stoppt, will auch Coulthard an die Boxen, doch er wird sie als Fußgänger erreichen. Der Schotte fährt, bereits in die Boxengasse abgebogen, gegen die Begrenzungsmauer, die die Piste von der Pitlane trennt! Ein Fehler des Motor-Managements trägt die Schuld an dem Zwischenfall: Unaufgefordert »schob« der V10 den Williams gegen den Beton!

Der Crash bringt Schumacher für zwei Runden an die Spitze – es sind die letzten Führungskilometer des Rheinländers als Benetton-Fahrer. Dann hält auch er, und Hill liegt vorn. An der Führungsrolle des Briten wird sich bis ins Ziel nichts ändern. Schumacher aber kommt nicht mehr weit.

Sein Halt wirft ihn wieder hinter Alesi zurück. Wie schon in der Startrunde, will der Champion den Franzosen am Ende der Brabham-Straight ausbremsen – aber jetzt hält Alesi dagegen. Die zwei Autos kollidieren. Links hinten verbiegt die Aufhängung des Benetton – »Schumi« muß an den Boxen aufgeben.

Der Weltmeister ist wütend: »Ich weiß nicht, was in seinem Kopf vorging – wahrscheinlich nichts.« Wenig später ist auch für Alesi Feierabend. Er stellt seinen »unfahrbaren« Ferrari in den Boxen ab. Der offizielle Ausfallgrund ist ebenfalls ein Aufhängungsschaden. Tatsächlich aber hat der Franzose einfach keine Lust mehr... Auch er schimpft: »Michael braucht nicht zu denken, daß ich immer zurückstecke. Der fährt, als sei er allein auf der Piste.« Eine Stunde später gesteht Alesi sei-

Das Aus für Schumacher – mit diesem Boxenstopp ist seine Benetton-Zeit beendet

nen Fehler ein.
Als sich im Verlauf der 35. Runde Bergers Motor verabschiedet, rückt Frentzen auf Rang zwei hinter Hill auf. Rampf scheint recht zu bekommen. Aber der Weg ins Ziel ist noch weit, und hinter dem Sauber drängelt Herbert, der noch WM-Dritter werden möchte. Für »HHF« wird die Situation kritisch, als das Duo auf Blundells McLaren aufläuft. Trotz blauer Flaggen und Funkanweisung der eigenen Crew, widersetzt sich der Brite dem anstehenden Überrundungs-Manöver. Als sich Frentzen endlich vorbeiquetscht, zeigt er Blundell genervt den Mittelfinger der Rechten!
Dann streikt das Getriebe des Sauber: Aus für Frentzen. Sein Team-Kollege hat längst freiwillig die Segel gestrichen. Nackenschmerzen aufgrund des Freitags-Unfalls zwangen den Tiroler zur Aufgabe.
Nach Frentzen erwischt es nacheinander Irvine und Herbert – damit ist für Olivier Panis und Gianni Morbidelli der Weg auf die Podestplätze neben Hill frei. Der Franzose schafft das Kunststück, sechs WM-Punkte heimzufahren, obwohl der Mugen-V10 in seinem Heck während der drei letzten Runden gewaltig raucht. Die »Luftverschmutzung« raubt Morbidelli beinahe die Nerven: »Ein gräßlicher Gestank lag in der Luft, und ich dachte, es sei mein Footwork, der sich verabschiedet. Immer wieder flehte ich: Bitte halte durch – noch eine Runde – und jetzt noch eine.«
Mit dem Zieleinlauf Hill vor Panis und Morbidelli endet die Saison, und in der Nacht auf Montag wird dieses kuriose Ergebnis ausgiebig gefeiert. Die positiven Nachrichten aus dem Royal Adelaide Hospital tragen zu der guten Stimmung bei. Diesmal geht der Alkohol-Angriff auf Kehlen, Kleidung und Bodenbelag in der Disco des Hilton in der King William Street über die Bühne. Als der Morgen graut, werden die Tage bis zum Saisonbeginn 1996 gezählt...

Panis, Hill und Morbidelli – das Überraschungstrio des Jahres

ERGEBNISSE UND AUSFÄLLE

1. Damon Hill	Williams-Renault FW17B-4	1:49.15,946 = 168,129 km/h
2. Olivier Panis	Ligier-Mugen JS41-06	2 Runden zurück
3. Gianni Morbidelli	Footwork-Hart FA16-03	2 Runden zurück
4. Mark Blundell	McLaren-Mercedes MP4/10B-6	2 Runden zurück
5. Mika Salo	Tyrrell-Yamaha 023-05	3 Runden zurück
6. Pedro Lamy	Minardi-Ford M195-03	3 Runden zurück
7. Pedro Diniz	Forti-Ford FG 01-04	4 Runden zurück
8. Bertrand Gachot	Pacific-Ford PR 02/1	5 Runden zurück

Ukyo Katayama	Tyrrell-Yamaha 023-06	71. Runde, Motor
Johnny Herbert	Benetton-Renault B195-05	70. Runde, Motor
Eddie Irvine	Jordan-Peugeot 195/005	63. Runde, Motor
Heinz-Harald Frentzen	Sauber-Ford C14-07	40. Runde, Getriebe
Gerhard Berger	Ferrari 412 T2 163	35. Runde, Motor
Martin Brundle	Ligier-Mugen JS41-03	30. Runde, Unfall
Michael Schumacher	Benetton-Renault B195-06	26. Runde, Aufhängung hinten
Jean Alesi	Ferrari 412 T2 161	24. Runde, Aufhängung vorn
Roberto Moreno	Forti-Ford FG01-03	22. Runde, Unfall
Rubens Barrichello	Jordan-Peugeot 195/004	21. Runde, Unfall
David Coulthard	Williams-Renault FW17B-5	20. Runde, Unfall
Taki Inoue	Footwork-Hart FA16-04	16. Runde, Unfall
Karl Wendlinger	Sauber-Ford C14-04	9. Runde, Aufgabe
Andrea Montermini	Pacific-Ford PR02/2	3. Runde, Getriebe

Schnellste Runde:
(16. Runde) – Damon Hill, Williams-Renault FW17B, 1.17,943 = 174,589 km/h

GP Brasilien

RUNDENTABELLE	1	2	3	4	5	6	7	8	9	10	11	12	13	14	15	16	17	18	19	20	21	22	23	24	25	26	27	28
5 Damon Hill	1	1	1	1	1	1	1	1	1	1	1	1	1	1	1	1	1	5	5	5	5	6	5	5	5	5	5	5
1 Michael Schumacher	5	5	5	5	5	5	5	5	5	5	5	5	5	5	5	5	5	6	6	6	6	8	1	1	1	1	1	1
6 David Coulthard	6	6	6	6	6	6	6	6	6	6	6	6	6	6	6	6	6	1	8	8	8	5	28	28	28	28	6	6
2 Johnny Herbert	8	8	8	8	8	8	8	8	8	8	8	8	8	8	8	8	8	8	28	1	1	1	8	6	6	6	28	4
28 Gerhard Berger	28	28	28	28	28	28	28	28	28	28	28	28	28	28	28	28	28	28	1	28	28	28	6	27	27	4	4	27
27 Jean Alesi	27	27	27	27	27	27	27	27	27	27	27	27	27	27	27	27	4	4	4	4	4	27	27	4	4	27	27	8
8 Mika Häkkinen	2	2	2	2	15	15	15	15	15	15	15	15	15	15	4	4	27	2	2	9	9	4	4	8	8	8	8	28
15 Eddie Irvine	15	15	15	15	4	4	4	4	4	4	4	4	4	4	(3)	2	2	25	9	2	27	29	29	25	25	25	25	25
7 Mark Blundell	3	4	4	4	3	3	3	3	3	3	3	3	3	3	2	25	25	9	7	7	29	25	25	2	2	2	2	2
26 Olivier Panis	4	3	3	3	2	2	2	2	2	2	2	2	2	2	25	9	9	7	25	27	25	2	2	9	9	9	9	9
3 Ukyo Katayama	30	30	30	30	30	25	25	25	25	25	25	25	25	25	9	7	7	27	27	29	2	9	9	29	7	7	7	7
4 Mika Salo	14	14	25	25	25	30	30	30	30	(30)	9	9	9	9	7	(14)	29	29	29	25	7	7	7	7	29	29	29	29
9 Gianni Morbidelli	25	25	14	14	9	9	9	9	9	9	7	7	7	7	14	29	24	24	24	24	24	24	24	10	10	10	10	10
30 Heinz-Harald Frentzen	7	7	7	7	14	7	7	7	7	7	14	14	14	14	(15)	(12)	16	16	16	16	16	16	10	17	17	24	24	24
25 Aguri Suzuki	9	9	9	9	7	14	14	14	14	14	29	29	29	29	29	24	10	10	10	10	10	10	(16)	24	24	17	22	22
14 Rubens Barrichello	29	29	29	29	29	29	29	29	29	29	12	12	12	12	12	16	17	17	17	17	17	17	17	22	22	22	17	17
23 Pierluigi Martini	12	12	12	12	12	12	12	12	12	12	24	24	24	24	24	10	22	22	22	22	22	22	22	21	21	21	21	21
24 Luca Badoer	10	10	10	10	10	10	10	10	10	24	10	10	10	10	10	17	21	21	21	21	21	21	21					
29 Karl Wendlinger	24	24	24	24	24	24	24	24	24	10	16	16	16	16	16	22												
16 Bertrand Gachot	17	17	17	17	17	16	16	16	16	16	17	17	17	17	17	21												
10 Taki Inoue	22	16	16	16	16	17	17	17	17	17	22	22	22	22	22													
17 Andrea Montermini	16	22	22	22	22	22	22	22	22	22	11	21	21	21	21													
22 Roberto Moreno	21	21	21	21	21	11	11	11	11	11	21	(11)																
12 Jos Verstappen	11	11	11	11	11	21	21	21	21	21																		
21 Pedro Diniz																												
11 Domenico Schiattarella																												

GP Argentinien

RUNDENTABELLE	1	2	3	4	5	6	7	8	9	10	11	12	13	14	15	16	17	18	19	20	21	22	23	24	25	26	27	28
6 David Coulthard	6	6	6	6	6	1	1	1	1	1	5	5	5	5	5	5	1	27	27	27	27	27	27	27	27	5	5	5
5 Damon Hill	1	1	1	1	1	5	5	5	5	5	1	1	1	1	1	(6)	27	5	5	5	5	5	5	5	5	27	27	27
1 Michael Schumacher	5	5	5	5	5	6	6	6	6	6	6	6	6	6	6	1	5	1	1	1	1	1	1	1	1	1	1	1
15 Eddie Irvine	4	4	4	4	4	4	27	27	27	27	27	27	27	27	27	27	2	2	2	2	2	2	2	30	30	30	30	30
8 Mika Häkkinen	27	27	27	27	27	27	4	4	4	4	4	4	4	30	30	30	30	30	30	30	30	30	30	2	2	2	2	2
27 Jean Alesi	30	30	30	30	30	30	30	30	30	30	30	30	30	2	2	2	12	12	12	12	12	12	4	4	4	4	4	4
4 Mika Salo	3	3	3	3	3	2	2	2	2	2	2	2	2	12	12	12	9	9	9	9	9	4	14	14	14	14	14	14
28 Gerhard Berger	2	2	2	2	2	3	7	7	(7)	28	28	28	28	3	3	3	3	3	4	4	4	9	9	9	9	9	9	9
30 Heinz-Harald Frentzen	7	7	7	7	7	7	3	3	12	12	12	12	12	9	9	9	4	4	14	14	14	14	26	26	26	26	26	26
14 Rubens Barrichello	12	12	12	12	12	12	12	12	28	3	3	3	3	28	4	4	14	14	3	3	26	26	3	3	3	3	3	3
2 Johnny Herbert	25	25	25	25	25	25	28	28	3	9	9	9	9	4	14	14	26	26	26	26	3	3	23	23	23	23	23	23
9 Gianni Morbidelli	28	28	28	28	28	28	25	9	9	14	14	14	14	14	26	26	23	23	23	23	23	23	(12)	11	28	28	28	28
12 Jos Verstappen	23	23	23	23	23	23	23	23	14	26	26	26	26	26	23	23	11	11	11	11	11	11	11	28	11	25	25	25
3 Ukyo Katayama	11	9	9	9	9	9	9	25	26	23	23	23	23	23	25	25	25	28	28	28	28	28	28	25	25	11	11	11
23 Pierluigi Martini	9	11	26	26	26	26	26	14	23	25	25	25	25	25	11	11	28	25	25	25	25	25	25	10	10	10	10	10
7 Mark Blundell	26	26	11	11	11	11	14	10	25	11	11	11	11	11	28	28	10	10	10	10	10	10	10	22	22	22	22	22
26 Olivier Panis	22	22	14	14	14	14	11	26	11	22	10	10	10	10	10	10	21	22	22	22	22	22	22	21	21	21	21	21
25 Aguri Suzuki	10	14	10	10	10	10	10	22	10	21	21	21	21	21	21	21	22	21	21	21	21	21	21					
11 Domenico Schiattarella	14	10	22	22	22	22	22	11	22	10	22	22	22	22	22	22												
29 Karl Wendlinger	21	21	21	21	21	21	21	21	21																			
17 Andrea Montermini	15	15	15	15	15	(15)																						
16 Bertrand Gachot	(17)																											
22 Roberto Moreno																												
21 Pedro Diniz																												
10 Taki Inoue																												

33	34	35	36	37	38	39	40	41	42	43	44	45	46	47	48	49	50	51	52	53	54	55	56	57	58	59	60	61	62	63	64	65	66	67	68	69	70	71
1	1	1	6	6	6	6	6	6	6	6	6	6	6	1	1	1	1	1	1	1	1	1	1	1	1	1	1	1	1	1	1	1	1	1	1	1	1	1
6	6	6	1	1	1	1	1	1	1	1	1	1	1	6	6	6	6	6	6	6	6	6	6	6	6	6	6	6	6	6	6	6	6	6	6	6	6	6
4	4	4	4	4	8	8	8	8	8	8	28	28	28	28	28	28	28	28	28	28	28	28	28	28	28	28	28	28	28	28	28	28	28	28	28	28	28	
8	8	8	8	8	27	27	27	27	27	27	27	8	8	8	8	8	8	8	8	8	8	8	8	8	8	8	8	8	8	8	8	8	8	8	8	8	8	
27	27	27	27	27	28	28	28	28	28	28	8	9	27	27	27	27	27	27	27	27	27	27	27	27	27	27	27	27	27	27	27	27	27	27	27	27	27	
28	28	28	28	28	4	4	9	9	9	9	9	7	9	4	4	4	4	4	4	9	9	9	9	9	9	9	9	9	7	7	7	7	7	7	7	7	7	
9	9	9	9	9	9	9	7	7	7	7	7	27	7	9	9	9	9	9	9	4	4	4	4	7	7	7	7	7	4	4	4	4	4	4	4	4		
7	7	7	7	7	7	7	4	4	4	4	4	4	4	7	7	7	7	7	7	7	7	7	7	4	4	4	4	4	25	25	25	25	25	25	25	25		
29	29	29	29	29	25	25	25	25	25	25	25	25	25	25	25	25	25	25	25	25	25	25	25	25	25	25	25	25	⑨	17	17	17						
25	25	25	25	25	29	24	24	24	24	24	24	24	24	㉔	17	17	17	17	17	17	17	17	17	17	17	17	17	17	17	21	21							
24	24	24	24	24	24	10	10	22	22	22	22	22	22	㉒	21	21	21	21	21	21	21	21	21	21	21	21	21	21	21									
10	10	10	10	10	10	22	22	17	17	17	17	17	17	17	⑩																							
22	22	22	22	22	22	17	17	㉙	21	21	21	21	21	21																								
17	17	17	17	17	17	29	29	21	10	10	10	10	10	10																								
21	21	21	21	21	21	21	21	10																														

Erklärung zur Rundentabelle

Die Rundentabelle liest sich wie folgt:
In den senkrechten Spalten (unter den Rundenziffern 1 bis x) sind von oben nach unten die Startnummern der Teilnehmer – in der Reihenfolge, die jeweils bei Start-und-Ziel am Ende der Runde registriert wurde – aufgelistet.

Zeichenerklärung: **–** = überrundet
o = Ausfall
Boxenstopps: unterstrichen

WERTUNGSPUNKTE

Fahrer: Schumacher 10, Coulthard 6, Berger 4, Häkkinen 3, Alesi 2, Blundell 1

Konstrukteure: Ferrari 6, McLaren 4

33	34	35	36	37	38	39	40	41	42	43	44	45	46	47	48	49	50	51	52	53	54	55	56	57	58	59	60	61	62	63	64	65	66	67	68	69	70	71	72
5	5	5	5	5	5	5	5	5	5	5	5	5	5	5	5	5	5	5	5	5	5	5	5	5	5	5	5	5	5	5	5	5	5	5	5	5	5	5	5
27	27	27	27	27	27	27	27	27	27	27	27	27	27	27	27	27	27	27	27	27	27	27	27	27	27	27	27	27	27	27	27	27	27	27	27	27	27	27	27
1	1	1	1	1	1	1	1	1	1	1	1	1	1	1	1	1	1	1	1	1	1	1	1	1	1	1	1	1	1	1	1	1	1	1	1	1	1	1	1
2	2	2	2	2	2	2	2	2	2	2	2	2	2	2	2	2	2	2	2	2	2	2	2	2	2	2	2	2	2	2	2	2	2	2	2	2	2	2	
4	4	4	4	4	4	4	4	4	4	4	4	4	4	4	④	30	30	30	30	30	30	30	30	30	30	30	30	30	30	30	30	30	30	30	30	30	30		
30	30	30	30	30	30	30	30	30	30	30	30	30	30	30	30	26	26	26	28	28	28	28	28	28	28	28	28	28	28	28	28	28	28	28	28	28	28		
⑭	9	9	9	9	9	9	9	9	9	⑨	26	26	26	26	26	28	28	28	26	26	26	26	26	26	26	26	26	26	26	26	26	26	26	26	26	26	26		
9	26	26	26	26	26	26	26	26	26	26	28	28	28	28	28	3	3	3	3	3	3	3	3	3	3	3	3	3	3	3	3	3	3	3	3	3			
26	3	28	28	28	28	28	28	28	28	28	3	3	3	3	3	11	11	11	11	11	11	11	11	11	11	11	11	11	11	11	11	11	11	11	11				
3	28	23	3	3	3	3	3	3	3	3	㉓	11	11	11	11	22	22	22	22	22	22	22	22	22	22	22	21	21	21	21									
28	23	3	23	23	23	23	23	23	23	23	11	25	25	㉕	22	21	21	21	21	21	21	21	21	21	21	21	22	22	22	22									
23	25	25	11	11	11	11	11	11	11	11	25	22	22	22	21																								
25	11	11	25	25	25	25	25	25	25	25	22	21	21	21																									
11	10	10	10	10	10	10	⑩	22	22	22	21																												
10	22	22	22	22	22	22	22	21	21	21																													
22	21	21	21	21	21	21	21																																
21																																							

WERTUNGSPUNKTE

Fahrer: Schumacher 14, Hill 10, Alesi 8, Coulthard 6, Berger 5, Häkkinen 3, Herbert 3, Frentzen 2, Blundell 1

Konstrukteure: Ferrari 13, Williams 10, Benetton 7, McLaren 4, Sauber 2

GP San Marino

RUNDENTABELLE

	1	2	3	4	5	6	7	8	9	10	11	12	13	14	15	16	17	18	19	20	21	22	23	24	25	26	27	28
1 Michael Schumacher	1	1	1	1	1	1	1	1	1	6	28	28	28	28	28	28	28	28	28	28	28	5	5	5	5	5	5	5
28 Gerhard Berger	28	28	28	28	28	6	6	6	6	28	6	5	5	5	5	5	5	5	5	5	5	6	6	6	6	6	6	6
6 David Coulthard	6	6	6	6	6	5	5	5	5	(1)	5	6	6	6	6	6	6	6	6	6	6	27	27	27	27	27	27	27
5 Damon Hill	5	5	5	5	5	27	27	28	28	5	27	27	27	27	27	27	27	27	27	27	27	28	28	28	28	28	28	28
27 Jean Alesi	27	27	27	27	27	28	28	27	27	27	8	8	8	8	8	15	15	15	15	15	15	30	14	14	14	14	14	14
8 Mika Häkkinen	8	14	14	14	14	14	14	8	8	8	15	15	15	15	15	3	3	3	30	30	30	14	7	7	7	7	7	7
15 Eddie Irvine	14	8	8	8	8	8	8	14	15	15	3	3	3	3	3	30	30	30	14	14	14	7	30	30	30	30	30	30
2 Johnny Herbert	15	15	15	15	15	15	15	15	12	3	30	30	30	30	30	4	4	14	7	7	7	15	15	15	15	15	15	15
7 Nigel Mansell	30	3	3	3	3	3	3	12	3	30	4	4	4	4	4	14	14	7	3	3	3	3	(3)	8	8	8	8	8
14 Rubens Barrichello	2	30	30	30	12	12	12	3	30	4	14	14	14	14	14	7	7	4	(4)	8	8	8	8	26	26	26	26	26
9 Gianni Morbidelli	4	12	12	12	30	30	30	30	14	14	7	7	7	7	7	8	8	8	8	26	26	26	26	2	2	2	2	2
26 Olivier Panis	3	4	4	4	4	4	4	4	4	7	12	12	12	(12)	26	26	26	26	26	23	2	2	2	11	11	25	25	25
4 Mika Salo	12	7	7	7	7	7	7	7	7	12	23	23	23	23	23	23	23	23	23	2	23	23	23	25	25	16	16	16
30 Heinz-Harald Frentzen	7	2	2	2	2	2	2	23	23	23	26	26	26	26	16	16	16	16	11	11	11	11	11	16	16	11	11	11
3 Ukyo Katayama	25	23	23	23	23	23	23	26	26	26	16	16	16	16	11	11	11	11	2	16	16	16	16	23	23	23	23	23
25 Aguri Suzuki	23	16	16	16	16	16	26	16	16	16	11	11	11	11	25	25	2	2	25	25	25	25	25	9	29	24	24	24
12 Jos Verstappen	24	26	26	26	26	26	16	2	2	2	25	25	25	25	2	2	25	25	16	24	24	9	9	29	24	29	29	29
23 Pierluigi Martini	16	29	25	11	11	11	11	11	11	11	2	2	2	2	24	24	24	24	24	9	9	29	29	24	9	9	9	9
10 Taki Inoue	26	24	11	25	25	25	25	25	25	25	17	17	17	17	(17)	9	9	9	9	29	29	24	24	21	21	21	21	21
24 Luca Badoer	29	11	22	22	17	22	17	17	17	17	29	24	24	24	9	29	29	29	29	22	22	22	22	22	22	22	22	22
29 Karl Wendlinger	11	25	21	17	22	17	24	24	22	22	22	22	22	9	22	22	22	22	22	21	21	21	21					
16 Bertrand Gachot	17	22	17	21	21	21	22	22	29	29	24	21	9	22	29	21	21	21	21									
11 Domenico Schiattarella	10	21	10	10	24	24	21	21	21	24	21	9	29	29	21													
17 Andrea Montermini	22	10	29	24	29	29	29	29	24	21	9	29	21	21														
22 Roberto Moreno	21	10	24	29	10	10	9	9	9	9	10	(10)																
21 Pedro Diniz	9	9	9	9	9	9	10	10	10	10																		

GP Spanien

RUNDENTABELLE

	1	2	3	4	5	6	7	8	9	10	11	12	13	14	15	16	17	18	19	20	21	22	23	24	25	26	27	28
1 Michael Schumacher	1	1	1	1	1	1	1	1	1	1	1	1	1	1	1	1	1	1	1	1	1	1	1	1	1	1	1	1
27 Jean Alesi	27	27	27	27	27	27	27	27	27	27	27	27	27	27	27	27	27	27	27	27	27	27	27	27	(27)	5	5	5
28 Gerhard Berger	5	5	5	5	5	5	5	5	5	5	5	5	28	28	28	28	8	2	5	5	5	5	5	5	5	6	6	6
6 David Coulthard	28	28	28	28	28	28	28	28	28	28	28	28	5	6	8	8	2	5	6	6	6	6	6	6	6	28	28	28
5 Damon Hill	15	15	15	15	15	15	6	6	6	6	6	6	6	8	2	2	5	6	28	28	28	28	28	28	28	2	2	2
15 Eddie Irvine	8	8	6	6	6	6	15	15	15	15	15	15	15	15	15	14	6	28	30	30	2	2	2	2	2	8	8	8
2 Johnny Herbert	6	6	8	8	8	8	8	8	8	8	8	8	8	2	14	5	14	30	2	2	30	8	8	8	8	15	15	15
14 Rubens Barrichello	2	2	2	2	2	2	2	2	2	2	2	2	2	14	5	6	28	25	8	8	8	15	15	15	15	14	14	14
8 Mika Häkkinen	14	14	14	14	14	14	14	14	14	14	14	14	14	5	6	30	30	8	15	15	15	14	14	14	14	30	30	30
7 Nigel Mansell	30	30	30	30	30	30	30	30	30	30	30	30	30	30	30	25	25	15	25	14	14	30	26	30	30	26	26	26
25 Martin Brundle	25	25	25	25	25	25	25	25	25	25	25	25	25	25	25	15	15	14	14	26	26	26	30	26	26	4	4	4
30 Heinz-Harald Frentzen	4	4	4	4	4	4	4	4	4	4	4	4	4	4	4	4	4	4	4	4	10	23	4	4	4	9	9	9
4 Mika Salo	3	3	3	3	3	3	3	7	7	7	7	7	7	7	26	26	26	26	26	10	23	4	9	9	9	25	25	25
9 Gianni Morbidelli	7	26	26	26	26	7	7	3	3	3	3	3	3	3	7	12	12	12	12	12	4	9	25	25	25	12	12	12
26 Olivier Panis	26	7	7	7	7	26	26	26	26	26	26	26	26	26	3	10	10	10	10	23	9	11	12	12	12	23	23	23
12 Jos Verstappen	9	9	9	9	9	9	9	9	9	9	9	9	9	9	9	23	23	23	23	9	11	29	11	23	23	3	3	3
3 Ukyo Katayama	12	12	12	12	12	12	12	12	12	12	12	12	12	12	12	24	24	24	24	11	29	25	29	3	3	10	10	10
10 Taki Inoue	23	23	23	23	23	23	23	10	10	10	10	10	10	10	10	7	7	11	11	29	12	12	23	10	10	29	29	29
23 Pierluigi Martini	24	24	24	24	24	10	10	23	23	23	23	23	23	23	23	11	11	29	29	25	25	16	16	29	29	11	11	11
29 Karl Wendlinger	10	10	10	10	10	24	24	24	24	24	24	24	24	24	24	29	29	9	9	16	16	3	3	11	11	16	16	16
24 Luca Badoer	11	11	11	11	11	11	11	11	11	11	11	11	11	11	11	9	9	16	16	24	3	10	10	16	16	22	22	22
11 Domenico Schiattarella	29	29	29	29	29	29	29	29	29	29	29	29	29	29	29	16	16	(7)	3	3	(24)	22	22	22	22			
16 Bertrand Gachot	16	16	16	16	16	16	16	16	16	16	16	16	16	16	16	3	3	3	22	22	22							
22 Roberto Moreno	21	21	21	21	21	21	21	21	21	21	21	22	22	22	22	22	22	22										
21 Pedro Diniz	22	22	22	22	22	22	22	22	22	22	22	21	21	21	21	21	(21)											

33	34	35	36	37	38	39	40	41	42	43	44	45	46	47	48	49	50	51	52	53	54	55	56	57	58	59	60	61	62	63
5	5	5	5	5	5	5	5	5	5	5	5	5	5	5	5	5	5	5	5	5	5	5	5	5	5	5	5	5	5	5
6	6	6	27	27	27	27	27	27	27	27	27	27	27	27	27	27	27	27	27	27	27	27	27	27	27	27	27	27	27	27
27	27	27	6	6	6	6	6	6	6	6	28	28	28	28	28	28	28	28	28	28	28	28	28	28	28	28	28	28	28	28
28	28	28	28	28	28	28	28	28	28	28	6	6	6	6	6	6	6	6	6	6	6	6	6	6	6	6	6	6	6	6
7	7	7	7	7	7	7	7	7	7	7	8	8	8	8	8	8	8	8	8	8	8	8	8	8	8	8	8	8	8	
15	15	8	8	8	8	8	15	15	15	15	30	30	30	30	30	30	30	30	30	30	30	30	30	30	30	30	30	30	30	
8	8	15	15	15	15	15	30	30	8	8	2	2	2	2	2	2	2	2	2	2	2	2	2	2	2	2	2	2		
30	30	30	30	30	30	30	8	8	30	30	15	15	15	15	15	15	15	15	15	15	15	15	15	15	15	15	15	15		
2	2	2	2	2	2	2	2	2	2	7	26	26	26	26	26	26	26	26	26	26	26	26	26	26	26	26	26	26		
26	26	26	26	26	26	26	26	26	26	26	26	7	7	7	7	7	7	7	7	7	7	7	7	7	7	7	7	7		
25	25	25	25	25	25	25	25	25	25	25	25	25	25	25	25	25	25	25	25	25	25	25	25	25	25	25	25			
16	16	16	(16)	23	23	23	23	23	29	(29)	23	23	23	23	23	23	23	23	23	23	23	23	23	23	23	23				
11	11	(11)	23	24	24	24	24	29	9	23	9	9	9	9	9	9	9	9	9	9	9	9	9	9	9	9				
23	23	23	24	29	29	29	29	9	23	9	24	24	24	24	24	24	24	24	24	24	24	24	24	24	24	24				
24	24	24	29	9	9	9	9	24	24	24	21	21	21	21	21	21	21	21	21	21	21	21	21							
29	29	29	9	22	22	22	21	21	21	21	22	22	22	22	22	22	22	22	22	22	22	22	22							
9	9	9	22	21	21	21	22	22	22	22																				
21	21	21	21																											
22	22	22																												

WERTUNGSPUNKTE

Fahrer: Hill 20, Schumacher 14, Alesi 14, Coulthard 9, Berger 9, Häkkinen 5, Herbert 3, Frentzen 3, Blundell 1

Konstrukteure: Williams 23, Ferrari 23, Benetton 7, McLaren 6, Sauber 3

33	34	35	36	37	38	39	40	41	42	43	44	45	46	47	48	49	50	51	52	53	54	55	56	57	58	59	60	61	62	63	64	65
1	1	1	1	1	1	1	1	1	1	1	1	1	1	1	1	1	1	1	1	1	1	1	1	1	1	1	1	1	1	1	1	1
5	5	5	5	5	5	5	5	5	5	5	5	5	5	5	6	5	5	5	5	5	5	5	5	5	5	5	5	5	5	5	5	2
2	2	2	2	2	2	2	2	6	6	6	6	6	6	6	5	28	6	6	6	6	(6)	2	2	2	2	2	2	2	2	2	2	28
28	6	6	6	6	6	6	6	28	28	28	28	28	28	28	28	6	28	2	2	2	2	28	28	28	28	28	28	28	28	28	28	5
6	28	28	28	28	28	28	28	8	8	8	2	2	2	2	2	2	2	28	28	28	28	15	15	15	15	15	15	15	15	15	15	
14	8	8	8	8	8	8	8	2	2	2	8	8	15	15	14	14	15	15	15	15	15	14	14	14	14	14	14	14	14	14	26	
8	15	15	15	15	15	15	15	15	15	15	15	15	8	14	15	15	8	8	8	14	14	26	26	26	26	26	26	26	26	26	14	
15	14	14	14	14	14	14	14	14	14	14	14	14	14	8	8	8	14	14	14	26	26	30	30	30	30	30	30	30	30	30	30	
30	30	30	30	30	30	30	30	30	30	30	26	26	26	26	26	26	26	26	26	(8)	30	25	25	25	25	25	25	25	25	25	25	
26	26	26	26	26	26	26	4	25	26	26	30	30	30	30	30	30	30	30	30	30	25	4	4	4	4	4	4	4	4	4	4	
4	4	4	4	4	4	4	25	4	25	4	4	4	4	25	25	25	25	25	25	25	4	9	9	9	9	9	9	9	9	9		
25	25	25	25	25	25	25	26	26	4	25	25	25	25	4	4	4	4	4	4	4	9	12	12	12	12	12	12	12	12	12		
12	12	12	12	12	12	12	12	9	9	9	9	9	9	9	9	12	12	12	12	9	12	3	(3)	29	29	29	29	29	29	29		
9	9	9	9	9	9	9	9	12	12	12	12	12	12	12	12	9	9	9	9	12	3	29	29	23	23	23	23	23	23			
3	3	3	3	3	3	3	23	23	23	23	3	3	3	3	3	3	3	3	3	3	29	23	23	11	11	11	11	11				
23	23	23	23	23	23	23	10	3	3	3	23	23	23	23	29	29	29	29	29	29	23	11	11									
10	10	10	10	10	10	10	3	10	10	29	29	29	29	29	23	23	23	23	23	23	11											
29	29	29	29	29	29	29	29	29	29	(10)	11	11	11	11	11	11	11	11	11	11												
11	11	11	11	11	11	11	11	11	11	(16)																						
16	16	16	16	16	16	16	16	16	16	11																						
22	22	22	22	22	22	(22)																										

WERTUNGSPUNKTE

Fahrer: Schumacher 24, Hill 23, Alesi 14, Berger 13, Coulthard 9, Herbert 9, Häkkinen 5, Frentzen 3, Irvine 2, Blundell 1, Panis 1

Konstrukteure: Ferrari 27, Williams 26, Benetton 23, McLaren 6, Sauber 3, Jordan 2, Ligier 1

GP Monaco

RUNDENTABELLE	1	2	3	4	5	6	7	8	9	10	11	12	13	14	15	16	17	18	19	20	21	22	23	24	25	26	27	28
5 Damon Hill	5	5	5	5	5	5	5	5	5	5	5	5	5	5	5	5	5	5	5	5	5	5	5	1	1	1	1	1
1 Michael Schumacher	1	1	1	1	1	1	1	1	1	1	1	1	1	1	1	1	1	1	1	1	1	1	1	27	27	27	27	27
6 David Coulthard	6	6	6	6	6	6	6	6	6	6	6	6	6	6	6	(6)	27	27	27	27	27	27	27	28	5	5	5	5
28 Gerhard Berger	27	27	27	27	27	27	27	27	27	27	27	27	27	27	27	27	28	28	28	28	28	28	28	5	28	2	2	2
27 Jean Alesi	28	28	28	28	28	28	28	28	28	28	28	28	28	28	28	28	2	2	2	2	2	2	2	2	2	28	28	28
8 Mika Häkkinen	2	2	2	2	2	2	2	2	2	2	2	2	2	2	2	2	15	15	15	15	15	(15)	24	3	3	(3)	7	7
2 Johnny Herbert	8	8	8	8	8	8	8	(8)	15	15	15	15	15	15	15	15	7	7	7	7	7	7	3	7	7	7	30	30
25 Martin Brundle	15	15	15	15	15	15	15	15	25	25	25	25	7	7	7	7	24	24	24	24	24	24	7	23	23	30	25	25
15 Eddie Irvine	25	25	25	25	25	25	25	25	14	14	14	14	14	24	24	24	3	3	3	3	3	3	23	30	30	25	24	24
7 Mark Blundell	14	14	14	14	14	14	14	14	7	7	7	7	26	3	3	3	25	25	25	23	23	23	30	24	25	24	29	29
14 Rubens Barrichello	7	7	7	7	7	7	7	7	26	26	26	26	24	25	25	25	23	23	23	14	14	26	25	25	24	29	23	23
26 Olivier Panis	26	26	26	26	26	26	26	26	30	30	30	30	3	14	23	23	14	14	14	26	26	30	29	29	29	23	14	14
9 Gianni Morbidelli	30	30	30	30	30	30	30	30	24	24	24	24	25	23	14	14	26	26	26	30	30	25	4	4	4	14	4	4
30 Heinz-Harald Frentzen	24	24	24	24	24	24	24	24	3	3	3	3	23	26	26	26	30	30	30	25	25	29	26	14	14	4	26	26
3 Ukyo Katayama	9	9	9	9	9	3	3	3	23	23	23	23	30	30	30	30	29	29	29	29	29	4	14	26	26	26	(10)	16
24 Luca Badoer	3	3	3	3	3	23	23	23	29	29	29	29	29	29	29	29	4	4	4	4	4	14	16	16	10	10	16	9
4 Mika Salo	23	23	23	23	23	29	29	29	4	4	4	4	4	4	4	4	17	16	16	16	16	16	10	10	16	16	9	21
23 Pierluigi Martini	29	29	29	29	29	4	4	4	16	16	16	16	17	17	17	17	16	17	17	17	17	10	21	9	9	9	21	
29 Jean-Christophe Boullion	16	16	4	4	4	16	16	16	(22)	17	17	17	16	16	16	16	10	10	10	10	10	21	9	21	21	21		
16 Bertrand Gachot	22	22	16	16	16	22	22	22	17	10	10	10	10	10	10	10	21	21	21	21	21	9	(17)					
21 Pedro Diniz	17	4	22	22	22	17	17	17	10	21	21	21	21	21	21	21	9	9	9	9	9	17						
12 Jos Verstappen	4	17	17	17	17	21	10	10	21	9	9	9	9	9	9	9												
22 Roberto Moreno	21	21	21	21	21	10	21	21	9																			
17 Andrea Montermini	10	10	10	10	10	9	9	9																				
10 Taki Inoue																												

GP Kanada

RUNDENTABELLE	1	2	3	4	5	6	7	8	9	10	11	12	13	14	15	16	17	18	19	20	21	22	23	24	25	26	27	28
1 Michael Schumacher	1	1	1	1	1	1	1	1	1	1	1	1	1	1	1	1	1	1	1	1	1	1	1	1	1	1	1	1
5 Damon Hill	5	5	5	5	5	5	5	5	5	5	5	5	5	5	5	5	27	27	27	27	27	27	27	27	27	27	27	27
6 David Coulthard	(6)	27	27	27	27	27	27	27	27	27	27	27	27	27	27	27	5	5	5	5	5	5	5	5	5	28	28	28
28 Gerhard Berger	28	28	28	28	28	28	28	28	28	28	28	28	28	28	28	28	28	28	28	28	28	28	28	28	28	5	5	5
27 Jean Alesi	27	14	14	14	14	14	14	14	14	14	14	14	14	14	14	14	14	14	14	14	14	14	14	14	14	14	14	14
2 Johnny Herbert	14	15	15	15	15	15	15	15	15	15	15	15	15	15	15	15	15	15	15	15	15	15	15	15	15	15	15	15
8 Mika Häkkinen	15	30	30	30	30	30	30	30	30	30	30	30	30	30	30	30	30	30	30	30	30	30	30	30	30	(30)	26	26
15 Eddie Irvine	30	26	26	26	26	26	26	26	26	26	26	26	26	26	26	26	26	26	26	26	26	26	26	26	26	26	25	25
14 Rubens Barrichello	26	25	25	25	25	25	25	25	25	25	25	25	25	25	25	25	25	25	25	25	25	25	25	25	25	25	9	9
7 Mark Blundell	25	4	4	4	4	4	4	4	4	4	4	9	9	9	9	9	9	9	9	9	9	9	9	9	9	9	7	7
26 Olivier Panis	4	7	7	9	9	9	9	9	9	9	9	7	7	7	7	7	7	7	7	7	7	7	7	7	7	7	24	24
30 Heinz-Harald Frentzen	7	9	9	7	7	7	7	7	7	7	7	4	24	24	24	24	24	24	24	24	24	24	24	24	24	24	10	10
9 Gianni Morbidelli	9	24	24	24	24	24	24	24	24	24	24	24	29	29	29	29	29	29	(29)	4	4	4	4	4	4	10	4	4
25 Martin Brundle	24	23	23	23	3	3	3	23	23	29	29	29	10	10	10	10	10	10	10	10	10	10	10	10	10	4	3	3
4 Mika Salo	23	3	3	3	23	23	23	3	3	10	10	10	4	4	4	4	4	4	4	23	23	23	23	3	3	3	23	23
3 Ukyo Katayama	3	29	29	29	29	29	29	29	29	23	23	23	23	23	23	23	23	23	23	3	3	3	3	23	23	23	22	16
23 Pierluigi Martini	29	16	16	16	16	16	16	16	10	3	3	3	3	3	3	3	3	3	3	22	22	22	22	22	22	22	16	22
29 Jean-Christophe Boullion	16	17	17	17	(17)	10	10	10	22	22	22	22	22	22	22	22	22	22	22	16	16	16	16	16	16	16		
24 Luca Badoer	17	10	10	10	10	22	22	22	21	21	21	21	21	21	21	16	16	16	16	21	21	21	21	21	21	(21)		
16 Bertrand Gachot	10	22	22	22	22	21	21	21	16	16	16	16	16	16	16	21	21	21	21									
17 Andrea Montermini	22	21	21	21	21																							
10 Taki Inoue	21																											
22 Roberto Moreno																												
21 Pedro Diniz																												

2	33	34	35	36	37	38	39	40	41	42	43	44	45	46	47	48	49	50	51	52	53	54	55
1	1	1	1	27	1	1	1	1	1	1	1	1	1	1	1	1	1	1	1	1	1	1	1
7	27	27	27	1	27	27	27	27	㉗	5	5	5	5	5	5	5	5	5	5	5	5	5	5
5	5	5	5	5	5	5	5	5	5	28	28	28	28	28	28	28	28	28	28	28	28	28	28
2	2	2	2	2	2	2	28	28	28	2	2	2	2	2	2	2	2	2	2	2	2	2	2
8	28	28	28	28	28	28	2	2	2	7	7	7	7	7	7	7	7	7	7	7	7	7	7
7	7	7	7	7	7	7	7	7	7	24	24	24	24	24	24	24	24	30	30	30	30	30	30
0	30	30	25	25	25	25	25	㉕	24	30	30	30	30	30	30	30	30	24	24	24	24	24	24
5	25	25	24	24	24	24	24	24	30	23	23	23	23	23	23	23	23	23	23	23	26	26	26
4	24	24	30	30	30	30	30	30	23	14	14	14	14	14	14	14	26	26	26	26	14	14	14
9	29	29	29	23	23	23	23	23	14	26	26	26	26	26	26	26	14	14	14	14	23	23	23
3	23	23	23	14	14	14	14	14	26	4	29	29	29	29	29	29	29	29	29	29	29	29	29
4	14	14	14	4	4	4	4	26	4	29	4	4	4	4	4	4	4	4	4	4	4	4	4
4	4	4	4	26	26	26	26	4	29	⑯	9	9	9	9	9	9	9	9	9	9	9	9	9
6	26	26	26	29	29	29	29	29	16	9	21	21	21	21	21	21	21	21	21	21	21	21	21
6	16	16	16	16	16	16	16	16	9	21													
9	9	9	9	9	9	9	9	9	21														
1	21	21	21	21	21	21	21	21															

56	57	58	59	60	61	62	63	64	65	66	67	68	69	70	71	72	73	74	75	76	77	78
1	1	1	1	1	1	1	1	1	1	1	1	1	1	1	1	1	1	1	1	1	1	1
5	5	5	5	5	5	5	5	5	5	5	5	5	5	5	5	5	5	5	5	5	5	5
28	28	28	28	28	28	28	28	28	28	28	28	28	28	28	28	28	28	28	28	28	28	28
2	2	2	2	2	2	2	2	2	2	2	2	2	2	2	2	2	2	2	2	2	2	
7	7	7	7	7	7	7	7	7	7	7	7	7	7	7	7	7	7	7	7	7	7	
30	30	30	30	30	30	30	30	30	30	30	30	30	30	30	30	30	30	30	30	30		
24	24	24	24	24	24	24	24	24	24	24	24	㉔	23	23	23	23	23	23	23	23		
26	26	26	26	26	26	26	26	26	㉖	23	23	23	29	29	29	29	29	29				
14	14	14	14	⑭	23	23	23	23	23	29	29	29	9	9	9	9	9	9				
23	23	23	23	23	29	29	29	29	29	9	9	9	21	21	21	21						
29	29	29	29	29	4	4	④	9	9	21	21	21										
4	4	4	4	4	9	9	9	21	21													
9	9	9	9	9	21	21	21															
21	21	21	21	21																		

WERTUNGSPUNKTE

Fahrer: Schumacher 34, Hill 29, Berger 17, Alesi 14, Herbert 12, Coulthard 9, Häkkinen 5, Frentzen 4, Blundell 3, Irvine 2, Panis 1

Konstrukteure: Benetton 36, Williams 32, Ferrari 31, McLaren 8, Sauber 4, Jordan 2, Ligier 1

2	33	34	35	36	37	38	39	40	41	42	43	44	45	46	47	48	49	50
1	1	1	1	1	1	1	1	1	1	1	1	1	1	1	1	1	1	1
7	27	28	27	27	27	27	27	27	27	27	27	27	27	27	27	27	27	27
3	28	27	5	5	5	5	5	5	5	5	5	5	5	5	5	5	5	⑤
5	5	5	14	14	14	14	14	14	14	14	14	14	14	14	14	14	14	14
4	14	14	25	15	15	15	15	15	15	15	15	15	15	15	15	15	15	15
5	26	25	15	26	26	26	26	26	26	26	26	26	26	26	26	26	26	26
6	25	15	26	25	25	25	25	25	25	25	25	25	25	25	25	25	25	25
5	15	7	28	28	28	28	28	28	28	28	28	28	28	28	28	28	28	28
9	9	26	7	7	7	7	7	7	7	7	7	7	7	7	⑦	9	9	9
	7	9	9	9	9	9	9	9	9	9	9	9	9	9	9	4	4	4
	10	10	10	4	4	4	4	4	4	4	4	4	4	4	4	24	24	24
	24	4	4	24	24	24	24	24	24	24	24	24	24	24	24	10	10	10
	4	24	24	10	10	10	10	10	10	10	10	10	10	10	10	23	23	23
	3	3	3	3	3	3	3	3	23	23	23	23	23	23	23	22	22	22
	23	23	23	23	23	23	23	23	22	22	22	22	22	22	22			
	16	16	16	⑯	22	22	22	22	3	③								
	22	22	22	22														

51	52	53	54	55	56	57	58	59	60	61	62	63	64	65	66	67	68
1	1	1	1	1	1	1	27	27	27	27	27	27	27	27	27	27	27
27	27	27	27	27	27	27	14	14	14	14	14	14	14	14	14	14	14
14	14	14	14	14	14	14	15	15	15	15	15	15	15	15	15	15	15
15	15	15	15	15	15	15	26	26	26	26	26	26	26	26	26	26	26
26	26	26	26	26	26	26	25	25	25	25	1	1	1	1	1	1	1
25	25	25	25	25	25	25	28	28	28	28	9	9	9	9	9	9	
28	28	28	28	28	28	28	1	1	1	1	4	4	4	4	4	4	
9	9	9	9	9	9	9	9	9	9	9	24	24	24	24	24	24	
4	4	4	4	4	4	4	4	4	4	4	10	10	10	10	10		
24	24	24	24	24	24	24	24	24	24	24							
10	10	10	10	10	10	10	10	10	10	10							
23	23	23	23	23	23	23	23	23	㉓								
22	22	22	㉒														

WERTUNGSPUNKTE

Fahrer: Schumacher 36, Hill 29, Alesi 24, Berger 17, Herbert 12, Coulthard 9, Barrichello 6, Irvine 6, Häkkinen 5, Panis 4, Frentzen 4, Blundell 3, Morbidelli 1

Konstrukteure: Ferrari 41, Benetton 38, Williams 32, Jordan 12, McLaren 8, Ligier 4, Sauber 4, Arrows 1

GP Deutschland

RUNDENTABELLE	1	2	3	4	5	6	7	8	9	10	11	12	13	14	15	16	17	18	19	20	21	22	23	24	25	26	27	28	2
5 Damon Hill	(5)	1	1	1	1	1	1	1	1	1	1	1	1	1	1	1	1	1	1	6	6	6	6	1	1	1	1	1	
1 Michael Schumacher	1	6	6	6	6	6	6	6	6	6	6	6	6	6	6	6	6	6	6	8	1	1	1	6	6	6	6	6	
6 David Coulthard	6	28	28	28	14	14	14	14	14	14	14	14	14	14	8	8	8	8	8	1	28	28	8	8	8	8	8	8	
28 Gerhard Berger	28	14	14	14	8	8	8	8	8	8	8	8	8	8	14	7	(7)	14	14	(14)	8	8	28	28	28	28	28	28	2
14 Rubens Barrichello	14	8	8	8	28	15	15	15	15	15	15	15	15	15	7	14	14	28	28	28	2	2	2	30	30	30	2	2	
15 Eddie Irvine	8	15	15	15	15	7	27	27	27	27	7	7	7	7	15	15	2	2	2	2	30	30	30	2	2	2	30	30	3
8 Mika Häkkinen	15	2	7	7	7	27	7	7	7	7	26	26	2	2	2	2	28	30	30	30	15	15	29	25	25	29	29	29	2
7 Mark Blundell	2	7	2	27	27	26	26	26	26	26	2	2	30	30	30	28	30	15	15	15	29	29	25	15	29	15	15	15	
2 Johnny Herbert	7	27	27	2	2	2	2	2	2	2	30	30	28	28	28	30	15	29	29	29	24	25	15	29	15	3	3	3	1
27 Jean Alesi	27	26	26	26	26	30	30	30	30	30	27	28	(26)	25	25	29	29	24	24	24	25	24	3	3	3	24	24	25	2
30 Heinz-Harald Frentzen	30	30	30	30	30	24	25	28	28	28	28	25	25	29	29	25	24	25	25	25	3	3	24	24	24	25	17	17	1
26 Olivier Panis	26	24	24	24	24	25	24	25	25	25	25	29	29	24	24	24	25	3	3	3	17	17	17	17	17	17	25	(24)	
4 Mika Salo	24	25	25	25	25	29	28	29	29	29	29	24	24	3	3	3	3	17	17	17	16	16	16	16	16	16	(16)		
29 Jean-Christophe Boullion	3	3	3	29	29	28	29	24	24	24	24	3	3	17	17	17	17	22	16	16	22	22	22	22	22	22	(22)		
9 Max Papis	25	29	29	3	3	3	3	3	3	3	3	(27)	17	16	16	16	22	16	22	22									
24 Luca Badoer	29	10	10	10	10	10	10	10	23	23	(23)	22	16	22	22	22	16												
3 Ukyo Katayama	10	23	23	23	23	23	23	23	17	17	17	17	22																
25 Aguri Suzuki	23	17	17	17	17	17	17	17	22	22	22	16																	
10 Taki Inoue	17	22	22	22	22	22	22	22	(10)	16	16																		
23 Pierluigi Martini	22	16	16	16	16	16	16	16	16																				
21 Pedro Diniz	16	21	21	21	21	21	21	(21)																					
22 Roberto Moreno	21																												
17 Andrea Montermini																													
16 Giovanni Lavaggi																													

GP Ungarn

RUNDENTABELLE	1	2	3	4	5	6	7	8	9	10	11	12	13	14	15	16	17	18	19	20	21	22	23	24	25	26	27	28	2
5 Damon Hill	5	5	5	5	5	5	5	5	5	5	5	5	5	5	5	5	5	5	5	5	5	5	5	5	5	5	5	5	
6 David Coulthard	6	6	6	6	6	6	6	6	6	6	6	6	1	1	1	1	1	1	1	1	1	1	1	1	1	1	1	1	
1 Michael Schumacher	1	1	1	1	1	1	1	1	1	1	1	1	6	6	6	6	27	27	27	6	6	6	6	6	6	6	6	6	
28 Gerhard Berger	28	28	28	28	28	28	28	28	28	28	28	28	28	28	28	28	2	2	6	30	30	30	7	7	7	27	27	27	2
8 Mika Häkkinen	8	8	(8)	25	25	25	25	25	25	25	25	25	25	25	25	25	28	6	2	7	7	7	30	14	14	28	28	28	2
27 Jean Alesi	25	25	25	27	27	27	27	27	27	27	27	27	27	27	27	27	25	30	30	14	14	14	14	27	27	2	2	2	
15 Eddie Irvine	27	27	27	15	15	15	15	15	15	15	15	15	15	15	15	15	6	7	7	27	27	27	27	28	28	25	25	25	2
25 Martin Brundle	15	15	15	2	2	2	2	2	2	2	2	2	2	2	2	2	15	26	14	28	28	28	28	2	2	15	15	15	1
2 Johnny Herbert	2	2	2	30	30	30	30	30	30	30	30	30	30	30	30	30	30	14	28	2	2	2	2	25	25	7	7	7	
26 Olivier Panis	30	30	30	26	26	26	26	26	26	26	26	26	26	26	26	26	26	28	25	25	25	25	25	15	15	14	14	14	1
30 Heinz-Harald Frentzen	26	26	26	7	7	7	7	7	7	7	7	7	7	7	7	7	7	25	15	15	15	15	15	30	30	30	30	30	3
24 Luca Badoer	7	7	7	14	14	14	14	14	14	14	14	14	14	14	14	14	14	15	26	26	26	26	26	26	26	26	26	26	2
7 Mark Blundell	14	14	14	4	4	4	4	4	4	4	4	4	4	4	4	4	4	4	4	4	4	4	4	4	4	4	4	4	
14 Rubens Barrichello	4	4	4	24	24	24	24	24	24	24	24	24	24	24	24	24	24	24	24	24	24	23	23	23	23	3	3	3	
23 Pedro Lamy	24	24	24	23	23	23	23	23	23	23	23	23	23	23	23	23	23	23	23	23	23	24	3	3	3	23	23	23	2
4 Mika Salo	23	23	23	3	3	3	3	3	3	3	3	3	3	3	3	3	3	3	3	3	3	3	29	29	29	24	24	24	2
3 Ukyo Katayama	3	3	3	9	9	9	9	9	9	9	9	9	9	9	9	29	29	29	29	29	29	29	24	24	24	29	29	29	2
10 Taki Inoue	9	9	9	22	22	22	22	(22)	10	10	10	10	(10)	29	29	9	9	9	9	17	17	9	9	9	9	9	9	9	
29 Jean-Christophe Boullion	22	22	22	10	10	10	10	10	29	29	29	29	29	17	17	17	17	17	17	9	9	17	17	17	17	17	17	17	1
9 Max Papis	10	10	10	29	29	29	29	29	17	17	17	17	17	21	21	21	21	21	21	21	21	21	21	21	21	21	21	21	2
22 Roberto Moreno	21	29	29	21	21	21	17	17	21	21	21	21	21																
17 Andrea Montermini	29	21	21	17	17	17	21	21																					
21 Pedro Diniz	17	17	17	16	(16)																								
16 Giovanni Lavaggi	16	16	16																										

2	33	34	35	36	37	38	39	40	41	42	43	44	45
1	1	1	1	1	1	1	1	1	1	1	1	1	1
6	6	6	6	6	6	6	6	6	6	6	6	6	6
8	8	28	28	28	28	28	28	28	28	28	28	28	28
8	28	2	2	2	2	2	2	2	2	2	2	2	2
2	2	29	29	29	29	29	29	29	29	29	29	29	
[illegible]	29	15	15	15	15	15	15	15	15	25	25	25	
9	15	3	3	3	25	25	25	25	25	3	3	3	
5	3	25	25	25	3	3	3	3	3	17			
3	25	17	17	17	17	17	17	17	17				
5	17												
7													

WERTUNGSPUNKTE

Fahrer: Schumacher 56, Hill 35, Alesi 32, Herbert 25, Coulthard 23, Berger 21, Barrichello 7, Panis 7, Irvine 6, Häkkinen 5, Blundell 5, Frentzen 5, Brundle 3, Boullion 2, Morbidelli 1, Suzuki 1

Konstrukteure: Benetton 71, Ferrari 53, Williams 52, Jordan 13, Ligier 11, McLaren 10, Sauber 7, Arrows 1

2	33	34	35	36	37	38	39	40	41	42	43	44	45	46	47	48	49	50	51	52	53	54	55	56	57	58	59	60	61	62	63	64	65	66	67	68	69	70	71	72	73	74	75	76	77
5	5	5	5	5	5	5	5	5	5	5	5	5	5	5	5	5	5	5	5	5	5	5	5	5	5	5	5	5	5	5	5	5	5	5	5	5	5	5	5	5	5	5	5	5	5
1	1	1	1	1	1	1	1	1	1	1	1	1	1	1	1	1	1	1	1	1	1	1	1	1	1	1	1	1	1	1	1	1	1	1	1	1	1	1	1	1	1	6	6	6	6
6	6	6	6	6	6	6	6	6	6	6	6	6	6	6	6	6	6	6	6	6	6	6	6	6	6	6	6	6	6	6	6	6	6	6	6	6	6	6	6	6	6	14	14	28	
7	27	27	27	27	27	27	27	7	7	7	7	7	7	7	7	7	25	25	25	25	25	25	25	25	2	2	2	14	14	14	14	14	14	14	14	14	14	14	14	14	14	28	28	2	
8	28	28	28	25	25	7	7	27	27	14	14	14	14	14	14	14	2	2	2	2	2	2	2	2	14	14	14	28	28	28	28	28	28	28	28	28	28	28	28	28	28	2	2	30	
2	2	2	2	28	7	14	14	14	14	28	28	28	28	28	28	28	15	15	15	15	7	14	14	14	28	28	28	25	25	25	25	25	25	25	15	15	15	2	2	2	2	30	30	26	
5	25	25	25	2	14	28	28	28	28	27	25	25	25	25	25	25	30	7	7	7	14	28	28	28	26	26	25	15	15	15	15	15	15	15	2	2	2	30	30	30	30	26	26	14	
5	15	15	7	7	28	25	25	25	25	25	2	2	2	2	2	2	7	14	14	14	28	7	26	26	25	25	15	2	2	2	2	2	2	2	30	30	30	26	26	26	26	24	24		
7	7	7	14	14	2	2	2	2	2	2	30	30	30	30	30	15	14	28	28	28	26	26	15	15	15	15	26	30	30	30	30	30	30	30	26	26	26	15	24	24	24	23			
4	14	14	30	30	30	30	30	30	30	30	15	15	15	15	15	30	28	26	26	26	15	15	30	30	30	30	30	26	26	26	26	26	26	26	25	24	24	24	23	23	23	29			
0	30	30	15	15	15	15	15	15	15	15	26	26	26	26	26	26	26	30	30	30	30	30	4	4	4	4	24	24	24	24	24	24	24	24	24	23	23	23	29	29	29				
6	26	26	26	26	26	26	26	26	26	26	4	4	4	4	4	4	4	4	4	4	4	4	24	24	24	24	23	23	23	23	23	23	23	23	23	29	29	29	17	17	17				
4	4	4	4	4	4	4	4	4	4	4	3	3	3	3	23	23	23	23	23	24	24	24	23	23	23	23	29	29	29	29	29	29	29	29	29	17	17	17							
3	3	3	3	3	3	3	3	3	3	3	23	23	23	23	24	24	24	24	24	23	23	23	29	29	29	29	17	17	17	17	17	17	17	17	17										
3	23	23	23	23	23	23	23	23	23	23	24	24	24	24	29	29	29	29	29	29	29	29	17	17	17	17																			
4	24	24	24	24	24	24	24	24	24	24	29	29	29	29	17	17	17	17	17	17	17	17																							
9	29	29	29	29	29	29	29	29	29	29	17	17	17	17																															
9	9	9	9	9	9	9	9	9	9	17	9	9	9																																
7	17	17	17	17	17	17	17	17	17	9																																			
[illegible]																																													

WERTUNGSPUNKTE

Fahrer: Schumacher 56, Hill 45, Alesi 32, Coulthard 29, Herbert 28, Berger 25, Panis 8, Barrichello 7, Frentzen 7, Irvine 6, Häkkinen 5, Blundell 5, Brundle 3, Boullion 2, Morbidelli 1, Suzuki 1

Konstrukteure: Benetton 74, Williams 68, Ferrari 57, Jordan 13, Ligier 12, McLaren 10, Sauber 9, Arrows 1

GP Belgien

RUNDENTABELLE	1	2	3	4	5	6	7	8	9	10	11	12	13	14	15	16	17	18	19	20	21	22	23	24	25	26	27	28	2
28 Gerhard Berger	2	27	27	2	2	6	6	6	6	6	6	6	(6)	5	5	1	1	1	5	5	5	1	1	5	1	1	1	1	
27 Jean Alesi	27	2	2	6	6	5	5	5	5	5	5	5	5	28	1	5	5	5	1	1	1	5	5	1	5	5	5	5	
8 Mika Häkkinen	28	28	28	5	5	28	28	28	28	28	28	28	28	1	28	26	26	26	26	26	25	25	25	25	25	25	25	25	2
2 Johnny Herbert	(8)	6	6	28	28	15	15	15	15	15	1	1	1	15	15	25	25	25	25	25	26	26	26	26	26	2	3	(3)	2
6 David Coulthard	6	5	5	7	7	1	1	1	1	1	15	15	15	2	7	30	30	30	30	2	2	2	2	2	2	26	26	26	
7 Mark Blundell	5	7	7	15	15	2	2	2	2	2	2	2	2	7	26	7	28	28	28	30	(15)	7	7	7	3	3	4	4	
15 Eddie Irvine	7	15	15	1	1	26	26	26	26	26	26	26	7	26	25	28	2	2	2	15	7	23	3	3	7	4	2	2	1
5 Damon Hill	15	26	1	(27)	26	7	7	7	7	7	7	7	26	25	30	2	15	15	15	7	30	3	4	4	4	7	14	14	
26 Olivier Panis	26	25	26	26	25	25	25	25	25	25	25	25	25	30	2	15	7	7	7	29	29	4	30	30	30	14	7	7	3
30 Heinz-Harald Frentzen	25	1	25	25	14	14	14	14	14	14	14	14	30	3	3	3	29	29	29	28	23	30	23	23	14	30	30	30	2
4 Mika Salo	30	30	30	30	30	30	30	30	30	30	30	30	14	4	29	29	23	23	23	23	24	24	(24)	14	23	23	23	23	2
14 Rubens Barrichello	14	14	14	14	4	4	4	4	4	4	4	4	4	29	23	23	14	24	24	24	4	14	14	29	29	29	29	29	1
25 Martin Brundle	1	4	4	4	29	29	29	29	29	3	3	3	3	23	24	14	24	9	9	(9)	3	29	29	10	10	10	10	10	2
29 Jean-Christophe Boullion	4	29	29	29	3	3	3	3	3	29	29	29	29	24	14	24	9	4	4	4	14	10	10	21	21	21	21	21	2
3 Ukyo Katayama	29	3	3	3	23	23	23	23	23	23	23	23	23	14	9	9	4	14	3	3	10	21	21	22	22	22	22	22	
1 Michael Schumacher	3	23	23	23	24	24	24	24	24	24	24	24	24	9	4	4	3	3	10	10	21	22	22	16	16	16	(16)		
23 Pedro Lamy	23	24	24	24	10	9	9	9	9	9	9	9	9	10	10	10	10	10	14	14	22	16	16						
10 Taki Inoue	24	10	10	10	9	10	10	10	10	10	10	10	10	17	17	17	17	(17)	21	21	16	(28)							
24 Luca Badoer	10	9	9	9	17	17	17	17	17	17	17	17	17	22	22	22	22	21	22	22	28								
9 Max Papis	9	17	17	17	21	21	21	21	21	21	22	22	22	21	21	21	21	22	16	16									
17 Andrea Montermini	17	21	21	21	22	22	22	22	22	22	21	21	21	16	16	16	16	16											
22 Roberto Moreno	21	22	22	22	16	16	16	16	16	16	16	16	16																
16 Giovanni Lavaggi	22	16	16	16																									
21 Pedro Diniz	16																												

GP Italien

RUNDENTABELLE	1	2	3	4	5	6	7	8	9	10	11	12	13	14	15	16	17	18	19	20	21	22	23	24	25	26	27	28	2
6 David Coulthard	6	6	6	6	6	6	6	6	6	6	6	6	(6)	28	28	28	28	28	28	28	28	28	28	28	27	14	8	2	
1 Michael Schumacher	28	28	28	28	28	28	28	28	28	28	28	28	28	1	1	1	1	1	1	1	1	1	(1)	27	14	8	2	27	2
28 Gerhard Berger	1	1	1	1	1	1	1	1	1	1	1	1	1	5	5	5	5	5	5	5	5	5	(5)	14	8	2	15	28	2
5 Damon Hill	5	5	5	5	5	5	5	5	5	5	5	5	5	27	27	27	27	27	27	27	27	27	27	8	2	27	27	8	
27 Jean Alesi	27	27	27	27	27	27	27	27	27	27	27	27	27	14	14	14	14	14	14	14	14	14	14	2	28	15	28	14	1
14 Rubens Barrichello	2	2	14	14	14	14	14	14	14	14	14	14	14	8	8	8	8	8	8	8	8	8	8	15	15	28	14	15	3
8 Mika Häkkinen	14	14	2	8	8	8	8	8	8	8	8	8	8	2	2	2	2	2	2	2	2	2	2	7	7	7	30	30	1
2 Johnny Herbert	8	8	8	2	2	2	2	2	2	2	2	2	2	15	15	15	15	15	15	15	15	15	15	30	30	30	7	7	
7 Mark Blundell	25	15	15	15	15	15	15	15	15	15	15	15	15	7	7	7	7	7	7	7	7	7	7	24	9	10	10	4	
30 Heinz-Harald Frentzen	15	25	25	25	25	25	25	7	7	7	7	7	7	30	30	30	30	30	30	30	30	30	30	9	10	29	4	3	
25 Martin Brundle	7	7	7	7	7	7	7	25	30	30	30	30	30	3	26	26	26	26	26	(26)	24	24	24	10	29	4	3	9	1
15 Eddie Irvine	30	30	30	30	30	30	30	30	25	(25)	3	3	3	26	24	24	24	24	24	24	9	9	9	29	4	9	9	10	2
26 Olivier Panis	26	26	26	26	26	26	26	26	26	3	26	26	26	24	9	9	9	9	9	9	10	10	10	4	24	(24)	29	29	2
29 Jean-Chr. Boullion	4	3	3	3	3	3	3	3	3	26	4	24	24	9	10	10	10	10	10	10	29	29	29	3	3	3	21	21	
9 Max Papis	3	24	24	24	24	24	24	24	4	4	24	9	9	10	29	29	29	29	29	29	4	4	4	21	21	21			
4 Mika Salo	9	9	9	9	9	9	9	4	24	24	9	10	10	29	4	4	4	4	4	4	3	3	3						
3 Ukyo Katayama	24	16	16	16	4	4	4	9	9	9	10	29	29	4	3	3	3	3	3	3	21	21	21						
24 Luca Badoer	16	10	10	4	16	10	10	10	10	10	29	4	21	21	21	21	21	21	21	21									
23 Pedro Lamy	10	21	4	10	10	29	29	29	29	29	21	21	4																
10 Taki Inoue	21	29	21	21	21	(16)	21	21	21	21																			
21 Pedro Diniz	29	4	29	29	29	21																							
16 Giovanni Lavaggi																													

2	33	34	35	36	37	38	39	40	41	42	43	44
1	1	1	1	1	1	1	1	1	1	1	1	1
5	5	25	25	25	25	25	25	25	25	25	25	5
5	25	5	5	5	5	5	5	5	5	5	5	25
2	7	7	7	7	7	7	7	7	30	30	30	30
7	30	30	30	30	30	30	30	30	7	7	7	7
0	2	2	2	2	14	14	14	14	14	14	14	14
6	14	14	14	14	2	2	2	2	2	2	2	2
4	4	4	4	4	4	4	4	4	4	4	4	4
4	26	26	26	26	26	26	26	26	26	26	26	26
3	23	23	23	23	23	23	23	23	23	23	23	23
9	29	29	29	29	29	29	29	29	29	29	29	
0	10	10	10	10	10	10	10	10	10	10	10	
1	21	21	21	21	21	21	21	21	21	21		
2	22	22	22	22	22	22	22	22	22	22		

WERTUNGSPUNKTE

Fahrer: Schumacher 66, Hill 51, Alesi 32, Coulthard 29, Herbert 28, Berger 25, Frentzen 10, Barrichello 8, Panis 8, Brundle 7, Blundell 7, Irvine 6, Häkkinen 5, Boullion 2, Morbidelli 1, Suzuki 1

Konstrukteure: Benetton 84, Williams 74, Ferrari 57, Ligier 16, Jordan 14, McLaren 12, Sauber 12, Arrows 1

[illegible]	33	34	35	36	37	38	39	40	41	42	43	44	45	46	47	48	49	50	51	52	53
[illegible]	27	27	27	27	27	27	27	27	27	27	27	27	(27)	2	2	2	2	2	2	2	2
[illegible]	2	2	2	2	2	2	2	2	2	2	2	2	2	8	8	8	8	8	8	8	8
[illegible]	8	8	8	8	8	8	8	8	8	8	8	8	8	30	30	30	30	30	30	30	30
[illegible]	14	14	14	14	14	14	14	14	14	14	30	30	30	7	7	7	7	7	7	7	7
[illegible]	30	30	30	30	30	30	30	30	30	30	(14)	7	7	4	4	4	4	4	4	4	
[illegible]	15	15	15	15	15	15	15	(15)	7	7	7	4	4	9	9	9	9	9	29	29	
[illegible]	7	7	7	7	7	7	7	7	9	4	4	9	9	29	29	29	29	29	9	9	
[illegible]	9	9	9	9	9	9	9	9	4	9	9	29	29	10	10	10	10	10	10	10	
[illegible]	4	4	4	4	4	4	4	4	29	29	29	10	10	21	21	21	21	21			
[illegible]	29	29	29	29	29	29	29	29	10	10	10	21	21	3	3						
[illegible]	10	10	10	10	10	10	10	10	21	21	21	3	3								
[illegible]	21	21	21	21	21	21	21	21	3	3	3										
	3	3	3	3	3	3	3	3													
[illegible]																					

WERTUNGSPUNKTE

Fahrer: Schumacher 66, Hill 51, Herbert 38, Alesi 32, Coulthard 29, Berger 25, Frentzen 14, Häkkinen 11, Blundell 10, Barrichello 8, Panis 8, Brundle 7, Irvine 6, Boullion 3, Salo 2, Morbidelli 1, Suzuki 1

Konstrukteure: Benetton 94, Williams 74, Ferrari 57, McLaren 21, Sauber 17, Ligier 16, Jordan 14, Tyrrell 2, Arrows 1

GP Portugal

RUNDENTABELLE	1	2	3	4	5	6	7	8	9	10	11	12	13	14	15	16	17	18	19	20	21	22	23	24	25	26	27	28
6 David Coulthard	6	6	6	6	6	6	6	6	6	6	6	6	6	6	6	6	6	6	6	6	6	6	6	6	6	6	6	6
5 Damon Hill	1	1	1	1	1	1	1	1	1	1	1	1	1	1	1	1	1	1	1	1	1	1	1	1	1	1	1	1
1 Michael Schumacher	5	5	5	5	5	5	5	5	5	5	5	5	5	5	5	5	5	5	27	27	27	27	27	5	5	5	5	5
28 Gerhard Berger	28	28	28	28	28	28	28	28	28	28	28	28	28	28	28	28	28	28	2	5	5	5	5	27	28	28	28	28
30 Heinz-Harald Frentzen	2	2	2	2	2	2	2	2	2	2	2	2	2	2	2	2	2	2	5	28	28	28	28	28	2	2	2	2
2 Johnny Herbert	27	27	27	27	27	27	27	27	27	27	27	27	27	27	27	27	27	27	15	15	15	15	15	15	27	27	27	27
27 Jean Alesi	25	25	25	25	25	25	25	25	25	25	25	25	25	25	25	25	25	25	28	30	30	30	2	2	15	25	25	25
14 Rubens Barrichello	15	15	15	15	15	15	15	15	15	15	15	15	15	15	15	15	15	15	8	2	2	2	29	25	25	30	30	30
25 Martin Brundle	14	14	14	14	14	14	14	14	14	14	14	14	14	14	14	14	8	8	30	7	7	29	25	29	8	8	8	8
15 Eddie Irvine	7	7	8	8	8	8	8	8	8	8	8	8	8	8	8	8	30	30	7	8	29	25	30	8	30	14	14	14
26 Olivier Panis	8	8	7	7	7	7	7	7	7	7	7	7	7	30	30	30	14	7	29	29	25	7	8	30	14	7	7	7
7 Mark Blundell	26	26	26	26	26	26	26	26	26	30	30	30	30	7	7	7	7	29	25	25	8	8	14	14	7	15	15	15
8 Mika Häkkinen	29	30	30	30	30	30	30	30	30	29	29	29	29	29	29	29	29	14	4	4	14	14	7	7	29	29	29	29
29 Jean-Chr. Boullion	30	29	29	29	29	29	29	29	29	(26)	4	4	4	4	4	4	4	4	14	14	4	4	4	4	4	4	4	4
4 Mika Salo	4	4	4	4	4	4	4	4	4	4	17	17	17	17	17	17	17	17	17	10	10	10	24	24	24	24	24	24
23 Pedro Lamy	23	23	23	23	23	23	10	17	17	17	10	10	10	10	10	10	10	10	10	17	24	24	17	17	17	17	17	17
24 Luca Badoer	10	10	10	10	10	10	17	10	10	10	24	24	24	24	24	24	24	24	24	24	17	17	10	10	10	10	10	10
10 Taki Inoue	21	21	21	21	17	17	24	24	24	24	21	21	21	21	21	21	21	21	21	21	21	21	21	21	21	21	21	21
17 Andrea Montermini	16	17	17	17	24	24	(23)	21	21	21	16	16	16	(16)	22	22	22	22	22	22	22	22	22	22	22	22	22	22
21 Pedro Diniz	24	24	24	24	21	21	21	22	22	16	22	22	22	22														
22 Roberto Moreno	17	16	22	22	22	22	22	16	16	22																		
16 Jean-Denis Delétraz	22	22	16	16	16	16	16																					

GP Europa

RUNDENTABELLE	1	2	3	4	5	6	7	8	9	10	11	12	13	14	15	16	17	18	19	20	21	22	23	24	25	26	27	28
6 David Coulthard	6	6	6	6	6	6	6	6	6	6	6	6	27	27	27	27	27	27	27	27	27	27	27	27	27	27	27	27
5 Damon Hill	1	1	1	1	1	1	1	1	1	1	1	27	15	15	6	6	6	6	6	6	1	1	1	1	1	1	1	1
1 Michael Schumacher	5	5	5	5	5	5	5	5	5	5	5	15	6	6	1	1	1	1	1	1	6	6	5	5	5	5	5	5
28 Gerhard Berger	15	15	15	15	15	15	15	15	27	27	27	1	1	1	5	5	5	5	5	5	5	5	6	6	6	6	6	6
15 Eddie Irvine	2	2	2	2	2	27	27	27	15	15	15	2	28	5	28	28	28	28	28	28	28	28	28	28	28	28	28	28
27 Jean Alesi	27	27	27	27	27	2	2	2	2	2	2	28	5	28	15	15	15	15	15	15	15	15	15	15	15	15	15	15
2 Johnny Herbert	14	14	14	14	14	14	14	14	28	28	28	5	4	29	29	30	(30)	2	2	2	2	2	2	2	2	2	2	2
30 Heinz-Harald Frentzen	30	30	30	30	30	30	28	28	14	25	4	4	29	2	30	29	2	14	14	14	14	14	14	14	14	14	14	14
8 Mika Häkkinen	28	28	28	28	28	28	25	25	25	4	25	26	2	30	2	2	14	25	25	25	25	25	25	25	25	25	25	25
7 Mark Blundell	25	25	25	25	25	25	4	4	4	26	26	29	26	23	14	14	25	4	4	4	4	4	4	4	4	4	4	4
14 Rubens Barrichello	26	26	26	26	26	4	26	26	26	29	29	23	30	14	23	25	24	24	29	29	23	23	23	23	23	23	23	23
25 Martin Brundle	4	4	4	4	4	26	29	29	29	23	23	30	23	24	25	24	4	29	23	23	24	24	24	24	24	24	24	24
29 Jean-Christophe Boullion	29	29	29	29	29	29	23	23	23	30	30	14	14	25	24	4	29	23	24	24	29	29	29	29	29	29	29	29
26 Olivier Panis	23	23	23	23	23	23	24	24	30	24	24	24	24	4	4	23	23	8	8	8	8	8	8	8	8	8	8	8
4 Mika Salo	8	24	24	24	24	24	30	30	24	14	14	25	25	(26)	9	17	8	9	9	17	17	17	17	17	17	17	17	17
23 Pedro Lamy	7	17	17	17	17	17	17	17	17	17	17	9	9	9	17	8	9	17	17	9	9	9	9	9	9	9	9	9
9 Max Papis	24	8	9	9	9	9	9	9	9	9	9	17	17	17	8	9	17	3	21	21	21	21	21	21	21	21	21	21
24 Luca Badoer	9	9	8	3	3	3	3	3	3	3	3	3	3	3	21	3	3	21	16	16	16	16	16	16	16	16	16	16
3 Gabriele Tarquini	17	3	3	8	21	21	21	21	21	21	21	7	7	(7)	3	21	16	16	3	22	22	3	3	3	3	3	3	3
17 Andrea Montermini	3	21	21	21	8	8	8	8	8	8	8	8	8	8	16	16	21	22	22	3	3	(22)						
10 Taki Inoue	21	7	16	16	16	7	7	7	7	7	7	21	21	21	22	22	22											
21 Pedro Diniz	16	16	7	7	7	16	16	16	16	16	16	16	16	16														
22 Roberto Moreno	22	22	22	22	22	22	22	22	22	22	22	22	22	22														
16 Jean-Denis Delétraz																												

2	33	34	35	36	37	38	39	40	41	42	43	44	45	46	47	48	49	50	51	52	53	54	55	56	57	58	59	60	61	62	63	64	65	66	67	68	69	70	71
6	6	6	6	6	6	6	5	5	5	5	5	6	6	6	6	6	6	6	6	6	6	6	6	6	6	6	6	6	6	6	6	6	6	6	6	6	6	6	6
1	1	1	1	5	5	5	6	6	6	6	6	1	1	1	1	1	1	1	1	1	1	1	5	5	5	5	5	5	5	1	1	1	1	1	1	1	1	1	1
5	5	5	5	1	1	1	1	1	1	1	1	5	5	5	5	5	5	5	5	5	5	5	1	1	1	1	1	1	1	5	5	5	5	5	5	5	5	5	5
8	28	2	2	2	27	27	27	27	27	27	27	27	27	27	27	2	2	2	2	2	2	2	2	28	28	28	28	28	28	28	28	28	28	28	28	28	28	28	28
2	2	27	27	27	28	28	28	28	28	28	28	28	28	2	2	28	28	28	28	28	28	28	28	27	27	27	27	27	27	27	27	27	27	27	27	27	27	27	27
7	27	28	28	28	2	2	2	2	2	2	2	2	2	30	30	27	27	27	27	27	27	27	27	30	30	30	30	30	30	30	30	30	30	30	30	30	30	30	
5	25	25	25	25	30	30	30	30	30	30	30	30	30	28	28	25	25	25	25	25	25	25	30	2	2	2	2	2	2	2	2	2	2	2	2	2	2	2	
0	30	30	30	30	8	8	8	8	8	8	8	(8)	25	25	25	15	30	30	30	30	30	30	25	25	25	25	25	25	25	25	25	25	25	25	25	25	25	25	
8	8	8	8	8	14	14	14	7	7	7	7	25	7	15	15	30	15	14	14	14	14	14	14	14	14	14	7	7	7	7	7	7	7	7	7	7	7	7	
4	14	14	14	14	7	7	7	25	25	25	25	7	15	29	29	29	14	7	7	7	7	7	7	7	7	7	15	15	15	15	15	15	15	15	15	15	15	15	
7	7	7	7	7	25	25	25	15	15	15	15	15	29	7	14	14	7	15	15	15	15	15	15	15	15	15	14	14	14	14	14	14	14	14	14	14	14	14	
5	15	15	15	15	15	15	15	14	29	29	29	29	14	14	7	7	29	29	29	29	29	29	29	29	29	29	29	29	29	29	29	29	29	29	29	29	29	29	
9	29	29	29	29	29	29	29	29	14	14	14	14	4	4	4	4	4	4	4	4	4	4	4	4	4	4	4	4	4	4	4	4	4	4	4	4	4		
4	4	4	4	4	4	4	4	4	4	4	4	4	10	24	24	24	24	24	24	24	24	24	24	24	24	24	24	24	24	24	24	24	24	24	24	24			
4	24	24	24	24	17	17	17	17	17	17	17	10	24	17	17	10	10	10	10	10	10	10	10	10	10	10	10	10	10	10	10	10	10	10	10	10			
7	17	17	17	17	10	10	10	10	10	10	10	17	17	10	10	17	17	17	17	17	(17)	21	21	21	21	21	21	21	21	21	21	21	21	21					
0	10	10	10	10	24	24	24	24	24	24	24	24	21	21	21	21	21	21	21	21	21	22	22	22	22	22	22	22	22	22	22	22							
1	21	21	21	21	21	21	21	21	21	21	21	21	22	22	22	22	22	22	22	22	22																		
2	22	22	22	22	22	22	22	22	22	22	22	22																											

WERTUNGSPUNKTE

Fahrer: Schumacher 72, Hill 55, Coulthard 39, Herbert 38, Alesi 34, Berger 28, Frentzen 15, Häkkinen 11, Blundell 10, Barrichello 8, Panis 8, Brundle 7, Irvine 6, Boullion 3, Salo 2, Morbidelli 1, Suzuki 1

Konstrukteure: Benetton 100, Williams 88, Ferrari 62, McLaren 21, Sauber 18, Ligier 16, Jordan 14, Tyrrell 2, Arrows 1

2	33	34	35	36	37	38	39	40	41	42	43	44	45	46	47	48	49	50	51	52	53	54	55	56	57	58	59	60	61	62	63	64	65	66	67
7	27	27	27	27	27	27	27	27	27	27	27	27	27	27	27	27	27	27	27	27	27	27	27	27	27	27	27	27	27	27	27	27	1	1	1
[illegible]	1	5	5	5	5	5	5	5	1	1	1	1	1	1	1	1	1	1	1	1	1	1	1	1	1	1	1	1	1	1	1	1	27	27	27
[illegible]	5	1	6	6	6	6	1	1	6	6	6	6	6	6	6	6	6	6	6	6	6	6	6	6	6	6	6	6	6	6	6	6	6	6	6
[illegible]	6	6	1	1	1	1	6	(28)	5	5	5	5	5	5	5	5	5	5	5	5	5	5	5	5	5	(5)	14	14	14	14	14	14	14	14	
[illegible]	28	28	28	28	28	28	28	6	14	14	14	14	14	14	14	14	14	14	14	14	14	14	14	14	14	14	15	15	15	15	15	15	2	2	
[illegible]	14	14	14	14	14	14	15	15	15	15	15	15	15	15	15	15	15	15	2	2	15	15	15	15	15	15	2	2	2	2	2	2	15	15	
[illegible]	15	15	15	15	15	15	14	14	4	2	2	2	2	2	2	2	2	2	15	15	2	2	2	2	2	2	25	25	25	25	25	25	25	25	
[illegible]	25	25	25	25	25	25	4	4	2	25	25	25	25	25	25	25	25	25	25	25	25	25	25	25	25	25	8	8	8	8	8	8	8		
[illegible]	4	4	4	4	4	4	2	2	25	23	23	23	8	8	8	8	8	8	8	8	8	8	8	8	8	8	23	23	23	23	23	23			
[illegible]	23	23	23	23	2	2	25	25	23	4	4	4	24	24	23	23	23	23	23	23	23	23	23	23	23	23	4	4	4	4	4	4			
[illegible]	24	8	8	2	23	23	23	23	24	24	24	(29)	23	23	24	24	24	24	24	24	24	24	24	24	4	4	24	24	24	24	24	24			
[illegible]	8	24	2	24	24	24	24	24	29	29	29	24	4	4	4	4	4	4	4	4	4	4	4	4	24	24	9	9	9	9	9	9			
2	2	2	24	29	29	29	29	29	8	8	8	8	(17)	9	9	9	9	9	9	9	9	9	9	9	9	9	21	21	21	21					
[illegible]	29	29	29	8	8	8	8	8	17	17	17	17	9	21	21	21	21	21	21	21	21	21	21	21	21	21	3	3	3						
7	17	17	17	17	17	17	17	17	9	9	9	9	21	16	16	3	3	3	3	3	3	3	3	3	3	3	16	16							
[illegible]	9	9	9	9	9	9	9	9	21	21	21	21	16	3	3	16	16	16	16	16	16	16	16	16	16	16									
	21	21	21	21	21	21	21	21	16	3	3	3	3																						
[illegible]	16	16	16	16	16	16	16	16	3	16	16	16																							
[illegible]	3	3	3	3	3	3	3	3																											

WERTUNGSPUNKTE

Fahrer: Schumacher 82, Hill 55, Coulthard 43, Herbert 40, Alesi 40, Berger 28, Frentzen 15, Häkkinen 11, Barrichello 11, Blundell 10, Panis 8, Brundle 7, Irvine 7, Boullion 3, Salo 2, Morbidelli 1, Suzuki 1

Konstrukteure: Benetton 112, Williams 92, Ferrari 68, McLaren 21, Jordan 18, Sauber 18, Ligier 16, Tyrrell 2, Arrows 1

PUNKTETABELLEN

Fahrer-Weltmeisterschaft 1995

	Gesamtpunkte	Brasilien, 26. März	Argentinien, 9. April	San Marino, 30. April	Spanien, 14. Mai	Monaco, 28. Mai	Kanada, 11. Juni	Frankreich, 2. Juli	England, 16. Juli	Deutschland, 30. Juli	Ungarn, 13. August	Belgien, 27. August	Italien, 10. September	Portugal, 24. September	GP Europa, 1. Oktober	Pacific GP, 22. Oktober	Japan, 29. Oktober	Austr
1. Michael Schumacher	**102**	10	4	–	10	10	2	10	–	10	–	10	–	6	10	10	10	–
2. Damon Hill	**69**	–	10	10	3	6	–	6	–	–	10	6	–	4	–	4	–	10
3. David Coulthard	**49**	6	–	3	–	–	–	4	4	6	6	–	–	10	4	6	–	–
4. Johnny Herbert	**45**	–	3	–	6	3	–	–	10	3	3	–	10	–	2	1	4	–
5. Jean Alesi	**42**	2	6	6	–	–	10	2	6	–	–	–	–	2	6	2	–	–
6. Gerhard Berger	**31**	4	1	4	4	4	–	–	–	4	4	–	–	3	–	3	–	–
7. Mika Häkkinen	**17**	3	–	2	–	–	–	–	–	–	–	–	6	–	–	–	6	–
8. Olivier Panis	**16**	–	–	–	1	–	3	–	3	–	1	–	–	–	–	–	2	6
9. Heinz-Harald Frentzen	**15**	–	2	1	–	1	–	–	1	–	2	3	4	1	–	–	–	–
10. Mark Blundell	**13**	1	–	–	–	2	–	–	2	–	–	2	3	–	–	–	–	3
11. Rubens Barrichello	**11**	–	–	–	–	–	6	1	–	–	–	1	–	–	3	–	–	–
12. Eddie Irvine	**10**	–	–	–	2	–	4	–	–	–	–	–	–	–	1	–	3	–
13. Martin Brundle	**7**	–	–	–	–	–	–	3	–	–	–	4	–	–	–	–	–	–
14. Gianni Morbidelli	**5**	–	–	–	–	–	1	–	–	–	–	–	–	–	–	–	–	4
15. Mika Salo	**5**	–	–	–	–	–	–	–	–	–	–	–	2	–	–	–	1	2
16. Jean-Christophe Boullion	**3**	–	–	–	–	–	–	–	–	2	–	–	1	–	–	–	–	–
17. Aguri Suzuki	**1**	–	–	–	–	–	–	–	–	1	–	–	–	–	–	–	–	–
Pedro Lamy	**1**	–	–	–	–	–	–	–	–	–	–	–	–	–	–	–	–	1

Formel 1-Konstrukteurs-Weltmeisterschaft 1995

1. Benetton	**137**	–	7	–	16	13	2	10	10	13	3	10	10	6	12	11	14	–
2. Williams	**112**	–	10	13	3	6	–	10	4	6	16	6	–	14	4	10	–	10
3. Ferrari	**73**	6	7	10	4	4	10	2	6	4	4	–	–	5	6	5	–	–
4. McLaren	**30**	4	–	2	–	2	–	–	2	–	–	2	9	–	–	–	6	3
5. Ligier	**24**	–	–	–	1	–	3	3	3	1	1	4	–	–	–	–	2	6
6. Jordan	**21**	–	–	–	2	–	10	1	–	–	–	1	–	–	4	–	3	–
7. Sauber	**18**	–	2	1	–	1	–	–	1	2	2	3	5	1	–	–	–	–
8. Arrows	**5**	–	–	–	–	–	1	–	–	–	–	–	–	–	–	–	–	4
9. Tyrrell	**5**	–	–	–	–	–	–	–	–	–	–	–	2	–	–	–	1	2
10. Minardi	**1**	–	–	–	–	–	–	–	–	–	–	–	–	–	–	–	–	1

10mal die 1

Formel 1-Faszination in Wort und Bild

Eberhard Reuß, **Formel 1**
Die faszinierende Geschichte der Formel 1 – von den Anfängen bis hin zur Skandal-Saison 1994.
336 Seiten, 363 sw-Abb., 68 Farbabb., gebunden
DM/sFr 98,– / öS 765,–
Bestell-Nr. 01662

Chris Bennett, **Boxenstopp**
Die Arbeit des Benetton-Teams in der Saison 1995: Ein brillanter Foto-Report.
196 S., ca. 130 Farbabb., broschiert
DM/sFr 29,80 / öS 233,–
Bestell-Nr. 01723

Ken Ryan
Michael Schumacher – Sein Weg zum Weltmeister
Der Bildband folgt der Karriere dieses Senkrechtstarters.
96 S., 52 Farbabb., brosch.
DM/sFr 29,80 / öS 233,–
Bestell-Nr. 01676

Gert Hack / Fritz Indra
Formel 1-Motoren – Leistung am Limit
Alle Motoren seit 1966 mit ihrer Technik und den Daten.
224 S., 141 Abb., geb.
DM/sFr 39,– / öS 304,–
Bestell-Nr. 01254

David Hodges
Rennwagen von A-Z nach 1945
Technik, Design, Konstrukteure, Wagen und Fahrer.
278 Seiten, 820 Abb., 70 Farbabb., gebunden
DM/sFr 98,– / öS 765,–
Bestell-Nr. 01477

Thora Hornung
Die Nürburgring-Story
60 Jahre Rennsport-Faszination auf dem Eifel-Kurs.
252 Seiten, 106 Abb., 16 Farbabb., gebunden
DM/sFr 39,– / öS 304,–
Bestell-Nr. 01200

Karl Ludvigsen
Mercedes-Benz
Die Renn- und Sportwagen.
384 Seiten, 557 sw-Abb., 30 Farbabb., 49 Zeichn., geb., im Schmuckschuber
DM/sFr 118,– / öS 921,–
Bestell-Nr. 01704

Günther Molter
Rudolf Caracciola
Ein brillant gezeichnetes Porträt seines Lebens, seiner Rennen und seiner Siege.
250 S., 200 Abb., gebunden
DM/sFr 78,– / öS 609,–
Bestell-Nr. 01716

Günther Molter
Juan Manuel Fangio
Sein Leben – Reprint des erfolgreichen Buches von 1967.
288 Seiten, 85 sw-Abb., 4 Zeichnungen, gebunden
DM/sFr 29,80 / öS 233,–
Bestell-Nr. 01720

Willy Knupp (Hrsg.)
Michael Schumacher – Leben für die 1
Hier schildern Michaels Freunde und Wegbegleiter den einzigartigen Aufstieg dieses Senkrechtstarters im Motorsport: Der erste Manager und der erste Teamchef; Sein Bruder und sein Lehrherr; Willy Weber und Flavio Briatore; Peter Sauber und Jochen Maas; Bernie Ecclestone – und Michael Schumacher selbst.
176 Seiten, 300 Farb-Abb., geb.
DM/sFr 39,80 / öS 311,–
Bestell-Nr. 30315

Motor buch Verlag
DER VERLAG FÜR AUTO-BÜCHER
Postfach 10 37 43 · 70032 Stuttgart
Telefon (0711) 2108065 · Fax (0711) 2108070

Stand November 1995 – Änderungen in Preis und Lieferfähigkeit vorbehalten